Kopp
Graphische
Datenverarbeitung

Herbert Kopp

Graphische Datenverarbeitung

Methoden, Algorithmen und ihre Implementierung

Mit 97 Abbildungen

HANSER

Carl Hanser Verlag München Wien

Der Autor:
Prof. Dr. Herbert Kopp lehrt an der Fachhochschule Regensburg im Studiengang Informatik Systemprogrammierung und graphische Datenverarbeitung

Zu diesem Buch liegen Begleitdisketten vor, die mit der beiliegenden Bestellkarte bezogen werden können.

CIP-Titelaufnahme der Deutschen Bibliothek

Kopp, Herbert:
Graphische Datenverarbeitung: Methoden, Algorithmen und ihre Implementierung / Herbert Kopp. – München; Wien: Hanser, 1989
(Hanser-Studienbücher)
ISBN 3-446-15645-3

Gesamtherstellung: Druckerei Sommer GmbH, Feuchtwangen
Printed in Germany

Vorwort

Verfahren zur Ein-/Ausgabe und Verarbeitung graphischer Informationen haben sich in vielen Bereichen der Datenverarbeitung als unentbehrliches Werkzeug erwiesen. Die Fähigkeit, ihre Möglichkeiten und ihre Grenzen zu beurteilen, hat deshalb für die Entwickler graphischer Softwaresysteme, aber auch für ihre Anwender zunehmende Bedeutung erlangt.

Dieses Lehrbuch wendet sich daher nicht nur an Studenten der Informatik und an Software-Entwickler, sondern auch an die Anwender graphischer Software und nicht zuletzt an alle, die Freude daran haben, auf ihrem Mikrorechner Graphiken entstehen zu lassen.

Nach einer Einführung in geometrische Transformationen in Kapitel 2, das auch in die verwendete mathematische Notation einführt, werden im dritten Kapitel 2D-Algorithmen vorgestellt, insbesondere Clipping- und Schraffur-Verfahren.

Kapitel 4 bildet mit den dort besprochenen Projektionstechniken den Übergang zu den Darstellungsverfahren für dreidimensionale polyedrische Objekte und 3D-Flächen im fünften Kapitel.

Kapitel 6 zeigt die wichtigsten Methoden zur Generierung von Freiformkurven und Freiformflächen, wobei die in der Praxis relevanten Bezier- und Spline-Techniken detailliert besprochen werden.

Kapitel 7 führt in die Methoden zur rechnerinternen Darstellung graphischer Objekte ein und stellt ein Verfahren vor zur Bildung topologischer Summen, Differenzen und Durchschnitte von Polyedern. Die Implementierung dieses Verfahrens liefert ein einfaches 3D-Modelliersystem, mit dem sich komplexe Objekte erzeugen und darstellen lassen.

Kapitel 8 stellt eine kurzgefaßte Einführung in das Graphische Kernsystem GKS dar.

Bei der Auswahl und Darstellung der Themen habe ich zwei Aspekte in den Vordergrund gestellt:

- Es sollte ein Verständnis der Methoden erreicht werden, die den besprochenen Verfahren zugrunde liegen. Da diese oft konventionellen mathematischen Disziplinen entstammen und dort eher abstrakt dargestellt sind, wurde bewußt auf Plausibilitäts-Überlegungen zurückgegriffen, wenn dies ausreichend erschien.
- Der Leser sollte die Möglichkeit bekommen, die Verfahren praktisch anzuwenden und auszubauen. Die Begleitdisketten enthalten daher nicht nur die Quellen der im Buch abgedruckten Programme, sondern mit RGS eine vollständige graphische Programmbibliothek in PASCAL, ein 3D-Modelliersystem sowie ein Trainingsprogramm für das graphische Kernsystem GKS.

Ohne die engagierte Mitarbeit meiner Studenten, insbesondere bei der Entwicklung der verschiedenen Softwarepakete, wäre dieses Buch nicht zustande gekommen. Insbesondere danke ich dafür den Damen bzw. Herren Ch.Baierl, V.Brendemühl, G.Fischer, B.Friedl, G.Görlich, H.Haimerl, A.Koch, R.Köstler, H.Reichel, J.Reichl, P.Schäffner und A.Strom. Dem Hanser-Verlag möchte ich für die stets gute und erfreuliche Zusammenarbeit danken. Nicht zuletzt seien die Rücksicht und Geduld meiner Frau dankbar erwähnt.

Regensburg, im Februar 1989

Herbert Kopp

Inhaltsverzeichnis

Anhang

1 Einführung

Während die graphische Datenverarbeitung bis in die 70er Jahre hinein eher eine Randexistenz führte, ist sie heute in fast allen Bereichen zu finden, die EDV überhaupt einsetzen. Fragt man nach den Ursachen dafür, so stößt man auf die folgende Argumentation:

° Die ständig steigende Komplexität der Hardware/Software-Systeme zwingt dazu, die Schnittstelle zwischen Mensch und Maschine möglichst überschaubar zu gestalten.

° Einerseits sind für den Menschen graphisch dargestellte Sachverhalte besonders leicht erfaßbar, andererseits haben sich die technischen Möglichkeiten dazu wesentlich verbessert.

° Daraus resultiert die Forderung nach der Entwicklung von Methoden für die Eingabe, Ausgabe und Verarbeitung graphischer Informationen mit dem Rechner.

Graphische Methoden in der Datenverarbeitung sind daher ein universelles Werkzeug zur Realisierung besserer Schnittstellen zwischen der Maschine und ihrem Bediener. Wir verdeutlichen ihre Vorteile an zwei typischen Beispielen.

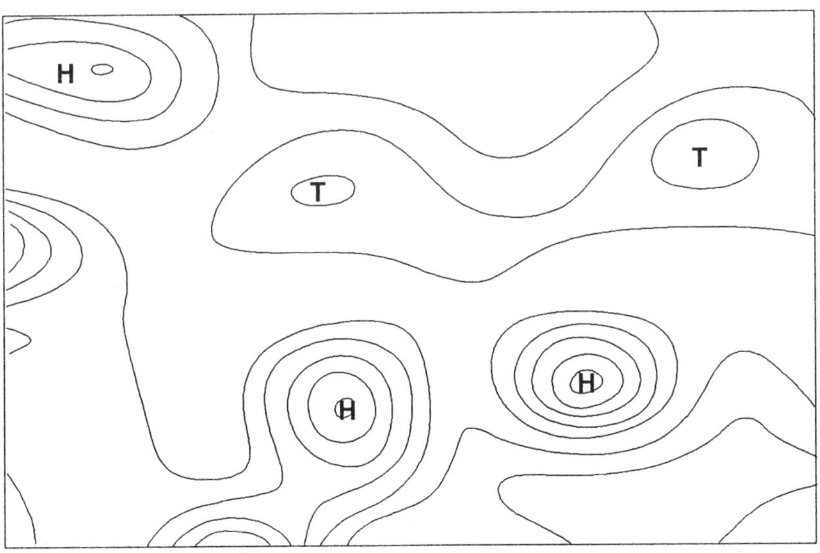

Abbildung 1.1: Luftdruckverteilung aus einer numerischen Wettervorhersage (Isobaren)

Beispiel 1

Die numerische Wettervorhersage beschreibt den Zustand der Atmosphäre durch physikalische Größen, wie z.B. den Luftdruck, die Windgeschwindigkeit, die Temperatur, den Feuchtigkeitsgehalt der Luftmassen usw. Für eine Prognose müssen sie für tausende von Punkten in der Atmosphäre errechnet werden.

Eine numerische Ausgabe dieser Werte wäre ziemlich wertlos. Verständlich werden sie erst durch eine graphische Aufbereitung, wie wir alle sie aus Wetterkarten kennen. Abbildung 1.1 zeigt die Luftdruckverteilung als Isobarenkarte. Dabei sind Punkte gleichen Drucks miteinander durch Kurven verbunden.

Beispiel 2

Bei der interaktiven Konstruktion mechanischer Bauteile mit einem CAD-System entsteht außer der graphischen Darstellung des Objekts auf dem Bildschirm im Rechner ein Satz von Geometriedaten, der das Bauteil präzise beschreibt.

Es liegt nahe, diese numerische Information direkt als Ausgangsbasis für die Fertigung zu verwenden. Moderne CAD-Systeme gestatten daher die Erzeugung von Programmen für numerisch gesteuerte Fertigungsprozesse aus den Geometriedaten der rechnerunterstützten Konstruktion.

Abbildung 1.2 zeigt ein Blechteil, das mit einem CAD-System entworfen wurde und einen Ausschnitt aus den daraus abgeleiteten Geometriedaten. Mit diesen kann automatisch ein NC-Programm für seine Herstellung erzeugt werden.

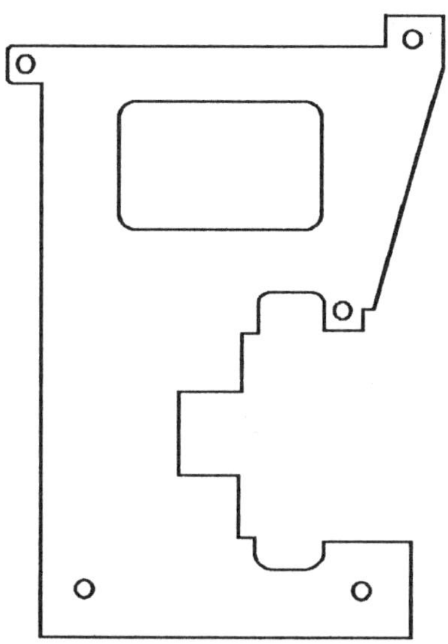

```
$$
A  1=C/  53.7939796   05.0899601   5.0000000
A  2=C/ -82.4372025  -45.1612968   5.0000000
A  3=C/ -81.8844223  -45.1613007   5.0000000
A  4=C/  53.7939758   18.7080479   5.0000000
A  5=C/ -497236252    14.1854401   5.0000000
A  6=C/ -69.3718719   14.1854382   5.0000000
A  7=C/ -69.3718719  -17.8532543   5.0000000
A  8=C/ -49.7236252  -17.1872082   5.0000000
$$
L  01=   58.7939758   18.7080498   58.7939796   05.0899852
L  02=   53.79.39796  00.0899601   44.2211075   00.0899601
L  03=   44.2211075   00.0899601   44.2211113  -04.4326496
L  04=   44.2211113  -04.4326496   24.6231174  -04.4326496
L  05=   24.6231174  -04.4326496   24.6231174  -04.4326496
L  06=   24.6231174  -26.0406876  -03.0150795  -26.0406876

         ..............................................

L  37=  -74.3718719   14.1854362  -743718719   -17.8532581
L  38=  -69.2024689  -22.8503838  -49.5542221  -22.1843376
$$
$$
P  01=  -82.1937561  -41.4826508
P  02=  -82.2038040   45.3160973
P  03=   28.7712173   28.9654713
P  04=   56.9095535  -35.2115440
P  05=   58.5702400   29.9412705
$$
```

Abbildung 1.2: Ein Blechteil und Ausschnitt aus den Geometriedaten für die Fertigung

Um einen Eindruck von der Verbreitung zu vermitteln, welche die graphische Datenverarbeitung inzwischen gefunden hat, führen wir einige ihrer wichtigsten Einsatzbereiche auf.

Benutzerführung

In der Regel werden hier halbgraphische Methoden eingesetzt, z.B. das Einblenden von Menüfenstern, die Verwendung von Ikonen zur symbolischen Darstellung von Funktionen und ihre Aktivierung durch direktes Zeigen mit graphischen Eingabegeräten (Maus, Touch Screen).

Praktisch jede Anwendung kann durch den Einsatz dieser Techniken ihre Bedienerschnittstelle verbessern.

Präsentationsgraphik

Zur Darstellung einfacher funktionaler Zusammenhänge, vor allem im kaufmännischen Bereich haben sich unterschiedliche Diagrammtypen bewährt:

- Liniendiagramme
- Balkendiagramme
- Kreisdiagramme
- Punktdiagramme
- thematische Karten

Funktionsdiagramme

Funktionsverläufe im technisch-wissenschaftlichen Bereich werden schon lange durch 2D- und $2^1/_2$D-Darstellungen veranschaulicht. Dazu werden unter anderen die folgenden Diagrammtypen eingesetzt:

- eindimensionale Funktionsdiagramme von der Form $z = F(x)$
- zweidimensionale Funktionsdiagramme von der Form $z = F(x,y)$
- Isolinien- und Isozonendiagramme wie in Abbildung 1.1

Meßdatenverarbeitung

Dabei handelt es sich sowohl um die rein passive Darstellung von Meßwerten als auch um interaktive Steuerungssysteme mit graphischer Darstellung des aktuellen Systemzustandes. Beispiele solcher Systeme sind:

- Kraftwerksleitstände
- Verkehrsleitsysteme
- automatisierte Fertigungssysteme
- Verfahrensketten in der chemischen Industrie

CAD/CAM-Bereich

Im Zusammenhang mit der rechnerunterstützten Konstruktion und Fertigung ergeben sich in den unterschiedlichsten industriellen Bereichen Einsatzmöglichkeiten der graphischen Datenverarbeitung:

- bei der Konstruktion mechanischer Bauteile
- bei der Erstellung von Gebäudeplänen
- beim Entwurf von Leiterplatten und integrierten Schaltungen
- bei der Simulation und off line-Programmierung von Robotern

Bildanalyse und Bildverarbeitung

Techniken, die bei der Erzeugung, Verarbeitung und Ausgabe digitaler Bilder zum Einsatz gelangen, sind:

- Bildverbesserungsverfahren (Kontrastverstärkung, Rauschunterdrückung)
- Mustererkennung
- Schrifterkennung
- Diagnostische Verfahren in der Medizin (z.B. Röntgentomographie)

Computer-Satzsysteme

Als ein weiteres Beispiel für die Möglichkeiten graphischer Systeme kann dieses Buch gelten, das mit einem Desktop Publishing-System auf einem Mikrorechner hergestellt ist. Ausgehend vom Rohmanuskript, das mit einem konventionellen Textverarbeitungssystem erstellt war, wurde mit dem DTP-System die druckfertige Vorlage gesetzt, insbesondere

- der Text absatzweise formatiert, wobei unterschiedliche Zeichensätze, Schriftgrößen, Absatzformate usw. zur Verfügung standen,
- der formatierte Text stets sofort auf dem Bildschirn dargestellt, was Korrekturen unmittelbar während der Arbeit erlaubte,
- die Graphiken, die aus unterschiedlichen Quellen in verschiedenen Formaten vorlagen in den Text integriert und
- die druckfertigen Seiten auf einem Laserdrucker ausgegeben.

Diese Beispiele zeigen die große Bandbreite graphischer Methoden in der Datenverarbeitung. Es wird dabei aber auch verständlich, daß dieses universelle Werkzeug seine Grundlagen und Methoden aus sehr unterschiedlichen Quellen schöpft.

Die Entwicklung der graphischen Datenverarbeitung

Der schon seit einigen Jahren anhaltende Boom in der graphischen EDV mit jährlichen Wachstumsraten bis zu 50% geht darauf zurück, daß

- die gesunkenen Hardwarekosten die Geräte für größere Anwendergruppen erschwinglich werden ließen,
- die Software-Entwicklungstechniken ausgereifter sind,
- Standardisierungen bei Geräten und Softwareschnittstellen sich durchsetzen.

Es ist anzunehmen, daß die graphische Datenverarbeitung ihre bisherige Bedeutung weiter steigern wird. Dieser Trend wird vor allem von den folgenden Faktoren bestimmt:

- *Die Kosten der graphischen Peripherie:*
  Durch die Speicherbildröhre wurden graphische Arbeitsplätze erstmals für weite Anwenderkreise erschwinglich, allerdings auf Kosten der Interaktivität (ca. 1970). Mit der Entwicklung hochintegrierter Speicherbausteine wurden billige Rasterbildschirme mit graphischen Fähigkeiten Standard.
- *Komplexität der Software*
  Interaktive graphische Systeme sind ähnlich komplex wie Betriebssysteme. Dies führt zu langen Entwicklungszeiten und hohen Entwicklungskosten.
- *Hoher Rechenaufwand*
  Sowohl die graphischen Methoden selbst, als auch die hinter ihnen stehenden Anwendungen sind sehr rechenintensiv (FEM-Analyse, Meteorologie, ...). Dies führt zu hohen Hardwarekosten.
- *Portabilität*
  Bis heute sind graphische Systeme in der Regel an eine spezielle Hard- und Softwareumgebung gebunden und somit nicht frei übertragbar. Dies führt zu zusätzlichen Kostenbelastungen für Anwender und Hersteller. Durch Standardisierung von Hardware und Software versucht man, diese Probleme zu verringern.

Methodische Grundlagen der graphischen Datenverarbeitung

Voraussetzung für das Verständnis graphischer Methoden in der Datenverarbeitung sind Grundkenntnisse über die Funktionsweise von Rechnern und graphischer Peripheriegeräte sowie Vertrautheit mit einer modernen höheren Programmiersprache.

Außer Verfahren der konventionellen EDV benutzt die graphische Datenverarbeitung aber ein umfangreiches Spektrum mathematischer Methoden, insbesondere gehören dazu:

- Verfahren der analytischen Geometrie (Transformationen und Projektionen),

- Verfahren der Analysis und Algebra, etwa bei den Berechnungsverfahren für Spline- und Bezierkurven,
- Fouriermethoden, wie sie z.B in der Röntgentomographie eingesetzt werden,
- Verfahren der Statistik und Wahrscheinlichkeitstheorie, z.B. bei Filtermethoden für die Bildverbesserung.

Daneben hat die graphische Datenverarbeitung jedoch auch eigenständige Methoden entwickelt, etwa:

- Clipping-Algorithmen,
- Sichtbarkeits-Algorithmen,
- Schraffuralgorithmen,
- Flächendefinition und -darstellung,
- Modellieralgorithmen usw.

Das vorliegende Lehrbuch gibt eine Einführung in diese Methoden und ihre Implementierung. Dabei liegt der Schwerpunkt auf Themen, die allgemein der "geometrischen Datenverarbeitung" zugerechnet werden.

In dem folgenden Kapitel 2 besprechen wir zur Vorbereitung auf die später behandelten graphischen Verfahren grundlegende Methoden zur Transformation von geometrischen Objekten und kartesichen Koordinatenräumen. Die dabei verwendeten homogenen Koordinaten gestatten dabei eine übersichtliche und einheitliche Formulierung der Operationen.

2 Transformationen

2.1 Homogene Koordinaten

Außer durch die üblichen kartesischen Koordinaten lassen sich Punkte in der Ebene oder im Raum auch durch *homogene Koordinaten* beschreiben. Homogene Koordinaten ermöglichen es, alle geometrischen Transformationen einheitlich durch Matrixmultiplikationen darzustellen. Der Zusammenhang zwischen kartesischen und homogenen Koordinaten wird durch folgende Zuordnungen hergestellt:

- ° Ein Punkt $\mathbf{p} = (x,y) \in \mathbf{R}^2$ besitzt $[x,y,1]$ als homogene Koordinate.
- ° Ein Punkt $\mathbf{p} = (x,y,z) \in \mathbf{R}^3$ besitzt $[x,y,z,1]$ als homogene Koordinate.

Typische Beispiele für das Arbeiten mit homogenen Koordinaten zeigen die folgenden Beispiele für den Fall zweidimensionaler Operationen:

Translation mit homogenen 2D-Koordinaten

Einer Verschiebung des Punktes (x,y) um den Vektor (a,b) entspricht in homogenen Koordinaten das folgende Matrixprodukt (siehe Abbildung 2.1):

$$\begin{pmatrix} 1 & 0 & a \\ 0 & 1 & b \\ 0 & 0 & 1 \end{pmatrix} * \begin{bmatrix} x \\ y \\ 1 \end{bmatrix} \longrightarrow \begin{bmatrix} x+a \\ y+b \\ 1 \end{bmatrix}$$

Skalierung mit homogenen 2D-Koordinaten

Einer Skalierung des Punktes (x,y) mit den Faktoren α und β entspricht in homogenen Koordinaten das folgende Matrixprodukt:

$$\begin{pmatrix} \alpha & 0 & 0 \\ 0 & \beta & 0 \\ 0 & 0 & 1 \end{pmatrix} * \begin{bmatrix} x \\ y \\ 1 \end{bmatrix} \longrightarrow \begin{bmatrix} \alpha x \\ \beta y \\ 1 \end{bmatrix}$$

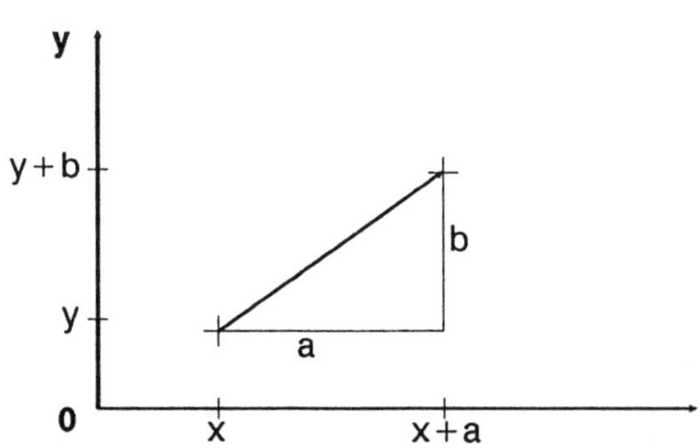

Abbildung 2.1: Bezeichnungen bei der 2D-Translation

2.2 Dreidimensionale Objekttransformationen

Die Verarbeitung graphischer Objekte im Rechner erfordert zahlreiche Abbildungsverfahren, so etwa

- Verschiebungen,
- Spiegelungen an Punkten, Achsen und Flächen,
- Vergrößerungen und Verkleinerungen.

Mathematisch gesehen handelt es sich dabei um Spezialfälle linearer Abbildungen, nämlich um affine Abbildungen im $\mathbf{R}^3$. Zur Erinnerung führen wir ihre wesentlichen Eigenschaften hier auf:

Eigenschaften affiner Abbildungen

- Affine Abbildungen sind umkehrbar eindeutige, lineare Transformationen des Raumes $\mathbf{R}^n$. Sie bilden einen Vektorraum mit der Verknüpfung von Transformationen als zusätzlicher Struktur.
- Beliebige affine Abbildungen lassen sich erzeugen durch Verknüpfung von Basis-Transformationen, nämlich:
  - Translationen
  - Skalierungen
  - Drehungen
- Geraden gehen bei affinen Abbildungen wieder in Geraden über.
- Parallelen gehen bei affinen Abbildungen wieder in Parallelen über.
- Das Teilverhältnis dreier Punkte auf einer Geraden bleibt erhalten.

Es genügt also oft, nur Basistransformationen zu betrachten und diese auf einzelne Punkte des Raumes $\mathbf{R}^n$ anzuwenden.

Für algorithmische Anwendungen eignen sich die Methoden der Matrixalgebra und homogene Koordinaten besonders gut. Wir verwenden daher im folgenden diese Technik. Dabei treffen wir die Konvention, daß einer Transformation eines Punktes oder Vektors eine Multiplikation mit der zugehörigen Matrix von *links* entspricht.

3D-Translation in homogenen Koordinaten

Einer Translation um den Vektor (a,b,c) entspricht die folgende Matrixoperation:

$$\begin{pmatrix} 1 & 0 & 0 & a \\ 0 & 1 & 0 & b \\ 0 & 0 & 1 & c \\ 0 & 0 & 0 & 1 \end{pmatrix} * \begin{bmatrix} x \\ y \\ z \\ 1 \end{bmatrix} \longrightarrow \begin{bmatrix} x+a \\ y+b \\ z+b \\ 1 \end{bmatrix}$$

Skalierung in homogenen Koordinaten

Eine Skalierung mit den Faktoren α, β, γ für die drei Achsenrichtungen hat die Gestalt:

$$\begin{pmatrix} \alpha & 0 & 0 & 0 \\ 0 & \beta & 0 & 0 \\ 0 & 0 & \gamma & 0 \\ 0 & 0 & 0 & 1 \end{pmatrix} * \begin{bmatrix} x \\ y \\ z \\ 1 \end{bmatrix} \longrightarrow \begin{bmatrix} \alpha x \\ \beta y \\ \gamma z \\ 1 \end{bmatrix}$$

Rotation in homogenen Koordinaten

Einer Drehung eines Punktes (x,y,z) um die z-Achse um einen Winkel α entspricht die folgende Matrixoperation:

$$\begin{pmatrix} \cos(\alpha) & \sin(\alpha) & 0 & 0 \\ -\sin(\alpha) & \cos(\alpha) & 0 & 0 \\ 0 & 0 & 1 & 0 \\ 0 & 0 & 0 & 1 \end{pmatrix} * \begin{bmatrix} x \\ y \\ z \\ 1 \end{bmatrix} \longrightarrow \begin{bmatrix} x\cos(\alpha) + y\sin(\alpha) \\ y\cos(\alpha) - x\sin(\alpha) \\ z \\ 1 \end{bmatrix}$$

Dabei blicken wir in Richtung der positiven z-Achse und zählen Winkel im Gegenuhrzeigersinn positiv. Analog erhalten wir für eine Drehung um die y-Achse um den Winkel α :

$$\begin{pmatrix} \cos(\alpha) & 0 & -\sin(\alpha) & 0 \\ 0 & 1 & 0 & 0 \\ \sin(\alpha) & 0 & \cos(\alpha) & 0 \\ 0 & 0 & 0 & 1 \end{pmatrix} * \begin{bmatrix} x \\ y \\ z \\ 1 \end{bmatrix} \longrightarrow \begin{bmatrix} x\cos(\alpha) - z\sin(\alpha) \\ y \\ x\sin(\alpha) + z\cos(\alpha) \\ 1 \end{bmatrix}$$

Eine Drehung um die x-Achse um den Winkel α hat die Gestalt:

$$\begin{pmatrix} 1 & 0 & 0 & 0 \\ 0 & \cos(\alpha) & \sin(\alpha) & 0 \\ 0 & -\sin(\alpha) & \cos(\alpha) & 0 \\ 0 & 0 & 0 & 1 \end{pmatrix} * \begin{bmatrix} x \\ y \\ z \\ 1 \end{bmatrix} \longrightarrow \begin{bmatrix} x \\ y\cos(\alpha) + z\sin(\alpha) \\ -y\sin(\alpha) + z\cos(\alpha) \\ 1 \end{bmatrix}$$

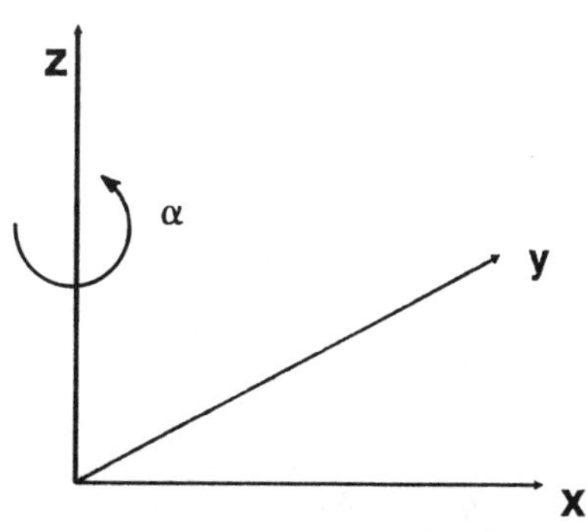

Abbildung 2.2: Drehung um die z-Achse

Spiegelungen

Spiegelungen sind Spezialfälle der Skalierung. Für eine Spiegelung am Nullpunkt des Koordinatensystems erhält man z.B.:

$$\begin{pmatrix} -1 & 0 & 0 & 0 \\ 0 & -1 & 0 & 0 \\ 0 & 0 & -1 & 0 \\ 0 & 0 & 0 & 1 \end{pmatrix} * \begin{bmatrix} x \\ y \\ z \\ 1 \end{bmatrix} \longrightarrow \begin{bmatrix} -x \\ -y \\ -z \\ 1 \end{bmatrix}$$

Für eine Spiegelung an der Achsenebene $x=0$ erhält man:

$$\begin{pmatrix} -1 & 0 & 0 & 0 \\ 0 & 1 & 0 & 0 \\ 0 & 0 & 1 & 0 \\ 0 & 0 & 0 & 1 \end{pmatrix} * \begin{bmatrix} x \\ y \\ z \\ 1 \end{bmatrix} \longrightarrow \begin{bmatrix} -x \\ +y \\ +z \\ 1 \end{bmatrix}$$

Verknüpfung von Transformationen

Der Verknüpfung von Transformationen entsprechen die Produkte der zugeordneten Matrizen. Es gelten dabei die gleichen Verknüpfungsregeln:

- *Assoziativität:* Mehrere, verknüpfte Transformationen lassen sich zu einer einzigen, äquivalenten zusammenfassen:

$$T_1 * (T_2 * (\ldots * T_n)\ldots) = T_1 * T_2 * \ldots * T_n$$

- *Eingeschränkte Kommutativität:* Die Reihenfolge von Transformationen ist nur in Spezialfällen vertauschbar:
  - Beliebige Translationen sind vertauschbar.
  - Rotationen um dieselbe Achse sind vertauschbar.
  - Rotationen um verschiedene Achsen sind i.a. nicht vertauschbar.
  - Skalierungen sind vertauschbar.

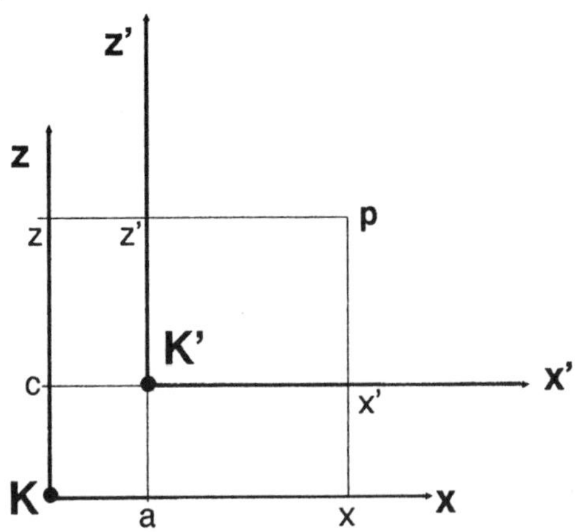

Abbildung 2.3: Translation des Koordinatensystems

2.3 Transformation von Koordinatensystemen

Im vorhergehenden Abschnitt wurden Transformationen von Punkten bei festgehaltenem Koordinatensystem betrachtet. Oft ist es jedoch auch notwendig, die Koordinaten des selben Punktes in unterschiedlichen Koordinatensystemen zu ermitteln. Wir benötigen daher auch Transformationen von Koordinatensystemen.

Translation des Koordinatensystems

Zu einem gegebenen Punkt **p** mit den Koordinaten (x,y,z) in einem Koordinatensystem **K** sind die Koordinaten (x',y',z') des selben Punktes **p** bezüglich eines zweiten Koordinatensystems **K'** gesucht. Dieses sei gegenüber **K** um den Vektor (a,b,c) verschoben. Der Abbildung 2.3 entnimmt man:

$$x' = x - a$$
$$y' = y - b$$
$$z' = z - c$$

Diese Transformation läßt sich daher durch eine Translationsmatrix beschreiben:

$$\begin{pmatrix} 1 & 0 & 0 & -a \\ 0 & 1 & 0 & -b \\ 0 & 0 & 1 & -c \\ 0 & 0 & 0 & 1 \end{pmatrix} * \begin{bmatrix} x \\ y \\ z \\ 1 \end{bmatrix} \longrightarrow \begin{bmatrix} x' \\ y' \\ z' \\ 1 \end{bmatrix}$$

Wir stellen also fest: Eine Translation des Koordinatensystems um den Vektor (a,b,c) ist äquivalent zu einer Objekttranslation um den Vektor (−a, −b, −c).

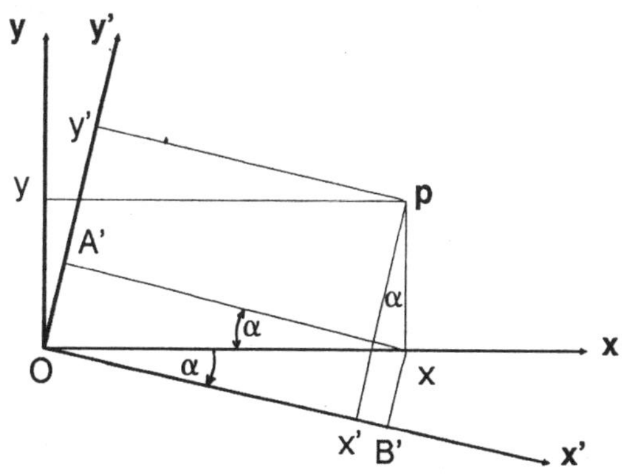

Abbildung 2.4: Rotation des Koordinatensystems um einen Winkel α um die z-Achse

Rotation des Koordinatensystems

Zu einem gegebenen Punkt **p** mit den Koordinaten (x,y,z) in einem Koordinatensystem **K** sind die Koordinaten (x',y',z') des selben Punktes **p** bezüglich eines zweiten Koordinatensystems **K'** gesucht, das gegenüber **K** um den Winkel α gedreht ist. Abbildung 2.4 ergibt für eine Drehung um die z-Achse:

$$x' = \overline{Ox'} = \overline{OB'} - \overline{x'B'} = x * \cos(\alpha) - y * \sin(\alpha)$$
$$y' = \overline{Oy'} = \overline{OA'} + \overline{A'y'} = x * \sin(\alpha) + y * \cos(\alpha)$$

Dies läßt sich durch die folgende Rotation beschreiben:

$$\begin{pmatrix} \cos(\alpha) & -\sin(\alpha) & 0 & 0 \\ \sin(a) & \cos(a) & 0 & 0 \\ 0 & 0 & 1 & 0 \\ 0 & 0 & 0 & 1 \end{pmatrix} * \begin{bmatrix} x \\ y \\ z \\ 1 \end{bmatrix} \longrightarrow \begin{bmatrix} x' \\ y' \\ z' \\ 1 \end{bmatrix}$$

Wir halten daher fest: Einer Rotation des Koordinatensystems um einen Winkel α entspricht eine Rotation der Objekte um den Winkel $-\alpha$.

2.4 Drehung um eine beliebige Raumachse

Als typische Anwendung für Transformationen entwickeln wir nun die Rotationsmatrix $\mathbf{T}_\alpha$ für die Drehung eines Punktes um eine beliebig orientierte Achse im Raum um einen Winkel α.

Die Drehachse ist dabei eine Gerade der Form $\mathbf{G} = \mathbf{a} + \mu\mathbf{b}$ mit zwei Vektoren $\mathbf{a} = (a_x, a_y, a_z)$ und $\mathbf{b} = (b_x, b_y, b_z)$ sowie einem Skalar μ.

Gesucht sind die Koordinaten eines Punktes $\mathbf{p} = (x,y,z)$ nach einer Drehung um die Achse $\mathbf{G}$ um den Winkel α. Man geht dazu in den folgenden Teilschritten vor:

1. Schritt:

Wir verschieben das Koordinatensystem in den Basispunkt $\mathbf{a}$ der Drehachse durch eine Translation $\mathbf{T}_1$ (s. Abbildung 2.5) mit:

$$\mathbf{T}_1 = \begin{pmatrix} 1 & 0 & 0 & -a_x \\ 0 & 1 & 0 & -a_y \\ 0 & 0 & 1 & -a_z \\ 0 & 0 & 0 & 1 \end{pmatrix}$$

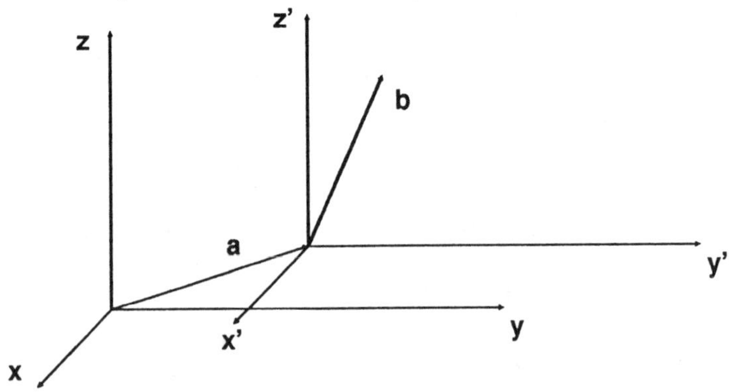

Abbildung 2.5: Drehung um eine Raumachse (1. Schritt)

2.Schritt:

Nun drehen wir das Koordinatensystem um seine z-Achse, so daß der Vektor **b** in der (z,x)-Ebene liegt (s. Abbildung 2.6) und erhalten dafür die Transformation T_2 mit:

$$T_2 = \frac{1}{d}\begin{pmatrix} b_x & b_y & 0 & 0 \\ -b_y & b_x & 0 & 0 \\ 0 & 0 & d & 0 \\ 0 & 0 & 0 & d \end{pmatrix}$$

Dabei ist $d = \sqrt{b_x^2 + b_y^2}$

und $\sin(\alpha) = b_y/d$
$\cos(\alpha) = b_x/d$

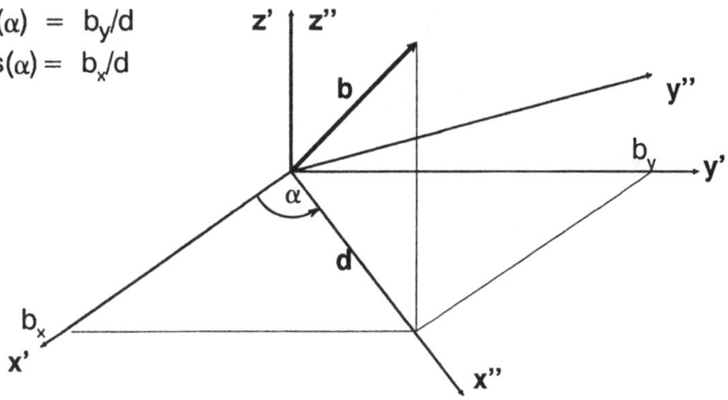

Abbildung 2.6: Drehung um eine Raumachse (2. Schritt)

3. Schritt:

Wir drehen das Koordinatensystem nun so um die y-Achse, daß seine z-Achse in Richtung der gewünschten Drehachse zeigt, also mit dem Vektor **b** zusammenfällt (siehe Abbildung 2.7). Die Rotationsmatrix für diese Drehung ist:

$$T_3 = \frac{1}{e}\begin{pmatrix} b_z & 0 & -d & 0 \\ 0 & e & 0 & 0 \\ d & 0 & b_z & 0 \\ 0 & 0 & 0 & e \end{pmatrix}$$

Dabei ist $e = \sqrt{b_x^2 + b_y^2 + b_z^2}$

4. Schritt:

In dem nun vorliegenden Koordinatensystem ist die gewünschte Drehung eine einfache Rotation des Objektpunktes um die neue z-Achse mit der Matrix:

$$e = |\mathbf{b}|$$
$$\sin(\beta) = d/e$$
$$\cos(\beta) = b_z/e$$

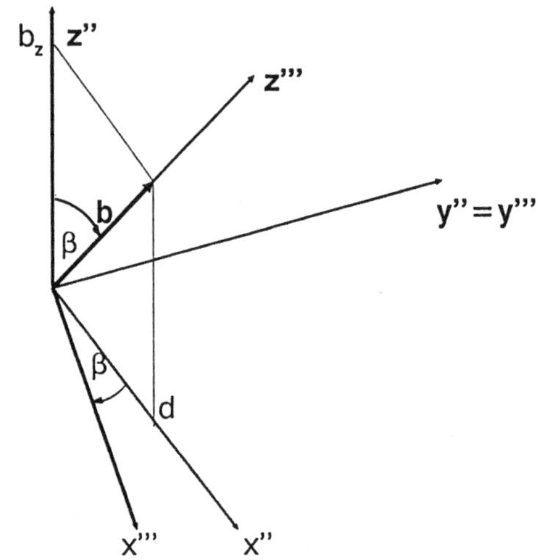

Abbildung 2.7: Drehung um eine Raumachse (3. Schritt)

$$\mathbf{T} = \begin{pmatrix} \cos(\alpha) & \sin(\alpha) & 0 & 0 \\ -\sin(a) & \cos(a) & 0 & 0 \\ 0 & 0 & 1 & 0 \\ 0 & 0 & 0 & 1 \end{pmatrix}$$

5. Schritt:

Die gesuchte Transformation $\mathbf{T}_\alpha$ läßt sich nun durch Verknüpfung der Transformationen $\mathbf{T}_1$, T_2, T_3 und $\mathbf{T}$ ermitteln. Damit der gedrehte Punkt wieder im Ausgangskoordinatensystem vorliegt, werden anschließend noch die inversen Transformationen $\mathbf{T}_1^{-1}$, $\mathbf{T}_2^{-1}$ und $\mathbf{T}_3^{-1}$ darauf angewandt. Man erhält somit für die gesuchte Gesamttransformation:

$$\mathbf{T}_\alpha = \mathbf{T}_1^{-1} * \mathbf{T}_2^{-1} * \mathbf{T}_3^{-1} * \mathbf{T} * \mathbf{T}_3 * \mathbf{T}_2 * \mathbf{T}_1$$

Beispiel:

Wir bestimmen die Matrix einer Drehung um die Hauptraumdiagonale um den Winkel α. Die Gleichung der Drehachse lautet also: $\mathbf{G} = (0,0,0) + \mu(1,1,1)$.

1. Schritt:

Die Transformation $\mathbf{T}_1$ entfällt, da der Bezugspunkt der Drehachse bereits der Ursprung unseres Ausgangskoordinatensystems ist.

2. Schritt:

Die Transformation $\mathbf{T}_2$ beschreibt eine Drehung von $45°$. Damit erhält man:

$$d = \sqrt{2}$$

und
$$T_2 = \frac{1}{\sqrt{2}} \begin{pmatrix} 1 & 1 & 0 & 0 \\ -1 & 1 & 0 & 0 \\ 0 & 0 & \sqrt{2} & 0 \\ 0 & 0 & 0 & \sqrt{2} \end{pmatrix}$$

3. Schritt:
Nun wird die z-Achse um den Winkel β in die Richtung der Drehachse **G** gedreht. Dafür gilt unter unseren Annahmen:

$$e = \sqrt{3}$$
$$\sin(\beta) = \sqrt{2} / \sqrt{3}$$
$$\cos(\beta) = 1 / \sqrt{3}$$

Dafür erhalten wir die Transformation:
$$T_3 = \frac{1}{\sqrt{3}} \begin{pmatrix} 1 & 0 & -\sqrt{2} & 0 \\ 0 & \sqrt{3} & 0 & 0 \\ \sqrt{2} & 0 & 1 & 0 \\ 0 & 0 & 0 & \sqrt{3} \end{pmatrix}$$

4. Schritt:
Für die Rotation um die Drehachse um den Winkel α hat die Matrix **T** die oben angegebene Gestalt:
$$T = \begin{pmatrix} \cos(\alpha) & \sin(\alpha) & 0 & 0 \\ -\sin(\alpha) & \cos(\alpha) & 0 & 0 \\ 0 & 0 & 1 & 0 \\ 0 & 0 & 0 & 1 \end{pmatrix}$$

5. Schritt:
Da T_2 und T_3 orthogonal sind, erhält man ihre Inversen einfach durch Transposition. Damit ergibt sich für die Gesamttransformation:
$$T_\alpha = T_2^{-1} * T_3^{-1} * T * T_3 * T_2 = T_2^T * T_3^T * T * T_3 * T_2$$
Durch Ausmultiplizieren dieser Matrizen erhält man die Gesamttransformation:
$$\frac{1}{3} \begin{pmatrix} 2\cos(\alpha)+1 & (\sqrt{3}\sin(\alpha)-\cos(\alpha)+1) & -(\sqrt{3}\sin(\alpha)+\cos(\alpha)-1) & 0 \\ -(\sqrt{3}\sin(\alpha)+\cos(\alpha)-1) & 2\cos(\alpha)+1 & +(\sqrt{3}\sin(\alpha)-\cos(\alpha)+1) & 0 \\ +(\sqrt{3}\sin(\alpha)-\cos(\alpha)+1) & -(\sqrt{3}\sin(\alpha)+\cos(\alpha)-1) & 2\cos(\alpha)+1 & 0 \\ 0 & 0 & 0 & 3 \end{pmatrix}$$

Setzt man den Drehwinkel $\alpha = 120°$, so erhält man speziell:
$$\sin(120°) = {}^1/_2 * \sqrt{3}$$
und
$$\cos(120°) = -{}^1/_2$$

Die resultierende Gesamtransformation, vertauscht die Achsenrichtungen zyklisch:

$$T_\alpha = \begin{pmatrix} 0 & 1 & 0 & 0 \\ 0 & 0 & 1 & 0 \\ 1 & 0 & 0 & 0 \\ 0 & 0 & 0 & 1 \end{pmatrix}$$

Nachfolgend wird eine PASCAL-Prozedur angegeben, die nach dem beschriebenen Verfahren einen Punkt um eine beliebige Achse rotiert.

```
PROCEDURE Rotate  (  ax_1       : point;       { erster Punkt auf der Achse         }
                     ax_2       : point;       { zweiter Punkt auf der Achse        }
                     alpha      : REAL;        { Rotationswinkel                    }
                     VAR obj    : point;       { zu drehender Punkt                 }
                     VAR ok     : BOOLEAN);    { Fehler-Flag: TRUE = kein Fehler    }

      VAR  b           : point;         { Richtung der Rotationsachse          }
           p           : point;         { Hilfspunkt                           }
           d, e        : REAL;          { Parameter für die Rotationsmatrix    }
           sin_alpha   : REAL;          { Sinus des Rotationswinkels           }
           cos_alpha   : REAL;          { Cosinus des Rotationswinkels         }

      BEGIN { Rotate }
           { Berechne Richtung der Achse }
           b.x    :=   ax_2.x  - ax_1.x;
           b.y    :=   ax_2.y  - ax_1.y;
           b.z    :=   ax_2.z  - ax_1.z;

           { Berechne Koeffizienten d, e für die Transformation }
           d :=    sqrt (b.x * b.x + b.y * b.y);
           e :=    sqrt (b.x * b.x + b.y * b.y + b.z * b.z);
           IF e = 0 THEN ok := FALSE
                ELSE BEGIN
                     { 1. Verschiebe Koordinatensystem in den Basispunkt der Achse   }
                     obj.x := obj.x - ax_1.x;
                     obj.y := obj.y - ax_1.y;
                     obj.z := obj.z - ax_1.z;

                     { 2. Drehe Koordinatensystem um die z-Achse, wenn die          }
                     { Rotationsachse nicht schon parallel zu ihr ist.              }
                     IF d <> 0 THEN  BEGIN
                                        p.x  := ( b.x * obj.x + b.y * obj.y) / d;
                                        p.y  := (- b.y * obj.x + b.x * obj.y) / d;
                                        p.z  := obj.z;
                                        obj  := p;
                                     END;

                     { 3. Drehe Koordinatensystem um die y-Achse                    }
                     p.x      := (b.z * obj.x  - d * obj.z) / e;
                     p.y      := obj.y;
                     p.z      := (d * obj.x  + b.z * obj.z) / e;
                     obj      := p;
```

```
                    { 4. Drehe den Punkt um die gegebene Achse                  }
                    sin_alpha       := sin (2 * pi * alpha/360.0);
                    cos_alpha       := cos (2 * pi * alpha/360.0);
                    p.x             :=  cos_alpha * obj.x - sin_alpha * obj.y;
                    p.y             :=  sin_alpha * obj.x + cos_alpha * obj.y;
                    p.z             :=  obj.z;
                    obj             :=  p;

                    { 5. Drehe Koordinatensystem zurück um y-Achse              }
                    p.x := (b.z * obj.x + d * obj.z) / e;
                    p.y := obj.y;
                    p.z := (-d * obj.x + b.z * obj.z) / e;
                    obj := p;

                    { 6. Drehe Koordinatensystem zurück um z-Achse              }
                    IF d <> 0 THEN BEGIN
                                   p.x :=    (b.x * obj.x - b.y * obj.y) / d;
                                   p.y :=    (b.y * obj.x + b.x * obj.y) / d;
                                   p.z :=    obj.z;
                                   obj :=    p;
                                 END;

                    { 7. Schiebe Koordinatensystem zurück in Ursprung           }
                    obj.x   :=   obj.x + ax_1.x;
                    obj.y   :=   obj.y + ax_1.y;
                    obj.z   :=   obj.z + ax_1.z;
                    ok      :=   TRUE;
               END; { ELSE }
      END    { Rotate };
```

2.5 Window/Viewport-Transformationen

Häufig arbeiten graphische Systeme mit mehreren unterschiedlichen Koordinatensystemen:

° einem problemangepaßten "Weltkoordinatensystem", in dem die Objekte gespeichert und verarbeitet werden.

° einem oder mehreren Koordinatensystemen für ihre Darstellung.

Während die Einheiten im Weltkoordinatensystem vom speziellen Anwendungsfall abhängen, (z.B. "km" für eine Landkarte, "mm" für eine mechanische Konstruktion), sind sie im Darstellungskoordinatensytem vom Gerät abhängig, auf dem das Bild erscheinen soll (z.B. "Plottereinheiten = 0.1mm"). Die Achsenrichtungen sind in der Regel aber orthogonal. Eine Transformation vom Weltkoordinatensystem in das Darstellungskoordinatensystem läßt sich daher wie folgt spezifizieren:

° Im Weltkoordinatensystem wird ein achsenparalleles Rechteckfenster, das *Window* , festgelegt, welches die bearbeiteten Objekte enthält.

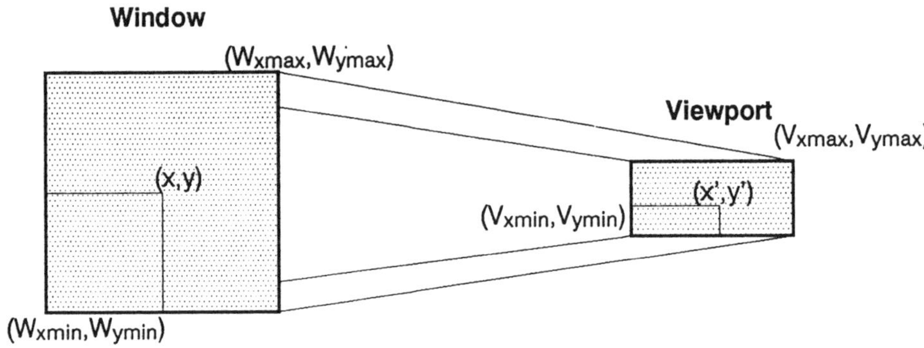

Abbildung 2.8: Window-Viewport-Transformation

- Im Darstellungskoordinatensystem wird ein achsenparalleles Rechteckfenster, der *Viewport* festgelegt, der ihre Darstellung enthält.

Die Transformation zwischen beiden Koordinatensystemen wird eindeutig dadurch bestimmt, daß sie das Window exakt auf den Viewport abbildet. Die Vorteile der Window/Viewport-Technik sind:

- Die Verarbeitung wird von der Darstellung auf speziellen Geräten entkoppelt.
- Die Window-Grenzen können gleichzeitig benutzt werden, um Ausschnitte aus der Gesamtansicht zu berechnen (Clipping).
- Die Spezifikation der Transformation erfordert keine abstrakten Überlegungen vom Anwender und ist daher für interaktive Systeme gut geeignet.

Wir stellen nun die Transformationsmatrix einer Window/Viewport-Transformation auf.(siehe dazu auch Abbildung 2.8) Gegeben sind dabei:

- das Window durch zwei Eckpunkte: (W_{xmin}, W_{ymin}) und (W_{xmax}, W_{ymax})
- der Viewport durch zwei Eckpunkte: (V_{xmin}, V_{ymin}) und (V_{xmax}, V_{ymax})

Die gesuchte Transformation wird in drei Teilschritten durchgeführt:

- Verschiebung des Koordinatenursprungs in die linke untere Ecke des Window;
- Skalierung des Koordinatensystems, so daß das Window die Maße des Viewport annimmt.
- Verschiebung des Koordinatensystems, so daß das Fenster an die Position des Viewport gelangt.

Die Skalierungsfaktoren für den 2. Schritt sind daher:

$$f_x = (V_{xmax} - V_{xmin}) / (W_{xmax} - W_{xmin})$$
$$f_y = (V_{ymax} - V_{ymin}) / (W_{ymax} - W_{ymin}$$

Damit ergibt sich für die Gesamttransformation die folgende Matrix:

$$T = \begin{pmatrix} 1 & 0 & V_{xmin} \\ 0 & 1 & V_{ymin} \\ 0 & 0 & 1 \end{pmatrix} * \begin{pmatrix} f_x & 0 & 0 \\ 0 & f_y & 0 \\ 0 & 0 & 1 \end{pmatrix} * \begin{pmatrix} 1 & 0 & -W_{xmin} \\ 0 & 1 & -W_{ymin} \\ 0 & 0 & 1 \end{pmatrix}$$

$$T = \begin{pmatrix} f_x & 0 & (V_{xmin} - f_x W_{xmin}) \\ 0 & f_y & (V_{ymin} - f_y W_{ymin}) \\ 0 & 0 & 1 \end{pmatrix}$$

Wendet man diese Transformation auf einen Objektpunkt P = (x,y,z) an, so erhält man:

$$\begin{bmatrix} x \\ y \\ 1 \end{bmatrix} \longrightarrow \begin{bmatrix} x' \\ y' \\ 1 \end{bmatrix} = \begin{pmatrix} f_x * (x - W_{xmin}) + V_{xmin} \\ f_y * (y - W_{ymin}) + V_{ymin} \\ 1 \end{pmatrix}$$

2.6 Aufgaben

1. Eigenschaften von Transformationen

Begründen Sie mit Methoden der Matrixalgebra die folgenden Aussagen:

- Drehungen in der Ebene um den Nullpunkt sind additiv und kommutativ.
- Drehungen und Skalierungen in der Ebene sind genau dann vertauschbar, wenn entweder die Skalierungsfaktoren in beiden Achsenrichtungen gleich sind, oder der Drehwinkel ein Vielfaches von 180° beträgt.
- Drehungen im Raum um verschiedene Achsen sind nicht generell vertauschbar.

2. Transformation von Objekten

Stellen Sie die Transformationsmatrizen für die folgenden 2D-Transformationen auf. Geben Sie zunächst an, aus welchen Basistransformationen sie sich zusammensetzen lassen und berechnen Sie danach die Matrix der Gesamttransformation aus den Matrizen der Basistransformationen:

- Spiegelung an der Geraden $y = m * x + b$
- Rotation um den Punkt $\mathbf{p} = (a,b)$

3. Skalierung von Koordinatensystemen

Es ist die Transformationsmatrix aufzustellen, mit der sich ein 3D-Koordinatensystem mit der Einheit "1 cm" für alle drei Richtungen transformieren läßt in ein Koordinatensystem mir der Einheit "1 Zoll" für alle drei Richtungen. (1 Zoll = 2,54 cm)

4. Drehung von Koordinatensystemen

Stellen Sie die Matrix einer Koordinatentransformation auf, die das gegebene dreidimensionale Koordinatensystem so transformiert, daß ein vorgegebener Vektor $\mathbf{v} = (v_x, v_y, v_z)$ in Richtung der x-Achse des transformierten Koordinatensystems zeigt.

- Zerlegen Sie die Gesamttransformation in Basistransformationen !
- Geben Sie für jeden Teilschritt die zugehörige Transformationsmatrix an und berechnen Sie daraus die Matrix der Gesamttransformation.
- Überprüfen Sie das Ergebnis anhand des Vektors (1,1,1) !

5. Window/Viewport-Transformation

Es sind ein Window und ein Viewport mit den folgenden Eckkoordinaten gegeben:

$$
\begin{array}{ll}
W_{xmin} = 0.0 & W_{ymin} = 0.0 \\
W_{xmax} = a & W_{ymax} = b \\
V_{xmin} = 0.0 & V_{ymin} = 0.0 \\
V_{xmax} = 1.0 & V_{ymax} = 1.0
\end{array}
$$

Geben Sie die Matrix der zugehörigen Window/Viewport-Transformation an, die das Window exakt auf den Viewport abbildet.

Geben Sie die Matrix derjenigen Window/Viewport-Transformation an, die das Window möglichst groß so auf den Viewport abbildet, daß keine Verzerrungen entstehen.

3 Darstellungsverfahren für 2D-Objekte

3.1 Clippen von Linien an einem Rechteckfenster

Fenstertechniken werden in der graphischen Datenverarbeitung häufig verwendet, um Ausschnitte aus Zeichnungen zu berechnen. Das Basisproblem dabei ist, die im Fenster liegenden Teile einer Strecke zu berechnen, damit nur diese dargestellt werden. Zur Lösung wird häufig das folgende Verfahren eingesetzt:

Cohen/Sutherland-Algorithmus

Der Algorithmus von Cohen/Sutherland berechnet den Anteil einer Strecke, der innerhalb eines Rechteckfensters liegt. Dazu geht man wie folgt vor:

- Die Randsegmente des Fensters werden zu Geraden verlängert:
- Zu jedem der beiden Streckenendpunkte $\mathbf{p}_1$ und $\mathbf{p}_2$ wird berechnet, welche der folgenden Attribute für ihn zutreffen (siehe Abbildung 3.1):

– LEFT	:	$\mathbf{p}_i$ liegt links von der Geraden	$x = x_{LEFT}$
– RIGHT	:	$\mathbf{p}_i$ liegt rechts von der Geraden	$x = x_{RIGHT}$
– TOP	:	$\mathbf{p}_i$ liegt oberhalb von der Geraden	$y = y_{TOP}$
– BOTTOM	:	$\mathbf{p}_i$ liegt unterhalb von der Geraden	$y = y_{BOTTOM}$

  Mit $\mathbf{ATTR}(\mathbf{p}_i)$ bezeichnen wir die Menge der $\mathbf{p}_i$ zugeordneten Attribute.
- Eine Strecke $\overline{\mathbf{p}_1\mathbf{p}_2}$ ist ganz sichtbar, wenn $\mathbf{ATTR}(\mathbf{p}_1) \cup \mathbf{ATTR}(\mathbf{p}_2) = \emptyset$
- Eine Strecke $\overline{\mathbf{p}_1\mathbf{p}_2}$ ist ganz unsichtbar, wenn $\mathbf{ATTR}(\mathbf{p}_1) \cap \mathbf{ATTR}(\mathbf{p}_2) \neq \emptyset$
- Alle anderen Strecken sind eventuell teilweise sichtbar. Es werden dann solange Endstücke der Strecke eliminiert, bis nur noch ihr sichtbarer Rest übrigbleibt.

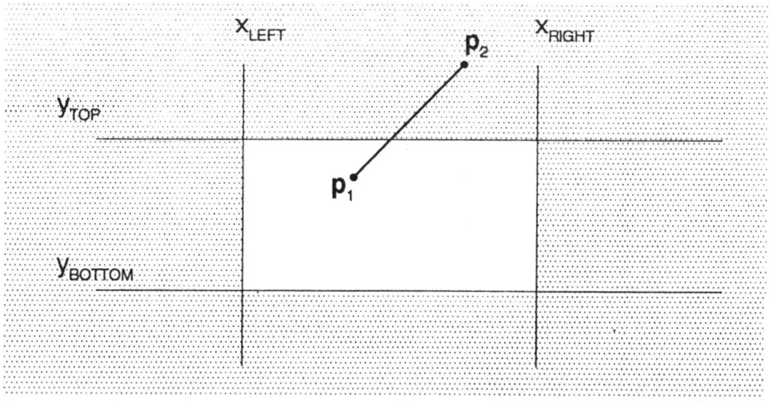

Abbildung 3.1: Clippen von Strecken nach Cohen/Sutherland

Das untenstehende Diagramm zeigt die Ablaufstruktur des Cohen/Sutherland-Verfahrens:

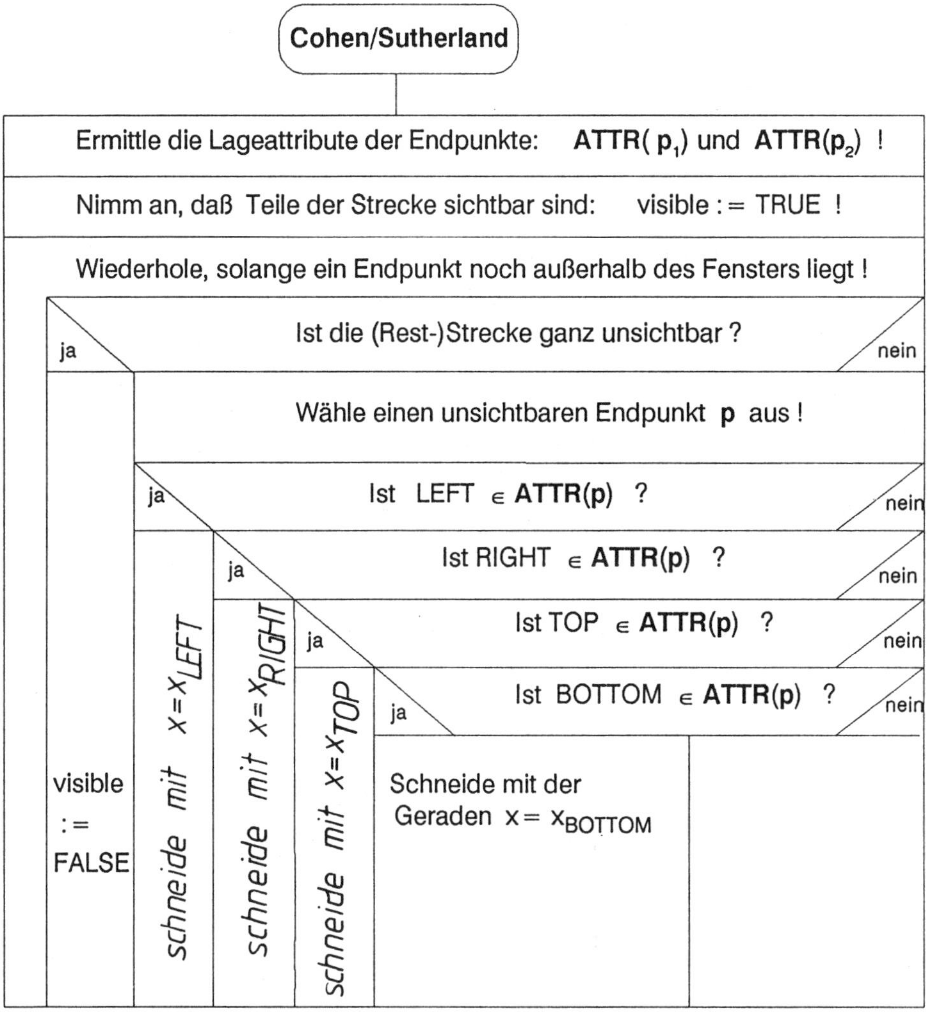

Abbildung 3.2: Ablaufstruktur des Cohen/Sutherland-Verfahrens

Die Prozedur Clip_Line auf der nächsten Seite stellt eine Implemetierung dieses Verfahrens in PASCAL dar.

```
PROCEDURE Clip_Line
        ( x_left        : REAL;         { linke  : Fenstergrenze              }
          x_right       : REAL;         { rechte Fenstergrenze                }
          y_bot         : REAL;         { untere Fenstergrenze                }
          y_top         : REAL;         { obere  Fenstergrenze                }
          VAR x_1       : REAL;         { Anfangspunkt der Strecke            }
          VAR y_1       : REAL;
          VAR x_2       : REAL;         { Endpunkt der Strecke                }
          VAR y_2       : REAL;
          VAR visible   : BOOLEAN);     { =TRUE bei  sichtbaren Resten        }

    TYPE  Attr     =   (left, right, top, bottom)    {  Lageattribute für Punkte          }
          Attr_Set =   SET OF Attr;

    VAR   Attr_0, Attr_1, Attr_2    : Attr_Set;      { Attribute von Endpunkten           }
          x, y                      : REAL;          { Temporäte Punktkoordinaten         }

    PROCEDURE  Attributes ( x, y : REAL; VAR a : Attr_Set );
          BEGIN { Attributes }
              a : = [];
              IF  (x < x_left)     THEN  a : = [left]
                                   ELSE  IF  (x > x_right) THEN A : = [right];
              IF  (y < y_bot)      THEN  a : = a + [bottom]
                                   ELSE  IF  (y > y_top)   THEN a : = a + [top];
          END; { Attributes }

    BEGIN  { Clip_Line }
      { Bestimme die Attribute der Strecken-Endpunkte }
      Attributes (x_1,y_1,Attr_1);
      Attributes (x_2,y_2,Attr_2);

      { Initialisiere das Sichtbarkeits-Flag }
      visible : = TRUE;

      { Wiederhole, bis alle unsichtbaren Teile entfernt sind }
      WHILE  (Attr_1 < > [])  OR  (Attr_2 < > [])  DO
      BEGIN
            { Falls ganz unsichtbar, dann fertig }
            IF  (Attr_1 * Attr_2 < > [])  THEN  BEGIN
                                                    visible : = FALSE;
                                                    Exit;
                                                END;

            { Wähle einen unsichtbaren Endpunkt }
            IF  (Attr_1 < > [])          THEN  Attr_0 : = Attr_1
                                         ELSE  Attr_0 : = Attr_2;

            { Unsichtbare Teile der Strecke abschneiden }
            IF  (left IN Attr_0)    THEN
                    BEGIN
                      y : = y_1 + (y_2 − y_1) * (x_left − x_1)/ (x_2  − x_1);
                      x : = x_left
                    END
```

```
        ELSE IF (right IN Attr_0) THEN  BEGIN
                                          y := y_1 + (y_2 - y_1) * (x_right - x_1) / (x_2 - x_1);
                                          x := x_right
                                        END
        ELSE IF (top IN Attr_0) THEN    BEGIN
                                          x := x_1 + (x_2 - x_1) * (y_top - y_1)/(y_2 - y_1);
                                          y := y_top
                                        END
        ELSE IF (bottom IN Attr_0)  THEN  BEGIN
                                            x := x_1 + (x_2 - x_1) * (y_bot - y_1) / (y_2 - y_1);
                                            y := y_bot
                                          END;
        IF (Attr_0 = Attr_1) THEN   BEGIN
                                      x_1 := x;
                                      y_1 := y;
                                      Attributes (x,y,Attr_1)
                                    END
                           ELSE     BEGIN
                                      x_2 := x;
                                      y_2 := y;
                                      Attributes  (x,y,Attr_2)
                                    END
    END { WHILE }
END; { Clip_Line }
```

Erweiterungen des Cohen/Sutherland-Verfahrens

Die geschilderte Methode zum Clippen einer Einzellinie an einem Rechteckfenster läßt einige naheliegende Erweiterungen zu, hat aber auch ihre Grenzen:

- Statt eines Rechteckfensters kann man ein konvexes Polygon als Fenster verwenden. Jedes Randsegment wird dann zu einer Geraden erweitert. Von der zu clippenden Strecke werden dann solange Endpunkte zurückgeschnitten, bis nur noch der sichtbare Rest übrigbleibt.
- Ein sehr ähnliches Problem stellt das *Überdecken* dar. Dabei bleiben alle Teile einer Zeichnung unsichtbar, die innerhalb eines Fensters liegen. Eine Linie ist dabei entweder ganz sichtbar oder es sind ein oder zwei Teile von ihr sichtbar.

3.2 Clippen von Flächen

Ebene Flächen werden oft durch einen polygonalen Rand beschrieben. Clippt man die Liniensegmente des Randes einzeln mit dem Cohen/Sutherland-Algorithmus, so erhält man zwar die sichtbaren Randsegmente. Daraus läßt sich jedoch im allgemeinen nicht mehr eindeutig der Rand des sichtbaren Teiles der Fläche ableiten, wie Abbildung 3.3 zeigt.

Das folgende Verfahren, das auf Sutherland/Hodgeman zurückgeht, clippt eine polygonal berandete Fläche an einem konvexen Fenster und liefert als Ergebnis wieder einen geschlossenen Flächenrand.

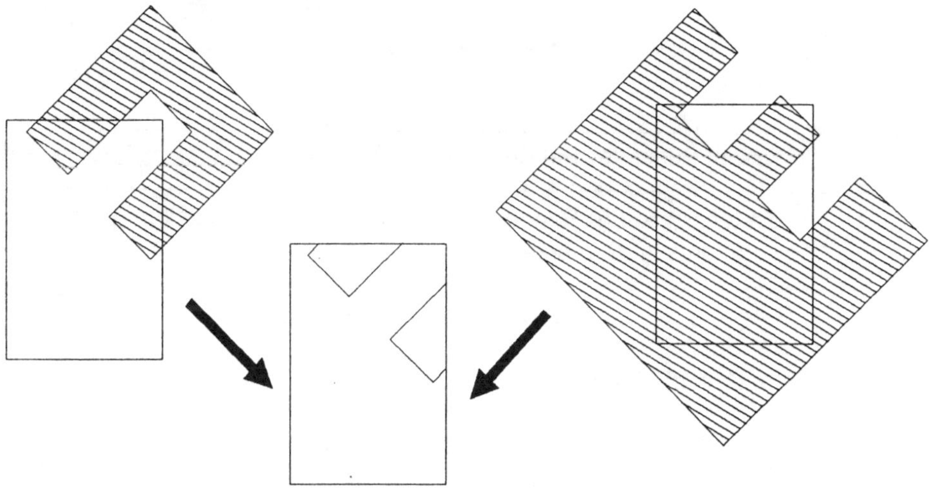

Abbildung 3.3: Mehrdeutige Reste des Flächenrandes beim Clippen der Randsegmente nach Cohen/Sutherland

Sutherland/Hodgeman-Verfahren

Man erweitert zunächst die Randsegmente des Fensters zu Geraden, die als Halbraumgrenzen aufgefaßt werden.

Die zu clippende Fläche wird nun sukzessiv an jeder dieser Halbraumgrenzen abgeschnitten. Die Eingabe eines solchen Teilschrittes besteht aus:

- einer Liste mit den Randpunkten der zu clippenden Fläche
- der Geraden, an der die Fläche zu clippen ist.

Als Ergebnis eines Teilschrittes wird eine neue Liste erstellt, die das Randpolygon der Fläche nach dem Clippen an der Halbraumgrenze enthält.

Nachdem für jede Halbraumgrenze ein solcher Teilschitt durchgeführt ist, bleibt der Rand desjenigen Flächenstücks übrig, das innerhalb des konvexen Fensters liegt. Den Ablauf eines Verfahrensschrittes, der die Fläche an einer Halbraumgrenze clippt, beschreibt die Abbildung 3.4.

Das folgende Ausführungsbeispiel demonstriert das Clippen der in Abbildung 3.5 gezeigten Fläche an einer Halbraumgrenze.

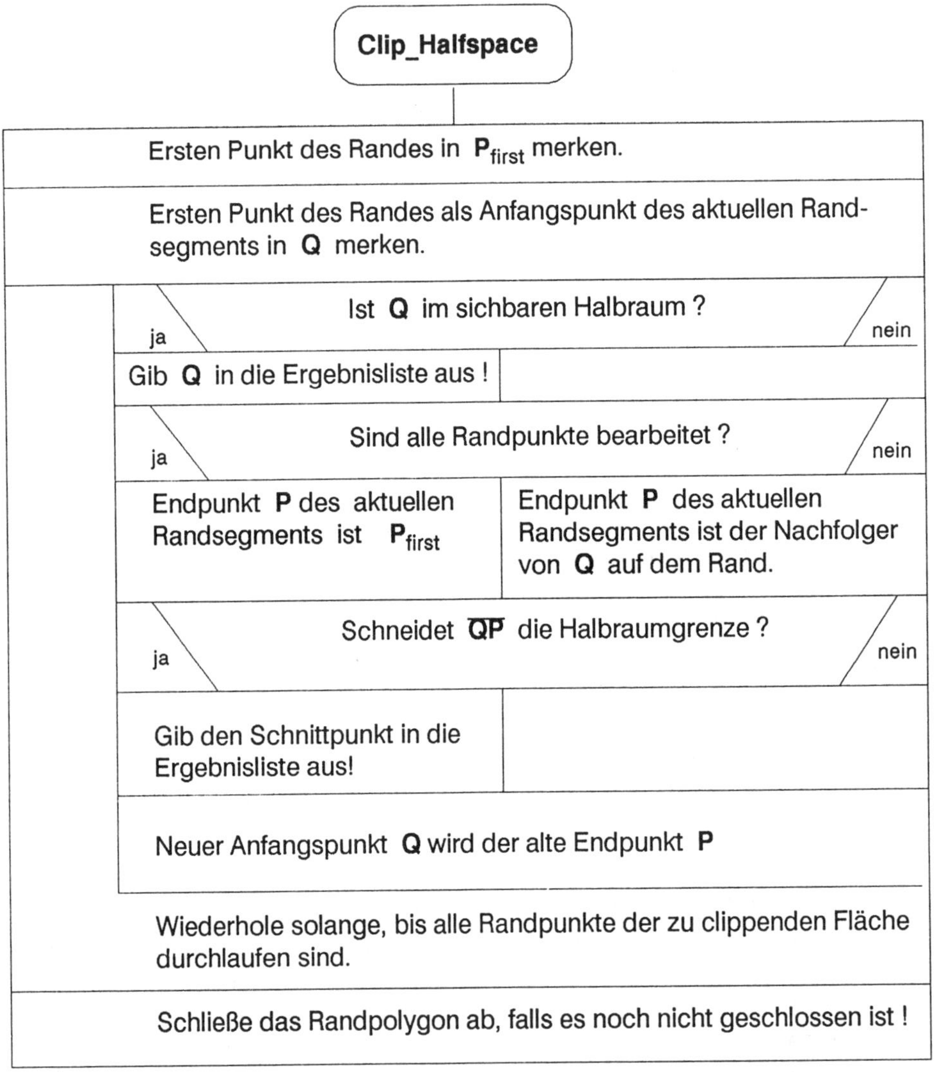

Abbildung 3.4: Clippen einer Fläche an einer Halbraumgrenze

Beispiel

Beim Clippen der in Abbildung 3.5 gezeigten Fläche an der Halbraumgrenze ergeben sich die in der Tabelle gezeigten Zwischenschritte. Dabei bedeuten:

P_{first} Anfangspunkt des Flächenrandes
Q Anfangspunkt des aktuellen Randsegmentes. Wir starten mit $Q = P_{first}$.
P Endpunkt des aktuellen Randsegmentes.

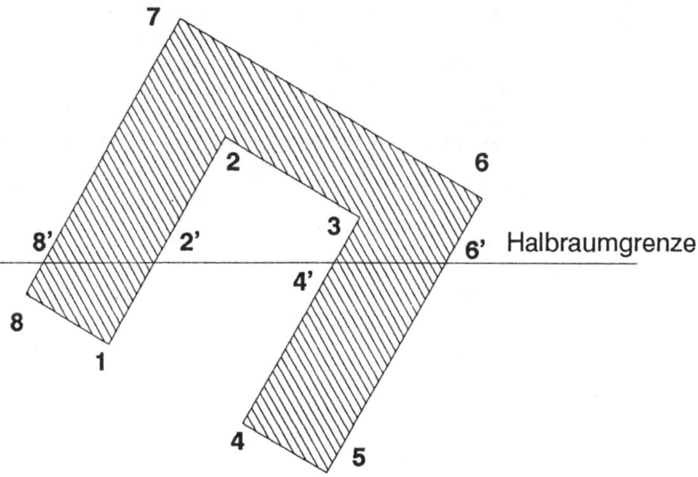

P_{first}	Q	P	Schnittpunkt an Halbraumgrenze	Ausgabe in Ergebnisliste
1	1			1
		2	2'	2'
	2	3		
	3	4	4'	4'
	4			4
		5		
	5			5
		6	6'	6'
	6	7		
	7	8	8'	8'
	8			8

Abbildung 3.5: Beispiel zum Clippen einer Fläche an einer Halbraumgrenze

Wir geben nun noch eine PASCAL-Implemetierung des vollständigen Sutherland/Hodgeman-Verfahrens an durch die beiden Prozeduren Clip_Polygon und Clip_Halfspace:

```
PROCEDURE   Clip_Halfspace
        ( x_1, y_1, x_2, y_2      : REAL;          { Zwei Punkte auf der Halbraumgrenze      }
          VAR polygon             : Ptr_point );   {  Randpolygon der zu clippenden Fläche  }

    VAR P_first          : Ptr_Point;              { Merkt ersten Polygonpunkt               }
    done                 : BOOLEAN;                { =TRUE, wenn alle Randpunkte bearb.      }
    first                : BOOLEAN;                { = TRUE beim ersten Durchlauf            }
    sign_1               : REAL;                   { Vorzeichen für Lagebestimmung           }
```

```
sign_2          : REAL;         { Vorzeichen für Lagebestimmung        }
ptr             : Ptr_Point;    { Zeiger auf neuen Ausgabepunkt        }
P, Q            : Ptr_Point;    { akt. Punkte im Eingabepolygon        }
t, s, N         : REAL;         { Hilfsvariable für Schnittberechnung  }
x_s,y_s         : REAL;         { Hilfsvariable für Schnittberechnung  }
dummy           : Rec_point;    { Für Reservierung des 1. Punktes      }

BEGIN { Clip_Halfspace }
      first    := TRUE;         { Schalter für 1. Ausgabepunkt         }
      done     := FALSE;        { Ende noch nicht erreicht             }
      P_first  := polygon;      { ersten Polygonpunkt merken           }
      Q        := polygon;      { erster aktueller Polygonpunkt        }
      polygon  := NIL;          { Ausgabepolygon zunächst leer         }
      ptr      := Addr(dummy);

      REAPEAT
      { Falls Q auf der sichtbaren Seite liegt, dann Q ausgeben }
      sign_1 := (x_2 - x_1) * (Q^.y - y_1) - (Q^.x - x_1) * (y_2 - y_1);
      IF sign_1 > 0 THEN BEGIN
                          New (ptr^.next);
                          ptr            := ptr^.next;
                          ptr^.x         := Q^.x;
                          ptr^.y         := Q^.y;
                          ptr^.next      := NIL;
                          IF first THEN BEGIN
                                        first     := FALSE;
                                        polygon   := ptr;
                                       END;
                         END;

      { Sind alle Punkte bearbeitet ? }
      IF Q^.next <> NIL   THEN P := Q^.next   { Nein ! Weiter mit nächstem Punkt }
                          ELSE   BEGIN        { Ja ! Weiter mit QP_first !       }
                                   P          := P_first;
                                   done       := TRUE
                                 END;

      { Schneidet QP die Halbraumgrenze ? }
      { 1. Fall: Halbraumgrenze ist vertikal und schneidet QP }
      IF (     (x_2 = x_1)  AND ( (Q^.x ≤ x_1) AND (x_1 ≤ P^.x)
                              OR   (P^.x ≤ x_1) AND (x_1 ≤ Q^.x) )  )
         THEN   BEGIN
                  y_s := Q^.y + (P^.y - Q^.y) * (x_1 - Q^.x) / (P^.x - Q^.x);
                  New (ptr^.next);
                  ptr             := ptr^.next;
                  ptr^.x          := x_1;
                  ptr^.y          := y_s;
                  ptr^.next       := NIL;
                  IF first THEN BEGIN
                                  first          := FALSE;
                                  polygon        := ptr;
                                END;
               END  { 1. Fall }
```

```
ELSE BEGIN    { Schneidet Halbraumgrenze QP in anderer Weise ? }
        sign_1  := (x_2-x_1) * (Q^.y-y_1) - (Q^.x-x_1) * (y_2-y_1);
        sign_2  := (x_2-x_1) * (P^.y-y_1) - (P^.x-x_1) * (y_2-y_1);
        IF (sign_1 < 0) AND (sign_2 > 0) OR (sign_1 > 0) AND (sign_2 < 0)
            THEN

        { 2. Fall: Halbraumgrenze ist horizontal }
        IF y_1 = y_2   THEN BEGIN
                            x_s := Q^.x + (P^.x - Q^.x) * (y_1 - Q^.y)
                                                       / (P^.y - Q^.y);
                            New (ptr^.next);
                            ptr             := ptr^.next;
                            ptr^.x          := x_s;
                            ptr^.y          := y_1;
                            ptr^.next       := NIL;
                            IF first THEN BEGIN
                                        first         := FALSE;
                                        polygon       := ptr;
                                      END;
                          END { 2. Fall }

        { 3. Fall: Halbraumgrenze ist weder vertikal noch horizontal }
                       ELSE BEGIN
                            N := (P^.y - Q^.y) * (x_2-x_1)
                                        - (P^.x - Q^.x) * (y_2-y_1);
                            IF Abs(N) > 0.000001
                               THEN  BEGIN
                                        t := ((Q^.x - x_1) * (y_2-y_1)
                                                - (Q^.y-y_1) * (x_2-x_1)) / N;
                                        IF (0.0 ≤ t) AND (t ≤ 1.0)   THEN
                                          BEGIN
                                           New (ptr^.next);
                                           ptr        := ptr^.next;
                                           ptr^.x     := Q^.x+t * (P^.x - Q^.x);
                                           ptr^.y     := Q^.y+t * (P^.y - Q^.y);
                                           ptr^.next := NIL;
                                           IF first  THEN   BEGIN
                                                             first    := FALSE;
                                                             polygon := ptr;
                                                           END;
                                          END;
                                     END;
                          END; { 3. Fall }
        END; { ELSE }
Q := P;
UNTIL done;

{ Polygon schließen }
IF (polygon <> NIL)   AND ( (polygon^.x <> ptr^.x)  OR  (polygon^.y <> ptr^.y) )
  THEN BEGIN
          New (ptr^.next);
          ptr            := ptr^.next;
          ptr^.x         := polygon^.x;
```

```
                ptr^.y          := polygon^.y;
                ptr^.next       := NIL;
            END;
END;  { Clip_Halfspace }



PROCEDURE Clip_Polygon
        ( window            : Ptr_Point;     { Anker des konvexen Fensters        }
          in_polygon        : Ptr_Point;     { Anker der zu clippenden Fläche     }
          VAR out_polygon   : Ptr_Point );   { Anker der geclippten Fläche        }

VAR     ptr_1, ptr_2        : Ptr_Point;     { Endpunkte des aktuellen Segments   }
        x_1, y_1, x_2, y_2  : REAL;          { und deren Koordinaten              }

BEGIN { Clip_Polygon }
        { Ergebnis-Polygon initialisieren }
        New (ptr_2);
        out_polygon     := ptr_2;
        ptr_1           := in_polygon;
        ptr_2^.x        := ptr_1^.x;
        ptr_2^.y        := ptr_1^.y;

        WHILE ptr_1^.next < > NIL DO
            BEGIN
                ptr_1           := ptr_1^.next;
                New (ptr_2^.next);
                ptr_2           := ptr_2^.next;
                ptr_2^.x        := ptr_1^.x;
                ptr_2^.y        := ptr_1^.y;
            END;
        ptr_2^.next     := NIL;

        { Schleife über alle Segmente des konvexen Fensters }
        ptr_1   := window;
        x_2     := ptr_1^.x;
        y_2     := ptr_1^.y;
        WHILE ptr_1^.next < > NIL DO
            BEGIN
                ptr_1   := ptr_1^.next
                x_1     := x_2;
                y_1     := y_2;
                x_2     := ptr_1^.x;
                y_2     := ptr_1^.y;
                Clip_Halfspace (x_1,y_1,x_2,y_2,out_polygon);
            END;
END; { Clip_polygon }
```

3.3 Schraffieren von Flächen

Schraffurverfahren füllen den inneren Bereich einer polygonal berandeten Fläche mit parallelen Schraffurlinien aus. Falls die zu schraffierende Fläche nicht einfach zusammenhängend ist, weil sich z.B. Randlinien kreuzen, oder die Fläche Löcher besitzt, dann gilt für die Entscheidung, ob ein Bereich zum Innern der Fläche gehört, die Konvention: *Ein Punkt liegt im Innern des Randes, falls ein von ihm ausgehender Strahl den Rand ungerade oft trifft.*

Das Prinzip des Schraffuralgorithmus

Eine Schar von Schraffurlinien ist mit allen Liniensegmenten des polygonalen Randes zu schneiden. Falls dabei eine Schraffurlinie den Rand mehr als zweimal trifft, zerfällt sie in mehrere nicht zusammenhängende Teillinien, wovon diejenigen Anteile, die nicht im Innern liegen, zu entfernen sind.

Schraffuren bestehen in der Regel aus sehr vielen Linien. Um Speicherplatz zu sparen, werden diese bei jeder Darstellung neu generiert. Es kommt also darauf an, effiziente Implementierungen dafür zu finden.

Die Generierung der Schraffurlinien

Die Schraffurlinien haben die Gestalt $\mathbf{G} = \mathbf{p}_0 + s * \mathbf{r}_0$. Dabei ist $\mathbf{p}_0$ ein Bezugspunkt für die Gerade und $\mathbf{r}_0 = (\cos(\alpha), \sin(\alpha))$ ist ein Einheitsvektor in Richtung der Schraffur.

Um möglichst wenige Schraffurlinien betrachten zu müssen, beschränken wir uns auf ein Rechteck, das wie Abbildung 3.6 zeigt

- die zu schraffierende Fläche ganz umschließt und
- dessen Seiten orthogonal und parallel zur Schraffur verlaufen.

1. Schritt:

Wir bestimmen die Seitenlänge "dist" des Rechtecks. Dazu drehen wir das Koordinatensystem um den Winkel $-\alpha$, so daß die Schraffur horizontal verläuft. Diese Drehung wird durch die folgende Transformation beschrieben:

$$\begin{pmatrix} \cos(\alpha) & \sin(\alpha) & 0 \\ -\sin(\alpha) & \cos(\alpha) & 0 \\ 0 & 0 & 1 \end{pmatrix} * \begin{bmatrix} x \\ y \\ 1 \end{bmatrix} = \begin{bmatrix} x\cos(\alpha) + y\sin(\alpha) \\ -x\sin(\alpha) + y\cos(\alpha) \\ 1 \end{bmatrix}$$

Von den so gedrehten Eckpunkten des Randes bestimmen wir zwei, deren y-Koordinaten minimal bzw. maximal sind:

$$\mathbf{p}_{min} = (x_{min}, y_{min})$$

und $$\mathbf{p}_{max} = (x_{max}, y_{max}).$$

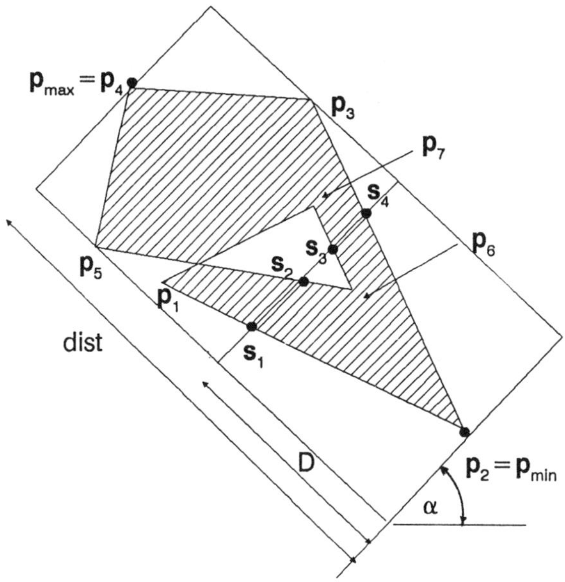

Abbildung 3.6: Schraffieren von Flächen

Die Größe "dist" wird als Differenz ihrer gedrehten y-Koordinaten berechnet:

$$dist = \cos(\alpha) * (y_{max} - y_{min}) - \sin(\alpha) * (x_{max} - x_{min})$$

2. Schritt:

Wir bestimmen nunmehr die Bezugspunkte für die Schraffurlinien. Der Bezugpunkt der ersten Schraffurlinie ist von $\mathbf{p}_{min}$ aus um den Abstand "abstand" orthogonal zur Richtung der Schraffurlinien versetzt. Seine Koordinaten sind:

$$x_0 = x_{min} - \sin(\alpha) * abstand$$

$$y_0 = y_{min} + \cos(\alpha) * abstand$$

Die Bezugspunkte der weiteren Schraffurlinien sind in gleicher Richtung um Vielfache von "abstand" , nämlich D, vesetzt, maximal aber um den Abstand "dist".

Die Berechnung der Schnittpunkte

Es sind die Schnittpunkte zwischen einer Schraffurlinie

$$\mathbf{G} = \mathbf{p}_0 + s * \mathbf{r}_0 .$$

und einem Randsegment zwischen den Punkten $\mathbf{p}_i$ und $\mathbf{p}_{i+1}$ (i=1,2,...n)

$$\mathbf{R} = \mathbf{p}_i + t * (\mathbf{p}_{i+1} - \mathbf{p}_i)$$

zu berechnen. Zerlegt man diese Geradengleichungen in ihre Komponenten, so erhält man für den Schnittpunkt (u,v) der Geraden:

$$u = x_i + t * (x_{i+1} - x_i) = x_0 + s * \cos(\alpha)$$

$$v = \quad y_i + t * (y_{i+1} - y_i) \quad = y_0 + s * \sin(\alpha)$$

Wir lösen die Schnittgleichung nach t auf, um den Schnittpunkt zu erhalten:

$$[x_i + t(x_{i+1} - x_i)] * \sin(\alpha) \quad = x_0 * \sin(\alpha) + s * \sin(\alpha)\cos(\alpha)$$
$$[y_i + t(y_{i+1} - y_i)] * \cos(\alpha) \quad = y_0 * \cos(\alpha) + s * \sin(\alpha)\cos(\alpha)$$

$$\begin{bmatrix} t * [-\sin(\alpha) * (x_{i+1} - x_i) + \cos(\alpha) * (y_{i+1} - y_i)] \\ -x_i * \sin(\alpha) + y_i * \cos(\alpha) \end{bmatrix} = \begin{bmatrix} y_0 * \cos(\alpha) - x_0 * \sin(\alpha) \end{bmatrix}$$

$$t = \frac{(y_0 - y_i) * \cos(\alpha) - (x_0 - x_i) * \sin(\alpha)}{\cos(\alpha) * (y_{i+1} - y_i) - \sin(\alpha) * (x_{i+1} - x_i)}$$

Damit erhalten wir durch Einsetzen des nun bekannten Wertes für t in die Gleichungen für u und v:

$$u = x_i + t\,(x_{i+1} - x_i)$$
$$v = y_i + t\,(y_{i+1} - y_i)$$

Der Schnittpunkt liegt nur dann auf dem Randsegment von $\mathbf{p}_i$ nach $\mathbf{p}_{i+1}$, wenn t zwischen 0 und 1 liegt. Damit doppelte Schnittpunkte auf den Eckpunkten des Randpolygons vermieden werden, fordern wir genauer

$$0 \leq t < 1$$

Bestimmen der inneren Teile einer Schraffurlinie

Die Schnittpunkte einer Schraffurlinie mit dem Rand fallen in der Reihenfolge an, die durch die Aufeinanderfolge der Randsegmente bestimmt ist. Man sortiert sie nach ihrer Reihenfolge auf der Schraffurlinie und zwar je nach der Schraffurneigung nach aufsteigenden x- oder y-Koordinaten zu einer Punktfolge

$$\mathbf{s}_0, \mathbf{s}_1, \mathbf{s}_2, \mathbf{s}_3, \ldots\ldots\ldots\ldots$$

Dann liegt das Teilstück $\overline{\mathbf{s}_1\mathbf{s}_2}$ im Innern der Fläche, das Teilstück $\overline{\mathbf{s}_2\mathbf{s}_3}$ liegt außerhalb usw.

Probleme entstehen dann, wenn eine Schraffurlinie den Rand in einem Punkt mehrfach schneidet. Es läßt sich in diesem Fall nicht mehr einfach entscheiden, welche Teilstücke innere und welche äußere sind. Das Problem kann aber in der Regel dadurch umgangen werden, daß man die Schraffurlinie um einen kleinen Betrag parallel versetzt und damit mehrfache Schnittpunkte vermeidet.

Die Abbildung 3.7 zeigt das Ablaufschema des beschriebenen Schraffurverfahrens, die Prozedur Hatch stellt eine Implementierung in PASCAL dar.

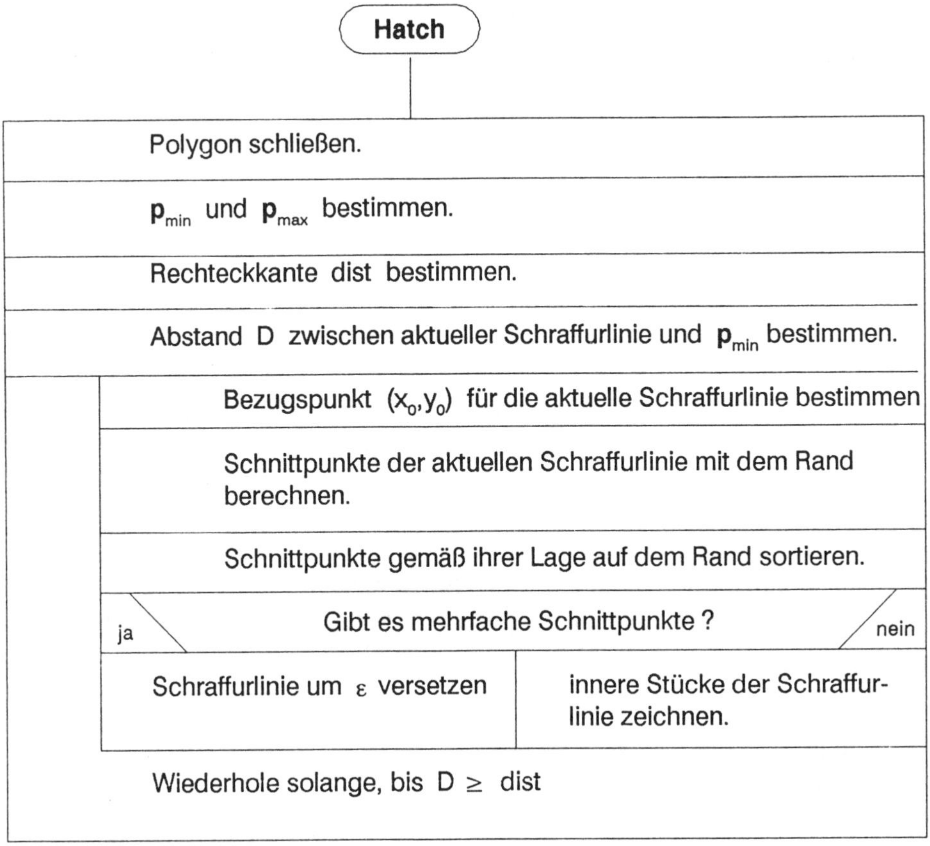

Abbildung 3.7: Ablaufdiagramm für das Schraffurverfahren

```
PROCEDURE Hatch ( PolyL        : Ptr_point;   { Randpolygon                        }
                  winkel       : REAL;        { Schraffurneigung in Grad           }
                  abstand      : REAL);       { Abstand der Schraffurlinien (mm)   }

TYPE   sect_array     = ARRAY [1..30] OF REAL

CONST epsilon         = 1.0E-6;

VAR    u              : sect_array;      { Schnittpunkte einer Schraffurlinie mit  }
       v              : sect_array;      { dem Randpolygon                         }
       co, si         : REAL;            { Cosinus/Sinus des Schraffurwinkels      }
       D              : REAL;            { Abstand der akt. Schraff.linie von Pmin }
       dist           : REAL;            { Länge des Schraffur-Rechtecks           }
       x0, y0         : REAL;            { Bezugspunkt für die akt. Schraffurlinie }
```

```
        m              : INTEGER;          { Anzahl der Schnittpunkte                }
        t              : REAL;             { Positionsparameter der Schnittpunkte    }
        duplicate      : BOOLEAN;          { Es existieren mehrfache Schnittpunkte   }
        eps_moves      : INTEGER;          { Anzahl der Verschiebungen um epsilon    }
        hilf           : REAL;             { Hilfsvariable                           }
        i              : INTEGER;          { Hilfsvariable                           }
        ptr            : Ptr_point;        { Zeiger auf Randpunkte                   }
        Ptr_min,                           { Zeiger auf die beiden Randpunkte mit    }
        Ptr_max        : Ptr_point;        { max. Abstand in Richtung othogonal zur  }
                                           { Schraffur                               }
        border         : Ptr_point;        { Zeiger auf Window-Randliste             }


PROCEDURE MinMax (VAR Ptr_min, Ptr_max : Ptr_point);
{ Sucht diejenigen beiden Punkte des Randes, die in Richtung orthogonal zur Schraffur  }
{ maximalen Abstand haben und liefert in Ptr_min bzw. Ptr_max Zeiger auf sie zurück.  }

VAR     ptr            : ptr_point;
        z, min, max    : REAL;

BEGIN {MinMax}
        z              := co * polyL^.y - si * polyL^.x;
        max            := z;
        min            := z;
        Ptr_min        := polyL;
        Ptr_max        := polyL;
        Ptr            := polyL;
        WHILE Ptr^.next <> NIL DO
            BEGIN
               Ptr      := Ptr^.next;
               z        := co * Ptr^.y - si * Ptr^.x;
               IF z < min THEN BEGIN     min := z;     Ptr_min := Ptr END;
               IF z > max THEN BEGIN     max := z;     Ptr_max := Ptr END;
            END;
END; {MinMax}


PROCEDURE Sort (    n             : INTEGER;          { Anzahl von Punkten     }
                    VAR   u,v     : sect_array );     { Punktkoordinaten       }
{ Sortiert die Schnittpunkte, die auf der aktuellen Schraffurlinie liegen         }

VAR     i,j      : INTEGER;
        h        : REAL;

BEGIN {Sort}
    FOR i := 1 TO n - 1 DO
        FOR j := i+1 TO n DO
            IF u[j] <u [i] THEN BEGIN
                                     h := u[j]; u[j] := u[i]; u[i] := h;
                                     h := v[j]; v[j] := v[i]; v[i] := h;
                                END;
END; {Sort}
```

```
BEGIN {Hatch}
{ Cosinus und Sinus des Schraffurwinkels berechnen }
co      := cos (winkel * PI/180.0);
si      := sin (winkel * PI/180.0);

{ Randpolygon schließen }
ptr            := polyL;
WHILE ptr^.next <> NIL DO ptr := ptr^.next;
NEW (ptr^.next);
ptr            := ptr^.next;
ptr^.x         := polyL^.x;
ptr^.y         := polyL^.y;
ptr^.next      := NIL;

{ Fläche am Window clippen }
NEW (border);
ptr     := border;
ptr^.x  := Wxmin;    ptr^.y := Wymin;    NEW (ptr^.next);
ptr^.x  := Wxmax;    ptr^.y := Wymin;    NEW (ptr^.next);
ptr^.x  := Wxmax;    ptr^.y := Wymax;    NEW (ptr^.next);
ptr^.x  := Wxmin;    ptr^.y := Wymax;    NEW (ptr^.next);
ptr^.x  := Wxmin;    ptr^.y := Wymin;    ptr^.next := NIL;
Clip_Polygon (border, polyL, ptr);
polyL   := ptr;

{ Stelle Pmin und Pmax fest }
MinMax (Ptr_min,Ptr_max);

{ Rechne abstand in Weltkoordinaten um }
abstand := abstand * (Wxmax - Wxmin) / ((Vxmax - Vxmin) * 1000);

{ Berechne die Seitenlänge des Schraffur-Rechtecks }
dist := co * (Ptr_max^.y - Ptr_min^.y) - si * (Ptr_max^.x - Ptr_min^.x) - abstand/2.0;
IF dist = 0 THEN Exit;

{ Initialize den Abstand der aktuellen Schraffurlinie zu Pmin }
D := abstand;

{ Schleife über alle Schraffurlinien d.h. solange bis D = dist }{
eps_moves := 0;
REAPEAT

        { Berechne den aktuellen Refernzpunkt }
        x0 := Ptr_min^.x - si * D;
        y0 := Ptr_min^.y + co * D;

        { Berechne Schnittpunkte der aktuellen Schraffurlinie mit dem Rand }
        m       := 0;
        ptr     := polyL;
        WHILE ptr^.next <> NIL DO
```

```
        BEGIN
           hilf      := co * (ptr^.next^.y - ptr^.y) - si * (ptr^.next^.x - ptr^.x);
           IF ABS(hilf) > epsilon THEN
              BEGIN
                 t := (co * (y0 - ptr^.y) - si * (x0 - ptr^.x))/hilf;
                 IF (0 ≤ t) AND (t < 1) THEN
                    BEGIN
                       m       := m+1;
                       u[m]    := ptr^.x + t * (ptr^.next^.x - ptr^.x);
                       v[m]    := ptr^.y + t * (ptr^.next^.y - ptr^.y);
                    END;
              END;
           ptr := ptr^.next;
        END;

     { Sortiere Schnittpunkte und gib innere Teile der Schraffurlinie aus }
     IF m <> 0 THEN
        BEGIN
           IF m > 2 THEN
              IF (45 < winkel ) AND (winkel < 135 )   THEN Sort (m,v,u)
                                                     ELSE Sort (m,u,v) ;
           duplicate   := FALSE;
           FOR i:=1 TO m - 1 DO
              IF  (Abs(u[i] - u[i+1]) <  epsilon) AND
                  (Abs(v[i] - v[i+1] ) < epsilon)  THEN duplicate := TRUE;
           IF duplicate THEN BEGIN
                                d := d + epsilon;
                                eps_moves := eps_moves+1;
                                IF eps_moves > 100 THEN d := d+abstand;
                             END
                        ELSE BEGIN
                                i := 1;
                                REAPEAT
                                       { Zeichne aktuelles Stück der Schraffurlinie }
                                       Line (u[i],v[i],u[i+1],v[i+1]);
                                       i:=i+2;
                                UNTIL i > m;
                                d := d + abstand;
                             END;
        END;
UNTIL (D >= dist);

END; { Hatch }
```

3.4 Aufgaben

1. Überdecken mit einem Rechteckfenster

Modifizieren Sie den Cohen/Sutherland-Algorithmus so, daß daraus ein Verfahren zum Überdecken mit einer Rechteckfläche wird. Implementieren Sie das Verfahren in PASCAL.

2. Punkt in Polygon-Test

Entwickeln Sie einen Test, der feststellt, ob ein Punkt **p** = (x,y) im Innern eines Dreiecks liegt mit den Eckpunkten **A** = (x_a,y_a) , **B** = (x_b,y_b) , **C** = (x_c,y_c)

Wenden Sie Ihr Verfahren an auf die folgende Situation :

A = (1,1) , **B** = (5,2) , **C** = (3,5) , **p** = (3,3)

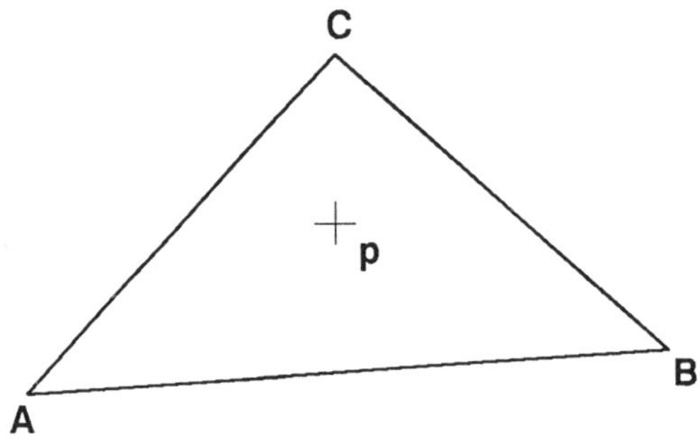

Hinweise:

- Gehen Sie von der folgenden Aussage aus: Zwei Punkte $\mathbf{p}_1$ und $\mathbf{p}_2$ liegen auf der selben Seite einer Geraden **G**, falls gilt: Signum (**G**($\mathbf{p}_1$)) = Signum (G($\mathbf{p}_2$)).
- Geben Sie eine kurze Beschreibung des Testverfahrens an !
- Stellen Sie eine mathematische Formulierung der zu prüfenden Testbedingungen auf !
- Implementieren Sie das Verfahren in PASCAL !

4 Projektionen

4.1 Abbildungseigenschaften planarer Projektionen

In diesem Abschnitt befassen wir uns mit Techniken, die eine dreidimensionale Objektgeometrie auf eine zweidimensionale Zeichenfläche abbilden. Bei den üblichen Projektionstechniken, zieht man Sehstrahlen vom Beobachterstandpunkt zu den Objektpunkten. Wo diese Sehstrahlen die Bildfläche treffen, entstehen die zugehörigen Bildpunkte.

Wir beschränken uns auf planare Projektionen, bei denen die Zeichenfläche eben ist. Einen Überblick über die Projektionstypen, die man so je nach Wahl des Beobachterstandpunkts und der Lage der Bildebene erhält, gibt die Abbildung 4.1.

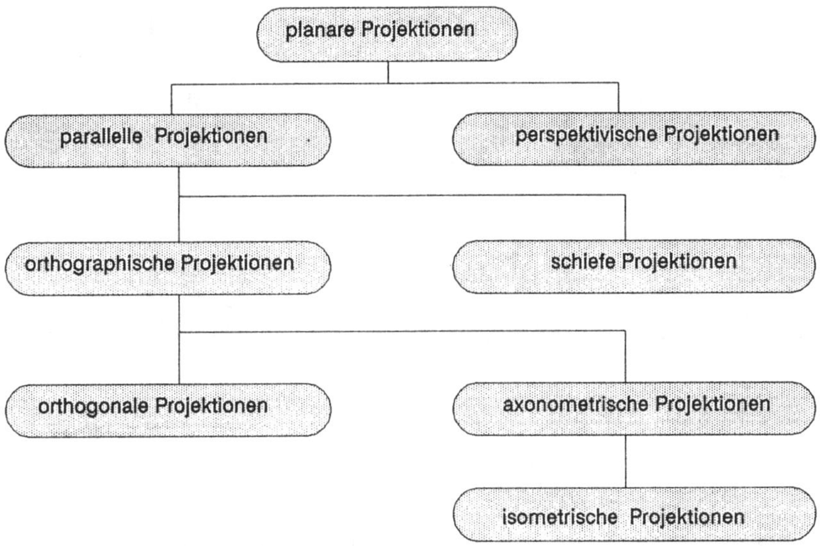

Abbildung 4.1: Klassifikation planarer Projektionen

Wir betrachten nun kurz die charakteristischen Merkmale dieser Projektionen. Diese sind auch der Abbildung 4.2 zu entnehmen, die einen Würfel mit unterschiedlichen Projektiontypen darstellt.

Perspektivische Projektionen

Der Beobachterstandpunkt liegt dabei im Endlichen, so daß die Sehstrahlen ein divergierendes Geradenbündel bilden.

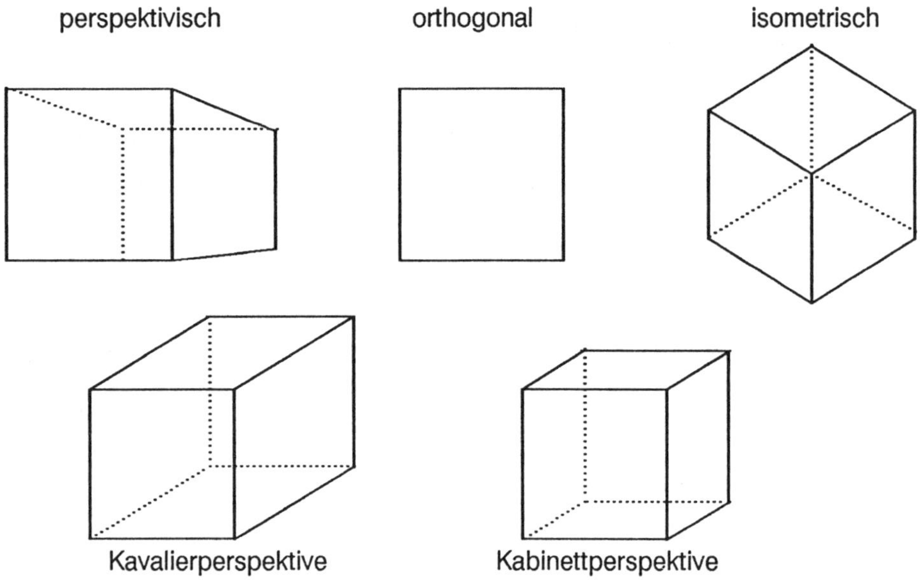

Abbildung 4.2: Typische Projektionstechniken

Parallelprojektionen

Eine Parallelprojektion liegt vor, wenn der Beobachterstandpunkt unendlich weit entfernt ist. Das Sehstrahlenbündel wird dabei zu einer Parallelenschar. Parallelprojektionen lassen sich weiter danach differenzieren, ob die Sehstrahlen die Bildebene orthogonal oder schräg treffen:

orthographische Projektionen

Die parallelen Sehstrahlen treffen senkrecht auf die Bildebene. Dabei sind die folgenden Spezialfälle interessant:

- Orthogonale Projektionen verwenden ein Strahlenbündel, das in Richtung einer Koordinatenachse verläuft. Die Bildebene schneidet also nur diese eine Achse.
- Axonometrische Projektionen haben eine beliebige Blickrichtung. Die Abbildungsebene schneidet somit zwei oder drei Koordinatenachsen.
- Isometrische Projektionen sind ein Spezialfall der axonometrischen. Die Sehstrahlen verlaufen in Richtung einer Hauptraumdiagonalen.

Schiefe Parallelprojektionen

Die parallelen Sehstrahlen treffen dabei schräg auf die Bildebene. Am gebräuchlichsten sind dabei zwei Standardtechniken:

- Kavalierperspektive: Es wird im Winkel von 30° oder 60° projiziert.
- Kabinettperspektive: Es wird im Winkel von 30° oder 60° projiziert. Außerdem werden nach hinten verlaufende Linien um den Faktor $1/2$ verkürzt.

Abbildungseigenschaften von Projektionen

Aus der darstellenden Geometrie sind folgende Abbildungseigenschaften der betrachteten Projektionen bekannt:

- Geraden werden wieder auf Geraden abgebildet.
- Längen können sich ändern.
- Winkel bleiben nur erhalten, wenn ihre Schenkel in einer Ebene parallel zur Bildebene verlaufen.
- Die projizierten Abbilder paralleler Geraden treffen sich in einem Punkt, dem *Fluchtpunkt*.
- Facetten, d.h. polygonal berandete Flächen, werden bei perspektivischer Projektion wieder zu Facetten.

Konvention über das Beobachtersystem

Für die Betrachtungen dieses Kapitels legen wir einige Annahmen über das Beobachtersystem zugrunde:

- der Beobachterstandpunkt liegt auf der z-Achse,
- die Blickrichtung verläuft in Richtung der positiven z-Achse.

Die Darstellung eines Objekts in einer beliebigen Ansicht erfordert daher zunächst seine Transformation in dieses normierte Beobachtersystem.

4.2 Orthographische Projektionen

Orthographischen Projektionen liegt die folgende Abbildungssituation zugrunde:

- Der Beobachter steht in einem beliebigen Punkt (B_x,B_y,B_z) des Objektkoordinatensystems.
- Er blickt zum Nullpunkt des Objektkoordinatensystems.

Damit läßt sich die Projektion in zwei Schritten berechnen:

- Zunächst wird das Objekt in das normierte Beobachtersystem transformiert.
- Die Projektion reduziert sich hier aufgrund der obigen Konvention auf eine orthogonale Projektion auf die (x,y)-Ebene, d.h. es sind nur noch die z-Komponenten eines Punktes (x,y,z) zu löschen um sein Bild (x,y) zu erhalten.

Wir führen nun die Berechnung der Projektion in 3 Schritten durch.

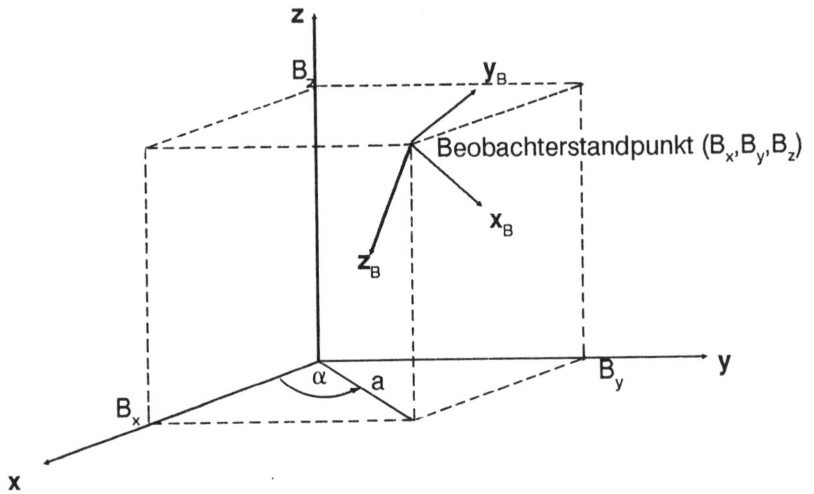

Abbildung 4.3: Orthographische Projektion (1. Schritt)

1. Schritt:

Das Objektkoordinatensystem wird so um die z-Achse gedreht, daß die (x,z)-Ebene durch den Beobachterstandpunkt verläuft, so wie dies die Abbildung 4.3 zeigt. Für den Drehwinkel α gilt:

$$\sin(\alpha) = B_y / a$$

$$\cos(\alpha) = B_x / a$$

mit $a = \sqrt{B_x^2 + B_y^2}$

Damit läßt sich die zugehörige Transformationsmatrix aufstellen:

$$\mathbf{R} = \frac{1}{a} \begin{pmatrix} B_x & B_y & 0 & 0 \\ -B_y & B_x & 0 & 0 \\ 0 & 0 & a & 0 \\ 0 & 0 & 0 & a \end{pmatrix}$$

2. Schritt:

Wir drehen das Koordinatensystem so um die y-Achse, daß der Beobachter auf der negativen z-Achse steht (siehe Abbildung 4.4). Der Drehwinkel beträgt $\beta + 90°$. Dafür gilt:

$$\sin(\beta + 90°) = \cos(\beta) = a/b$$

$$\cos(\beta + 90°) = -\sin(\beta) = -B_z / b$$

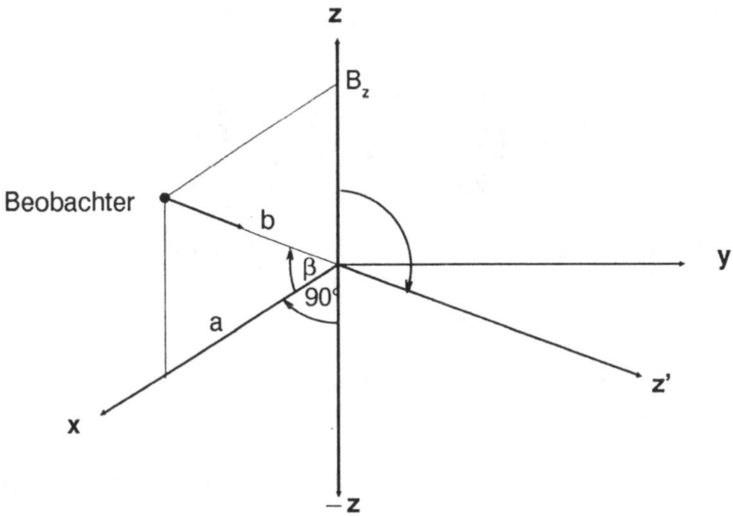

Abbildung 4.4: Orthographische Projektion (2. Schritt)

$$a = \sqrt{B_x^2 + B_y^2}$$
$$b = \sqrt{B_x^2 + B_y^2 + B_z^2}$$

Damit läßt sich die zugehörige Transformationsmatrix aufstellen:

$$\mathbf{S} = \frac{1}{b}\begin{pmatrix} -B_z & 0 & a & 0 \\ 0 & b & 0 & 0 \\ -a & 0 & -B_z & 0 \\ 0 & 0 & 0 & b \end{pmatrix}$$

3. Schritt:

Die obigen Schritte transformieren das Objekt ins Beobachterssystem. Dabei ist aber die Drehlage um die z-Achse des Beobachters noch nicht festgelegt.

Denkt man sich den Beobachter mit einer Kamera ausgerüstet, so entspricht dies einer Drehung der Kamera um die Objektivachse. Diese Drehung soll nun so gewählt werden, daß die z-Richtung des Objektkoordinatensystems in Richtung der y-Achse des Beobachters verläuft. Die übliche Darstellung der Projektion im 2D-Bereich besitzt eine vertikale y-Achse, d.h. bei dieser Festlegung werden die Abbilder vertikaler Linien wieder vertikal.

Da die Transformationen **R** und **S** den Nullpunkt invariant lassen, genügt es, eine Transformation zu finden, die den Objektpunkt (0,0,z) auf einen Punkt (0,t,r) des Beobachtersystems abbildet. Der projizierte Bildpunkt hat dann die Koordinate (0,t) und liegt somit vertikal über dem Nullpunkt des Bildbereichs.

Die in den ersten beiden Schritten aufgestellte Transformation ist:

$$\frac{1}{ab}\begin{pmatrix} -B_xB_z & -B_yB_z & a^2 & 0 \\ -B_yb & +B_xb & 0 & 0 \\ -B_xa & -B_ya & -B_za & 0 \\ 0 & 0 & 0 & ab \end{pmatrix} = \mathbf{S} * \mathbf{R}$$

Sie bildet den Objektpunkt (0,0,ab) ins Beobachtersystem ab auf den Punkt (p,q,r) mit:

$$\begin{bmatrix} p \\ q \\ r \\ 1 \end{bmatrix} = \mathbf{S} * \mathbf{R} * \begin{bmatrix} 0 \\ 0 \\ ab \\ 1 \end{bmatrix} = \begin{bmatrix} a^2 \\ 0 \\ -B_za \\ 1 \end{bmatrix}$$

Die gesuchte Transformation **T**, die einen beliebigen Vektor (p,q,r) auf einen Vektor der Form (0,t,r) abbildet, ist eine Rotation um die z-Achse. Wir machen für sie daher den Ansatz:

$$\mathbf{T} = \frac{1}{t}\begin{pmatrix} q & -p & 0 & 0 \\ p & q & 0 & 0 \\ 0 & 0 & t & 0 \\ 0 & 0 & 0 & t \end{pmatrix}$$

mit $t = \sqrt{p^2 + q^2}$

Dies ist eine Drehung des Koordinatensystems um den Winkel $-\alpha$ mit $\sin(\alpha) = p/t$. Durch Einsetzen verifiziert man, daß **T** das Gewünschte leistet. In unserem Fall ist daher:

$$\begin{aligned} p &= a^2 \\ q &= 0 \\ r &= -B_za \\ t &= a^2 \end{aligned}$$

Daraus erhält man die Transformation **T** als eine Drehung des Koordinatensystems um $-90°$:

$$\mathbf{T} = \begin{pmatrix} 0 & -1 & 0 & 0 \\ 1 & 0 & 0 & 0 \\ 0 & 0 & 1 & 0 \\ 0 & 0 & 0 & 1 \end{pmatrix}$$

Beispiel:

Wir bilden einen Quader ab mit den diagonal gegenüber liegenden Ecken (0,0,0) und (0.4,1.6,0.8). Der Beobachter steht im Punkt (30,30,50).

Die Abbildung 4.5 zeigt das Ergebnis einer orthogonalen Projektion in z-Richtung nach den den ersten beiden Schritten der Transformation ins Beobachtersystem. Die vertikale Kante ist dabei noch nicht vertikal ausgerichtet.

Die Abbildung 4.6 ist das Resultat des dritten Transformationsschrittes, der die senkrechte Quaderkante parallel zur y-Achse ausrichtet.

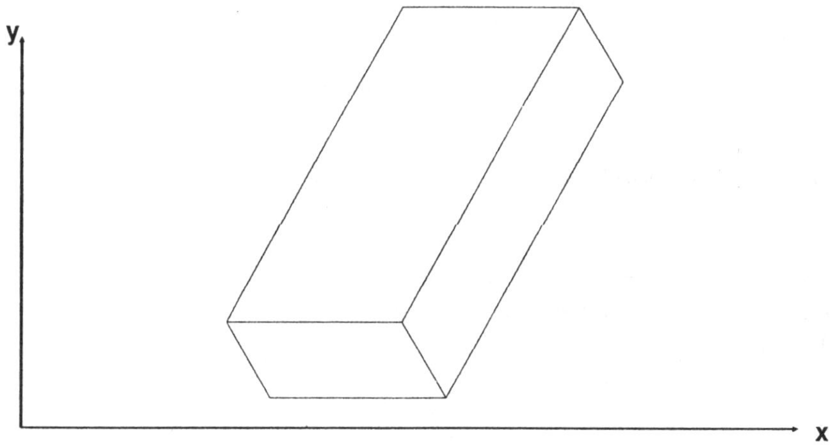

Abbildung 4.5: Orthographische Projektion eines Würfels (I)

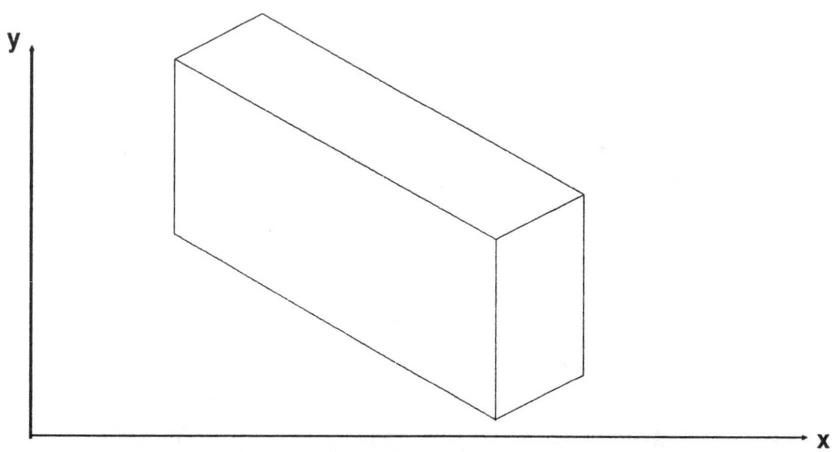

Abbildung 4.6: Orthographische Projektion eines Würfels (II)

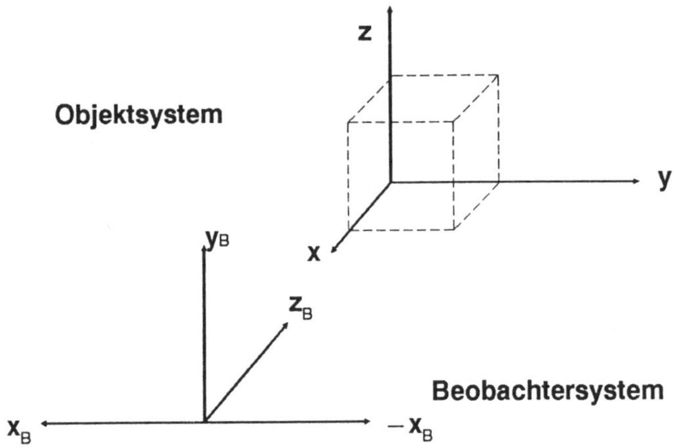

Abbildung 4.7: Orthogonale Projektion eines Würfels

Beispiel:

Eine weitere, leicht überschaubare Situation ist die orthogonale Projektion eines Würfels auf die (z,y)-Ebene, wie sie Abbildung 4.7 zeigt. Diese führt zu dem folgenden Ansatz:

- Der Beobachterstandpunkt ist der Punkt (1,0,0).
- die Transformation **R** ist die Identität, da der Beobachter bereits in der (x,z)-Ebene steht.
- die Transformation **S** ist eine Drehung des Koordinatensystems um 90° um die y-Achse mit der Transformationsmatrix:

$$\mathbf{S} = \begin{pmatrix} 0 & 0 & 1 & 0 \\ 0 & 1 & 0 & 0 \\ -1 & 0 & 0 & 0 \\ 0 & 0 & 0 & 1 \end{pmatrix}$$

- Die Transformation **T** hat die oben angegebene Gestalt. Für die Gesamttransformation **T** ∗ **S** ergibt sich daher:

$$\mathbf{T} * \mathbf{S} = \begin{pmatrix} 0 & -1 & 0 & 0 \\ 0 & 0 & 1 & 0 \\ -1 & 0 & 0 & 0 \\ 0 & 0 & 0 & 1 \end{pmatrix}$$

Für die Einheitsvektoren des Objektraumes ergeben sich dabei die folgenden Bildvektoren:

$$\begin{array}{lclcl} (1,0,0) & \longrightarrow & (0,0,-1) & \longrightarrow & (0,0) \\ (0,1,0) & \longrightarrow & (-1,0,0) & \longrightarrow & (-1,0) \\ (0,0,1) & \longrightarrow & (0,1,0) & \longrightarrow & (0,1) \end{array}$$

4.3 Perspektivische Projektion und 3D-Clipping

Während bei den orthographischen Projektionen eine Parallelprojektion im Beobachtersystem durchgeführt wird, handelt es sich im Fall der perspektivischen Projektion um eine Zentralprojektion. Um ein Objekt perspektivisch abzubilden führen wir drei Schritte nacheinander aus:

- Zunächst wird das Objekt ins Beobachtersystem transformiert, so wie bei den orthographischen Projektionen.
- Anschließend werden unsichtbare Objektteile eliminiert durch ein dreidimensionales Clipping.
- Der letzte Schritt ist eine Zentralprojektion der sichtbaren Objektteile auf die Bildebene.

4.3.1 3D-Clipping

Bei einem rechteckigen Bildfenster liegen die sichtbaren Objektteile innerhalb der in der Abbildung 4.8 gezeigten Sichtbarkeitspyramide. Objekte sind daher an ihrer Mantelfläche abzuschneiden. Damit werden zwei Ziele erreicht:

- Bildteile, die außerhalb des Bildrahmens liegen würden, müssen nicht erst projiziert werden.
- Objektteile, die hinter dem Beobachter liegen, aber in den Bildrahmen projiziert würden, werden eliminiert.

Für das Clippen an den Grenzflächen der Sichtbarkeitspyramide werden die Verfahren von Cohen/Sutherland und Sutherland/Hodgeman verallgemeinert. Da der numerische Aufwand zum Clippen an beliebig orientierten Flächen jedoch sehr groß ist, normalisiert man zuvor die Sichtbarkeitspyramide durch eine Koordinatentransformation.

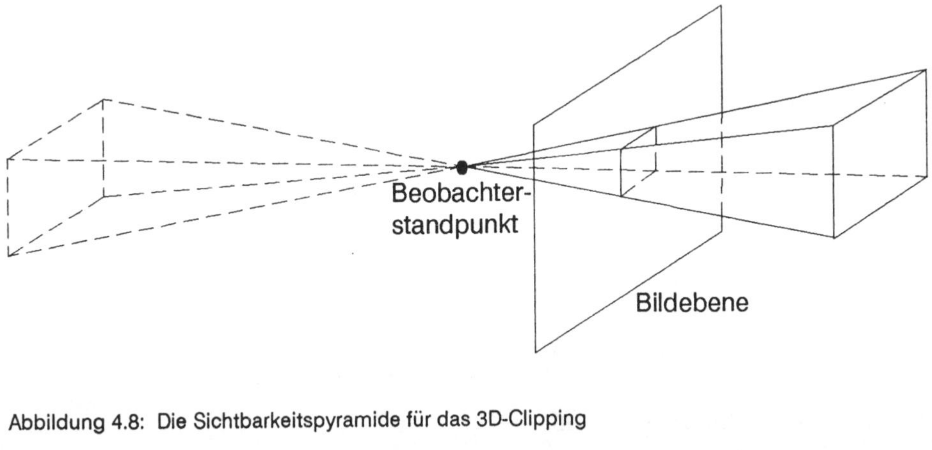

Abbildung 4.8: Die Sichtbarkeitspyramide für das 3D-Clipping

Die Sichtbarkeitskriterien

Ein Punkt $\mathbf{P} = (x,y,z)$ wie in Abbildung 4.9 ist genau dann sichtbar, wenn für ihn die folgenden Bedingungen erfüllt sind:

$$\frac{|x|}{z} \leq \frac{S}{D} \quad \text{und } z \geq 0$$

$$\frac{|y|}{z} \leq \frac{T}{D} \quad \text{und } z \geq 0$$

Dabei sind S und T die halben Kantenlängen der Darstellungsfläche und D der Abstand zwischen ihr und dem Beobachter:

$$S = (V_{xmax} - V_{xmin}) / 2$$

$$T = (V_{ymax} - V_{ymin}) / 2$$

Diese Bedingungen sind äquivalent zu:

$$-z \leq xD/S \leq z$$

$$-z \leq yD/T \leq z$$

Falls $D = S = T$ ist, dann gestalten sie sich besonders einfach:

$$-z \leq x \leq z$$

$$-z \leq y \leq z$$

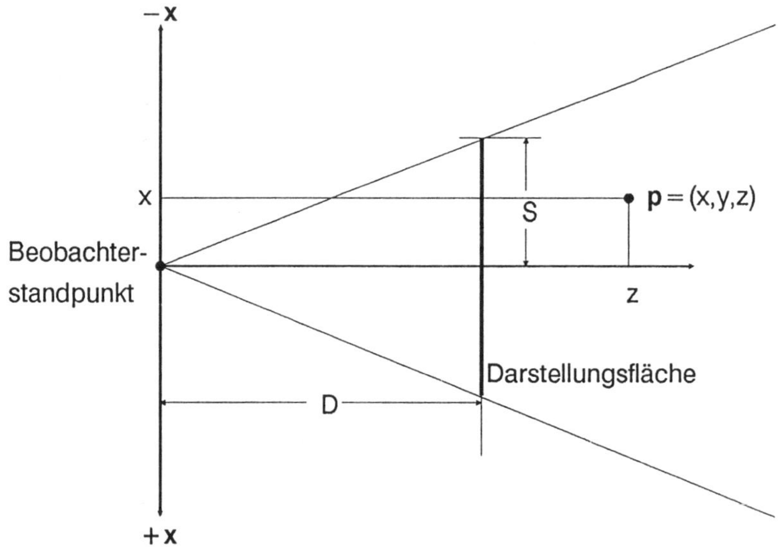

Abbildung 4.9: Bezeichnungen beim 3D-Clipping

Normalisierung der Sichtbarkeitspyramide

Das Beobachtersystem wird normalisiert, derart daß die Sichtbarkeitskriterien die oben angegebene einfache Gestalt haben. Man erreicht dies mit einer Skalierung der x- und y-Achsenrichtungen durch:

$$T = \begin{pmatrix} D/S & 0 & 0 & 0 \\ 0 & D/T & 0 & 0 \\ 0 & 0 & 1 & 0 \\ 0 & 0 & 0 & 1 \end{pmatrix}$$

Clippen von Strecken

Das dreidimensionale Clippen von Strecken wird durch eine direkte Verallgemeinerung des Cohen/Sutherland-Verfahrens erreicht. Die Lageattribute für einen Punkt mit den normalisierten Koordinaten (x_N, y_N, z_N) lauten nun:

LEFT : $x_N < -z$
RIGHT : $x_N > z$
TOP : $y_N > z$
BOTTOM : $y_N < -z$

Je nach Lage der Streckenendpunkte wird an den Mantelebenen der Sichtbarkeitspyramide geclippt. Wir führen dies exemplarisch für einen der möglichen Fälle vor. Für eine Strecke $\overline{\mathbf{p}_1\mathbf{p}_2}$ mit den Endpunkten $\mathbf{p}_1 = (x_1, y_1, z_1)$ und $\mathbf{p}_2 = (x_2, y_2, z_2)$ gelte

$$\text{LEFT} \in \mathbf{ATTR}(\mathbf{p}_1)$$

und

$$\text{LEFT} \notin \mathbf{ATTR}(\mathbf{p}_2)$$

Es ist nach der Cohen/Sutherland-Methode also ein Schnitt mit der linken Mantelfläche $-x = z$ zu bilden. Die Normalengleichung dieser Fläche ist:

$$(-1, 0, -1) * \mathbf{p} = 0$$

Die Parameterform der Streckengleichung hat die Gestalt:

$$\mathbf{p} = (1-t)\mathbf{p}_1 + t\mathbf{p}_2$$

Der Schnittpunkt dieser Strecke mit der Fläche hat somit den Parameterwert:

$$t = \frac{x_1 + z_1}{(x_1 - x_2) + (z_1 - z_2)}$$

Durch die Normalisierung erhalten daher die Schnittgleichungen eine genauso einfache Gestalt wie beim zweidimensionalen Clippen.

Rücktransformation ins Beobachtersystem

Nach dem Clippen sind die sichtbaren Punkte zurückzutransformieren ins Beobachtersystem durch die Transformation

$$T^{-1} = \begin{pmatrix} S/D & 0 & 0 & 0 \\ 0 & T/D & 0 & 0 \\ 0 & 0 & 1 & 0 \\ 0 & 0 & 0 & 1 \end{pmatrix}$$

4.3.2 Perspektivische Projektion

Wir gehen wieder davon aus, daß der Beobachter im Nullpunkt seines Koordinatensystems steht und in Richtung der positiven z-Achse blickt wie Abbildung 4.10 zeigt. Die Bildebene hat den Abstand D vom Beobachter. Es sollen alle Objekte abgebildet werden, die auf ein Fenster mit den Ecken (V_{xmin}, V_{ymin}) und (V_{xmax}, V_{ymax}) projiziert werden.

Der Strahlensatz liefert dann eine einfache Abbildungsvorschrift für die Projektion, nämlich

$$x' = xD / z$$
$$y' = yD / z$$

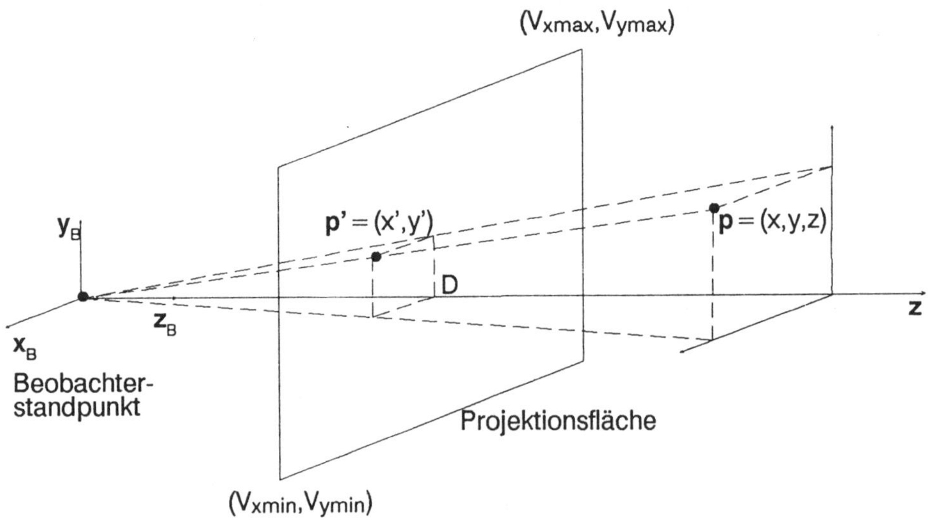

Abbildung 4.10: Bezeichnungen bei der perspektivischen Projektion

4.4 Aufgaben

1. Orthographische und perspektivische Projektionen

Ein Beobachter steht im Punkt (20,20,10) und blickt zum Nullpunkt. Stellen Sie eine Transformationsmatrix für die Transformation ins Beobachtersystem auf. Nutzen Sie den dabei bestehenden Freiheitsgrad so, daß die Senkrechten erhalten bleiben, d.h. daß Parallelen zur z-Achse des Objektkoordinatensystems für den Beobachter parallel zur y-Achse verlaufen.

- Welche Koordinaten hat der Punkt (1,1,1) bei orthographischer Projektion in der angegeben Abbildungssituation ?
- Welche Koordinaten hat der gleiche Punkt, wenn es sich um eine perspektivische Projektion vom gleichen Beobachterstandpunkt auf eine Darstellungsfläche handelt, die durch den Nullpunkt geht ?

2. Stereoskopische Projektionen

Bei der normalen perspektivischen Projektion sitzt der Beobachter auf der negativen z-Achse und blickt in Richtung der z-Achse. Stereoskopische Darstellungen dagegen bestehen aus zwei projektiven Bildern, die von der Position des linken und des rechten Auges aus aufgenommen sind.

Das Objekt liege bereits im Beobachtersystem vor. Der Beobachterstandpunkt ist die Mitte zwischen den Augen. Dann erhält man jedes der beiden stereoskopischen Bilder in drei Schritten:

- Transformiere das Beobachtersystem so, daß der neue Beobachterstandpunkt im linken (rechten) Auge liegt.
- Führe in diesem System eine perspektivische Projektion durch.
- Verschiebe das Abbild zurück auf die zentrale Position.

Geben Sie die Transformationsgleichungen für diese Projektionen an und implementieren Sie das Verfahren zur Generierung stereoskopischer Bilder in PASCAL.

5 Darstellungsverfahren für 3D-Objekte

Dreidimensionale Darstellungen können wesentlich verbessert werden, wenn man unsichtbare Kanten bzw. Flächen unterdrückt. Der Preis dafür ist häufig ein hoher Rechenaufwand. Dieser läßt sich reduzieren, wenn spezielle Objekteigenschaften vorliegen, z.B. Konvexität der Objekte oder Darstellbarkeit durch eine Funktion $z=f(x,y)$ bei Flächen.

Historisch am Anfang standen Verfahren für verdeckte Kanten und funktional definierte Flächen. Mit der zunehmenden Bedeutung von Rastergraphik-Geräten kamen Verfahren für verdeckte *Flächen* bei polyedrischen Objekten hinzu.

Wir betrachten in diesem Abschnitt aus der großen Zahl unterschiedlicher Ansätze einige typische Methoden:

- ein einfaches Kantenverfahren für konvexe Körper,
- den Algorithmus von Warnock als einen einfachen Flächenalgorithmus
- ein allgemeines Kantenverfahren für beliebige Körper und
- ein Verfahren zur Darstellung funktional definierter Flächen.

5.1 Verdeckte Kanten bei konvexen Objekten

Dieses Verfahren arbeitet ausschließlich im Objektraum mit einem geeigneten Beobachter-Koordinatensystem. Es liefert nur für konvexe Objekte korrekte Ergebnisse, ist dafür aber sehr einfach und erfordert nur geringen Rechenaufwand. Wir gehen von den folgenden Annahmen über die Abbildungssituation aus:

- Es wird nur ein einziges konvexes Objekt dargestellt.
- Die Objektoberfläche besteht aus Facetten.
- Der Ursprung des Beobachterkoordinatensystems liegt im Inneren des Objekts.
- Der Beobachterstandpunkt auf der negativen z-Achse ist: $(0,0,-B_z)$.
- Die Blickrichtung verläuft in Richtung der positiven z-Achse.
- Es wird eine perspektivische Projektion durchgeführt.

Unter diesen Annahmen ist eine Facette genau dann sichtbar, wenn ihre Ebene die z-Achse zwischen dem Beobachterstandpunkt und dem Nullpunkt schneidet. Eine Facette ist stets ganz oder garnicht sichtbar. (siehe Abbildung 5.1)

Prinzip des Verfahrens

Für jede Facette des Objekts stellen wir die Gleichung ihrer Ebene auf in der Form: $f(x,y,z)=0$. Die Facette ist genau dann sichtbar, wenn Beobachter und Nullpunkt auf verschiedenen Seiten der Facetten-Ebene liegen, d.h. wenn:

$$\text{Signum}\,(\,f(0,0,0)\,) \neq \text{Signum}\,(\,f(0,0,-B_z)\,)$$

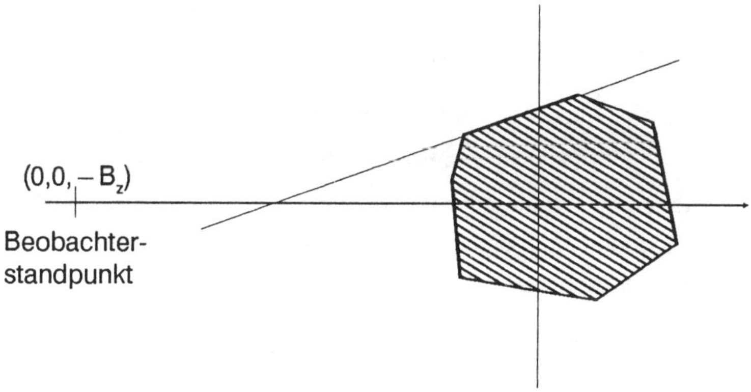

Abbildung 5.1: Sichtbarkeitsprüfung bei konvexen Objekten

Numerischer Ansatz

Zur Aufstellung der Ebenengleichung einer Facette in der Form

$$f(x,y,z) = ax + by + cz + d = 0$$

verwenden wir drei beliebige nicht kollineare Punkte ihres Randes, $\mathbf{p}_1 = (x_1,y_1,z_1)$, $\mathbf{p}_2 = (x_2,y_2,z_2)$ und $\mathbf{p}_3 = (x_3,y_3,z_3)$. Die Normalengleichung der Ebene lautet dann:

$$[(\mathbf{p}_2 - \mathbf{p}_1) \times (\mathbf{p}_3 - \mathbf{p}_1)] * (\mathbf{p} - \mathbf{p}_1) = 0$$

Dabei bedeutet $\times$ das (äußere) Vektorprodukt und $*$ das Skalarprodukt von Vektoren. Setzt man als Kurzbezeichnung für Komponentendifferenzen

$$\begin{aligned} \Delta x_2 &= x_2 - x_1 & \Delta x_3 &= x_3 - x_1 \\ \Delta y_2 &= y_2 - y_1 & \Delta y_3 &= y_3 - y_1 \\ \Delta z_2 &= z_2 - z_1 & \Delta z_3 &= z_3 - z_1 \end{aligned}$$

so erhält man die Normalengleichung in der Determinantenschreibweise:

$$\begin{vmatrix} n_x & n_y & n_z \\ \Delta x_2 & \Delta y_2 & \Delta z_2 \\ \Delta x_3 & \Delta y_3 & \Delta z_3 \end{vmatrix} * \begin{bmatrix} x - x_1 \\ y - y_1 \\ z - z_1 \end{bmatrix} = 0$$

In entwickelter Form ist dies die Gleichung:

$$\left. \begin{aligned} &(x - x_1)(\Delta y_2 * \Delta z_3 - \Delta y_3 * \Delta z_2) \\ -&(y - y_1)(\Delta x_2 * \Delta z_3 - \Delta x_3 * \Delta z_2) \\ +&(z - z_1)(\Delta x_2 * \Delta y_3 - \Delta x_3 * \Delta y_2) \end{aligned} \right) = 0$$

Daraus erhält man die Koeffizienten der Ebenengleichung:

$$a = \Delta y_2 * \Delta z_3 - \Delta y_3 * \Delta z_2$$

$$b = -\Delta x_2 * \Delta z_3 + \Delta x_3 * \Delta z_2$$

$$c = \Delta x_2 * \Delta y_3 - \Delta x_3 * \Delta y_2$$

$$d = -(x_1 * a + y_1 * b + z_1 * c)$$

Die Sichtbarkeitsbedingung für die Facette lautet dann:

$$\mathrm{Signum}(d) \neq \mathrm{Signum}(-B_z * c + d)$$

Für $d > 0$ ist dies äquivalent zu

$$0 > -B_z * c + d$$

oder $1 < B_z * c / d$

Für $d < 0$ ist dies äquivalent zu

$$0 < -B_z * c + d$$

oder ebenfalls $1 < B_z * c / d$

Die Sichtbarkeitsbedingung hat daher generell die Form:

$$1 < B_z * c / d$$

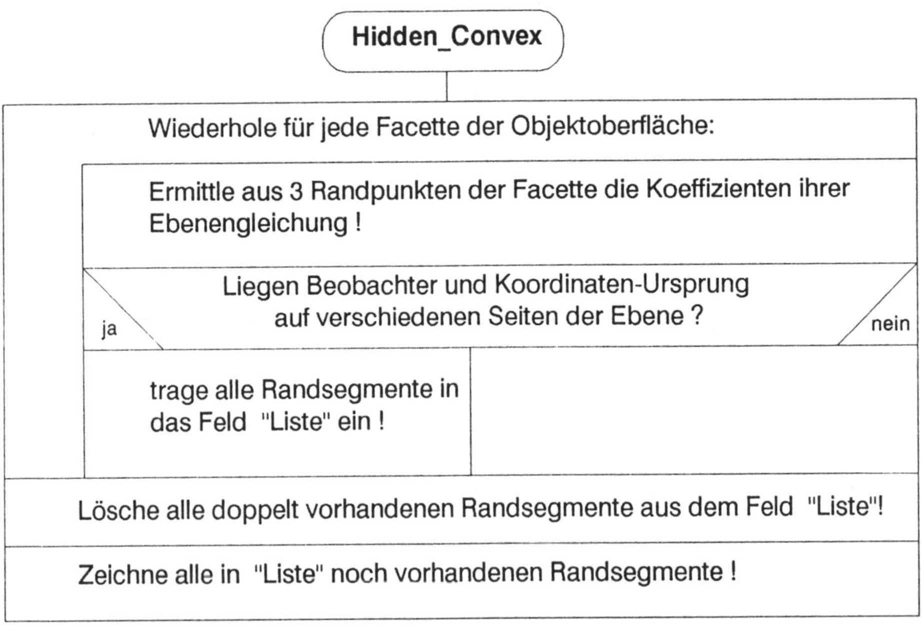

Abbildung 5.2: Ablauf des Hidden Line-Verfahrens für konvexe Objekte

Den Ablauf des Verdeckungs-Algorithmus für konvexe Objekte zeigt das Diagramm der Abbilding 5.2. Eine Implementierung in PASCAL stellt die Prozedur Hidden_Convex dar. Die dabei benutzte Datenstruktur zur rechnerinternen Darstellung von 3D-Objekten ist das in Kapitel 7 besprochene einfache Flächenmodell.

```
PROCEDURE Hidden_Convex  (VAR object : Rec_Obj);

VAR   P1, P2, P3          : Zeig_Verts;            { Zeiger auf die Objektpunkte    }
      DX2, DX3            : REAL;                  { x2 - x1  , x3 - x1              }
      DY2, DY3            : REAL;                  { y2 - y1  , y3 - y1              }
      DZ2, DZ3            : REAL;                  { z2 - z1  , z3 - z1              }
      A, B, C, D          : REAL;                  { Koeffizienten d. Facettenebenen }
      Liste               : ARRAY[1..50] OF Zeig_lines; { Feld sichtbarer Kanten     }
      i, j, ic            : INTEGER;

BEGIN { Hidden_Convex }
    { Initialisiere Feld sichtbarer Linien }
    ic := 1;
    FOR i:= 1 TO 50 DO Liste[i] := NIL;
    WITH object DO
       BEGIN
       { Schleife über alle Facetten des Objekts }
       facets := facets_Top;
       WHILE (facets <> NIL) DO
         BEGIN { WHILE }
           { Bestimme drei verschiedene Punkte der Facette }
           P1 :=   Facets^.Linf[1]^.Linv[1];
           P2 :=   Facets^.Linf[1]^.Linv[2];
           P3 :=   Facets^.Linf[2]^.Linv[1];
           IF (P1=P3) OR (P2=P3) THEN P3 := Facets^.Linf[2]^.Linv[2];

           { Berechne die Koeffizienten der Ebene zu dieser Facette }
           DX2        := P2^.x - P1^.x;
           DX3        := P3^.x - P1^.x;
           DY2        := P2^.y - P1^.y;
           DY3        := P3^.y - P1^.y;
           DZ2        := P2^.z - P1^.z;
           DZ3        := P3^.z - P1^.z;
           A          := DY2 * DZ3 - DY3 * DZ2;
           B          := DZ2 * DX3 - DZ3 * DX2;
           C          := DX2 * DY3 - DX3 * DY2;
           D          := (A * P1^.x+B * P1^.y + C * P1^.z);

           { Falls diese Facette sichtbar ist, übernimm alle Kanten }
           IF 1.0 + C * dist/D < 0 THEN FOR i:=1 TO facets^.IndexF DO
           BEGIN
               Liste[ic]      := facets^.Linf[i];
               ic             := ic+1;
           END;
```

```
                    { weiter mit der nächsten Facette }
                    facets := facets^.next;
                END; { WHILE }
        END; { WITH }

    { Entferne mehrfache Kanten }
    FOR i:=1 TO ic-1 DO
        FOR j:=i+1 TO ic DO
            IF Liste[i]=Liste[j] THEN Liste[j]:= NIL;

    { Zeichne die sichtbaren Kanten }
    FOR i:=1 TO ic DO
        IF Liste[i] <> NIL THEN WITH Liste[i]^ DO
            DLine (Linv[1]^.x, Linv[1]^.y, Linv[2]^.x, Linv[2]^.y);
END; { HIDDEN_Convex }
```

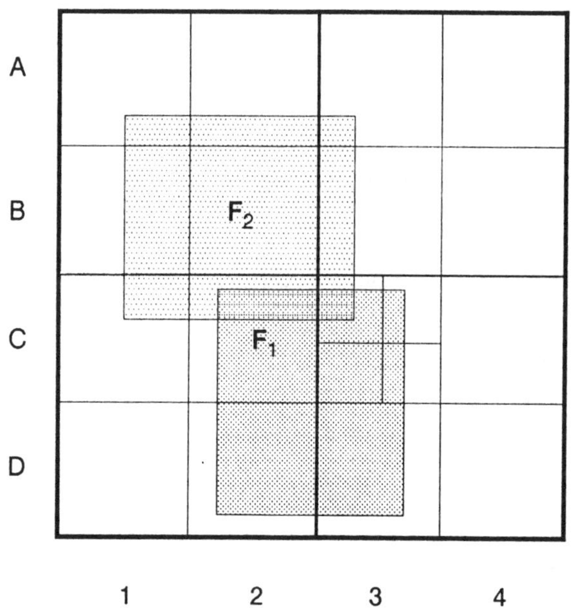

Abbildung 5.3: Zellenteilung und Klassifizierung beim Verfahren von Warnock

5.2 Das Verfahren von Warnock

Im Gegensatz zu dem *Kantenverfahren* im vorigen Abschnitt dient das Verfahren von Warnock zur Unterdrückung verdeckter *Flächen*. Es arbeitet in der Bildebene und benutzt einen zusätzlichen Tiefentest im Objektraum. Die Bildfläche wird dabei so lange in immer kleinere Zellen unterteilt, bis für jede Zelle ein einfacher Sichtbarkeitstest entscheiden kann, wie sie zu färben ist.

Prinzip des Warnock-Verfahrens

Die Eingabe für das Verfahren ist eine Liste der Facetten, aus denen die Oberfläche des Körpers besteht. Diese werden durch ihren polygonalen Rand beschrieben.

Das Verfahren startet mit dem ganzen Bildfenster als Ausgangszelle. Ist die aktuelle Zelle eindeutig färbbar, dann wird sie dargestellt, andernfalls in vier gleiche Teile zerlegt, die nach der selben Methode untersucht werden.

Zur Entscheidung über die Färbbarkeit einer Bildzelle werden zunächst alle Facetten mit Bezug auf diese klassifiziert:

Klasse **A** : Facetten, die vollständig außerhalb der aktuellen Zelle liegen.

Klasse **I** : Factten, die vollständig innerhalb der aktuellen Zelle liegen.

Klasse **Ü** : Facetten, die die Zelle vollständig überdecken.

Klasse **S** : Facetten, die den Zellenrand schneiden.

Der Abbildung 5.3 lasssen sich typische Vertreter dieser unterschiedlichen Klassen entnehmen:

- Bezüglich der Zelle B2 liegt die Fläche $\mathbf{F_2}$ in der Klasse **Ü** und $\mathbf{F_1}$ liegt in der Klasse **A.**
- Bezüglich der Zelle C2 liegen beide Flächen in der Klasse **S**

Das Verfahren entscheidet über die weitere Behandlung der Zelle anhand folgender Tabelle:

Fall	Anzahl der Polygone in den Klassen: A	I	Ü	S	durchzuführende Aktion
1.	n	0	0	0	Zelle mit Hintergrundfarbe füllen
2.	n	1	0	0	Zelle mit Hintergrundfarbe füllen; danach die Facette in Klasse I färben
3.	n	0	1	0	Zelle mit Farbe der Facette in Klasse Ü färben
4.	n	0	0	1	Zelle zerfällt in genau zwei Bereiche: Hintergrund- und Facetten-Bereich
5.	n	p	q	r	
	mit p+q+r > 1 und genau ein ein Polygon aus Klasse Ü besteht den "Tiefentest"				Zelle mit der Farbe derjenigen Facette füllen, die den Tiefentest bestanden hat.
6.	keiner der Fälle 1. bis 5. trifft zu				Zelle in vier gleiche Teile zerlegen und diese analog bearbeiten !

Muß die Zelle unterteilt werden (6. Fall), so sind die Facetten erneut bezüglich der Unterzellen zu klassifizieren. Dazu müssen aber nur die Polygone in den Klassen **I** und **S** neu untersucht werden, so daß der Aufwand dafür nicht sehr groß ist.

Der Tiefentest

Im 5. Fall ist für die Facetten der Klasse **Ü** ein Test durchzuführen, der klärt, ob eine von ihnen vollständig vor allen anderen Facetten liegt, die für die Färbung dieser Zelle in Frage kommen. Dazu geht man wie folgt vor:

- Wir bestimmen zu jeder Facette aus den Klassen **I**, **Ü** und **S** denjenigen Schnittpunkt z_{min} mit der Mantelfläche der Sichtbarkeitspyramide, der dem Beobachter am nächsten liegt, so wie dies die Abbildung 5.4 zeigt.
- Wir sortieren die Facetten nach aufsteigenden Werten von z_{min}.
- Wir bestimmen zu jeder Facette der Klasse **Ü** denjenigen Schnittpunkt z_{max} mit der Mantelfläche der Sichtbarkeitspyramide, der am weitesten vom Beobachter entfernt ist. (siehe Abbildung 5.4)
- Falls für ein Polygon der Klasse **Ü** der Wert von z_{max} kleiner ist als z_{min} für alle anderen Polygone aus den Klassen **I**, **Ü** und **S**, so hat dieses den Tiefentest bestanden, d.h. es liegt ganz vor diesen und bestimmt daher die Zellenfärbung.

Es ist naheliegend, bei der Implementierung des Verfahrens die Behandlung der aktuellen Zelle durch eine rekursive Prozedur "Warnock" durchführen zu lassen. Diese wird im Fall einer Zellteilung rekursiv aufgerufen, wodurch man die explizite Verwaltung der unterteilten Zellen spart. Damit erhält man den in Abbildung 5.5 dargestellten Ablauf des Verfahrens.

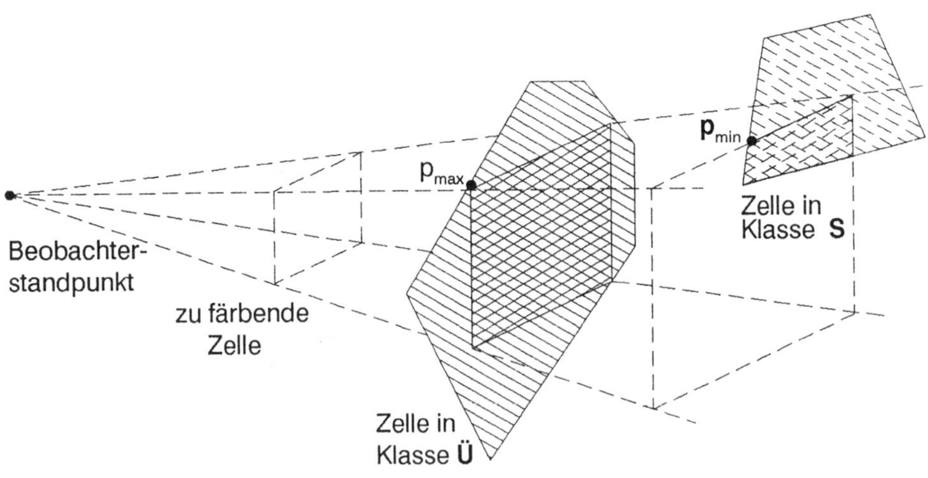

Abbildung 5.4: Tiefentest beim Warnock-Verfahren

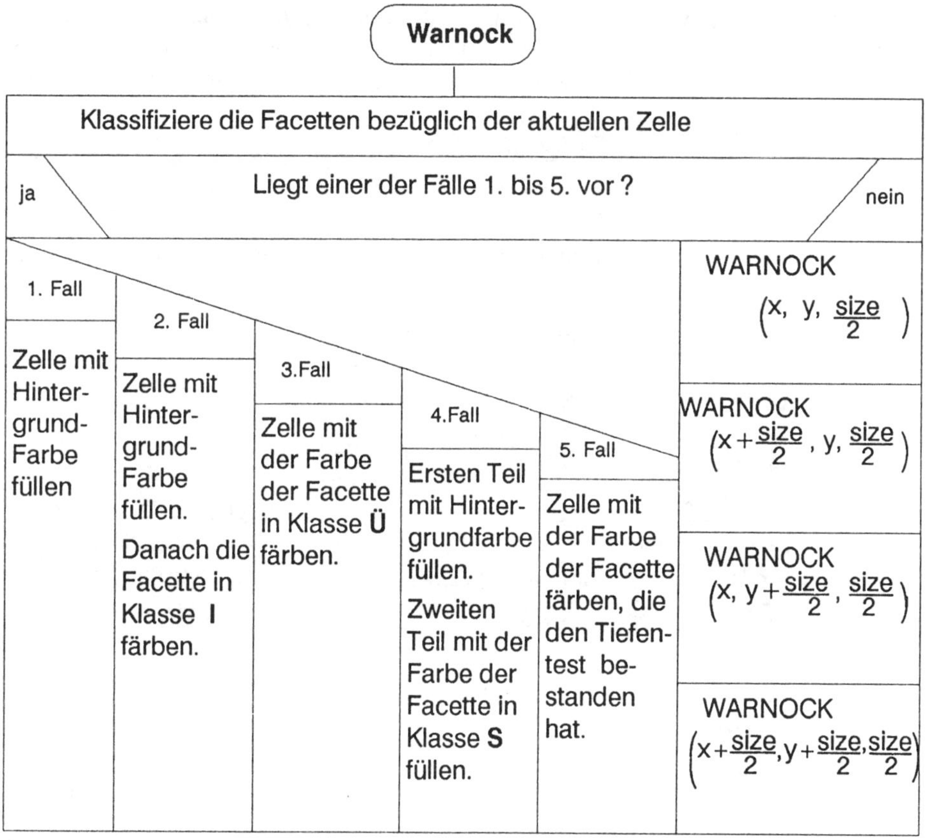

Abbildung 5.5: Rekursive Struktur des Verfahrens von Warnock

5.3 Allgemeines Verfahren für verdeckte Kanten

Als dritten Verdeckungsalgorithmus betrachten wir ein sehr leistungsfähiges Verfahren, das bei den darzustellenden Objekten nur voraussetzt, daß ihre Oberfläche aus konvexen Facetten besteht. Dies läßt sich bei Polyedern durch Triangulation stets erzwingen.

Die Abbildungssituation bei diesem Verfahren ist der Abbildung 5.6 zu entnehmen. Wir gehen davon aus, daß das Objekt bereits ins Beobachtersystem transformiert wurde und stellen zunächst einige Bezeichnungen und Konsequenzen dieser Situation zusammen:

- Ein Punkt $\mathbf{p} = (x,y,z)$ im Beobachterkoordinatensystem wird abgebildet auf einen Punkt $\mathbf{p'} = (a,b)$ auf der Bildfläche durch eine perspektivische Projektion Π. Dafür entnehmen wir der Abbildung 5.6 als Projektionsgleichungen:

$$\Pi : x \longrightarrow a = \frac{xD}{z+B_z}$$

$$\Pi : y \longrightarrow b = \frac{yD}{z+B_z}$$

Eine Strecke **G** im Beobachterkoordinatensystem mit der Parameterdarstellung

$$\mathbf{G}(x,y,z) = (1-\phi) * \begin{bmatrix} x_1 \\ y_1 \\ z_1 \end{bmatrix} + \phi * \begin{bmatrix} x_2 \\ y_2 \\ z_2 \end{bmatrix}$$

wird abgebildet auf die Strecke

$$\mathbf{g}(a,b) = (1-\theta) * \begin{bmatrix} a_1 \\ b_1 \end{bmatrix} + \theta * \begin{bmatrix} a_2 \\ b_2 \end{bmatrix}$$

Dabei werden die Endpunkte der Strecken zwar aufeinander projiziert, d.h. es ist $\Pi(x_1,y_1,z_1) = (a_1,b_1)$ und $\Pi(x_2,y_2,z_2) = (a_2,b_2)$, aber da die perspektivische Projektion nicht linear ist, gilt für beliebige Zwischenpunkte mit dem Parameter ϕ :

$$\Pi(\,(1-\phi) * \mathbf{p}_1 + \phi * \mathbf{p}_2\,) \neq (1-\phi) * \Pi(\mathbf{p}_1) + \phi * \Pi(\mathbf{p}_2)$$

- Konvexe Facetten werden durch eine perspektivische Projektion wieder zu konvexen Facetten:

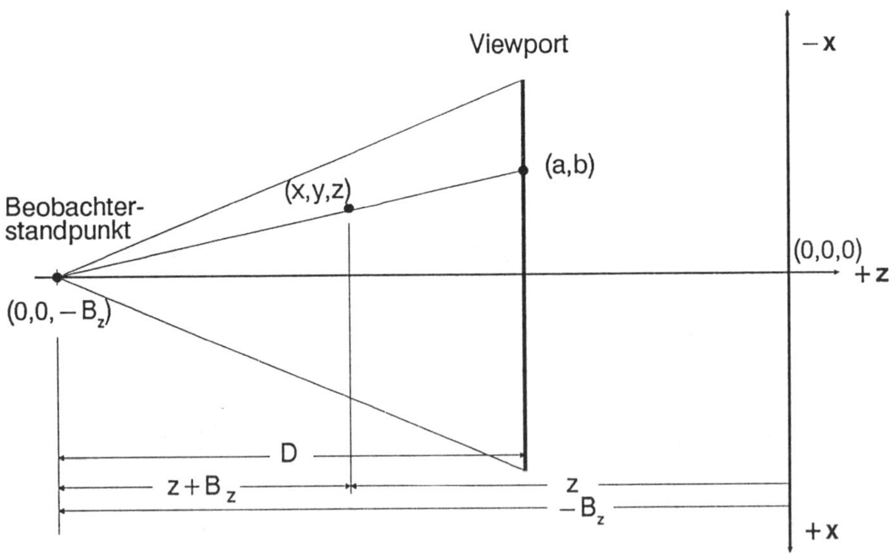

Abbildung 5.6: Abbildungssituation beim Hidden Line-Verfahren für allgemeine Objekte

Dazu hat man nachzuweisen, daß es zu je zwei Punkten $\mathbf{p}_1 = (x_1, y_1, z_1)$ und $\mathbf{p}_2 = (x_2, y_2, z_2)$ des Beobachterraumes und einem Wert μ mit $0 \le \mu \le 1$ einen Wert θ gibt mit $0 \le \theta \le 1$, so daß der zu μ gehörige Zwischenpunkt der Strecke $\overline{\mathbf{p}_1\mathbf{p}_2}$ abgebildet wird auf den zu θ gehörigen Zwischenpunkt der Strecke $\overline{\Pi(\mathbf{p}_1)\Pi(\mathbf{p}_2)}$. Es muß also gelten:

$$\Pi\left((1-\mu) * \begin{bmatrix} x_1 \\ y_1 \\ z_1 \end{bmatrix} + \mu * \begin{bmatrix} x_2 \\ y_2 \\ z_2 \end{bmatrix}\right) = (1-\theta) * \Pi\left(\begin{bmatrix} x_1 \\ y_1 \\ z_1 \end{bmatrix}\right) + \theta * \Pi\left(\begin{bmatrix} x_2 \\ y_2 \\ z_2 \end{bmatrix}\right)$$

Es genügt, dies für $\mu = 1/2$ zu zeigen ! Die x-Komponente der obigen Gleichung liefert uns die Beziehung:

$$\frac{1/2 * (x_1 + x_2)D}{1/2 * (z_1 + z_2) + B_z} = (1-\theta) * \frac{x_1 D}{z_1 + B_z} + \theta * \frac{x_2 D}{z_2 + B_z}$$

Löst man nach θ auf, so erhält man eine Beziehung für θ, die unabhängig von x_1 und x_2 ist. Damit erfüllt der gleiche θ-Wert auch die anderen beiden Komponenten der obigen Vektorgleichung, was zu zeigen war:

$$\theta = \frac{z_2 + B_z}{z_1 + z_2 + 2B_z}$$

Verfahrensbeschreibung

Der Algorithmus zur Unterdrückung unsichtbarer Linien untersucht der Reihe nach alle Kanten des Objektbildes auf ihre Sichtbarkeit. Um die Sichtbarkeit für die aktuelle Kante zu prüfen, werden alle Facetten des Objektbildes daraufhin geprüft, ob sie Teile der Kante verdecken. In diesem Fall werden unsichtbare Kantenabschnitte geclippt, wie der Grobablaufplan in Abbildung 5.7 zeigt.

Wir vereinbaren einige Bezeichnungen:

- Objekt-Facetten werden mit **F** bezeichnet, ihre Eckpunkte mit
  (x_i, y_i, z_i) für $1 \le i \le n$.
- Bild-Facetten werden mit **f** bezeichnet, ihre Eckpunkte mit (a_i, b_i) für $1 \le i \le n$.
- Objekt-Kanten werden mit **G** bezeichnet, ihre Endpunkte mit
  (x_A, y_A, z_A) und (x_E, y_E, z_E)
- Bild-Kanten werden mit **g** bezeichnet, ihre Endpunkte mit (a_A, b_A) und (a_E, b_E).

Vorabtests

Bevor man eine Bild-Facette genauer daraufhin untersucht, wie sie die Sichtbarkeit der aktuellen Bild-Kante beeinflußt, versucht man durch einfache Prüfungen herauszufinden, ob sie dafür überhaupt relevant ist. Das Verfahren enthält drei derartige Vorab-Tests:

1. Eine Facette **f** kann übergangen werden, wenn alle ihre Eckpunkte auf der selben Seite der Kante **g** liegen. Diese Situation zeigt Abbildung 5.8a schematisch.

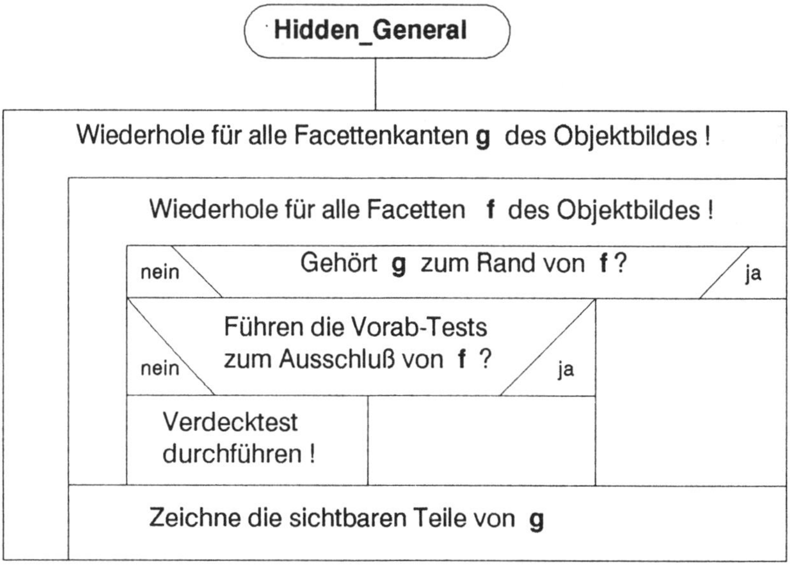

Abbildung 5.7: Grobstruktur des allgemeinen Verdeckungsalgorithmus

Die Zweipunktegleichung der Kante **g** lautet:

$$\mathbf{g}(a,b) = (a_E - a_A)(b - b_A) - (a - a_A)(b_E - b_A) = 0$$

Das Ausschlußkriterium für die Facette **f** ist daher erfüllt, wenn für alle Eckpunkte (a_i,b_i) das Vorzeichen Signum($\mathbf{g}(a_i,b_i)$) den selben Wert hat.

2. Eine Facette **f** kann übergangen werden, wenn alle ihre Eckpunkte jenseits des Anfangspunktes (a_A,b_A) der Kante **g** liegen, wie Abbildung 5.8b zeigt. Die Gleichung der Normalen $\mathbf{g}_A$ im Anfangspunkt (a_A,b_A) lautet:

$$\mathbf{g}_A(a,b) = (a - a_A)(a_E - a_A) + (b - b_A)(b_E - b_A) = 0$$

Das Ausschlußkriterium für die Facette **f** ist daher erfüllt, wenn für alle Eckpunkte (a_i,b_i) das Vorzeichen Signum($\mathbf{g}_A(a_i,b_i)$) den selben Wert hat.

3. Eine Facette **f** kann übergangen werden, wenn alle ihre Eckpunkte jenseits des Endpunktes (a_E,b_E) der Kante **g** liegen, wie Abbildung 5.8c zeigt. Die Gleichung der Normalen $\mathbf{g}_E$ im Endpunkt (a_E,b_E) lautet:

$$\mathbf{g}_E(a,b) = (a - a_E)(a_A - a_E) + (b - b_E)(b_A - b_E) = 0$$

Das Ausschlußkriterium für die Facette **f** ist daher erfüllt, wenn für alle Eckpunkte (a_i,b_i) das Vorzeichen Signum($\mathbf{g}_E(a_i,b_i)$) den selben Wert hat.

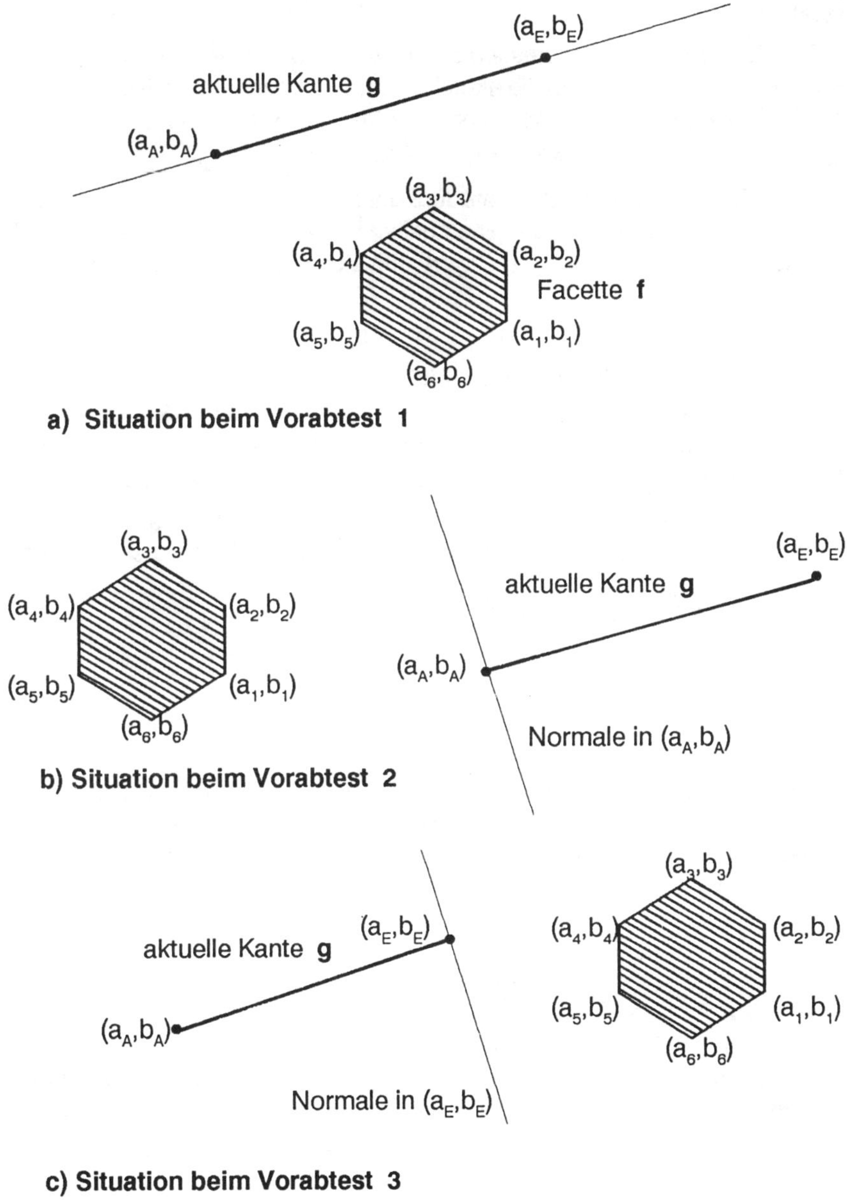

Abbildung 5.8: Vorabtests beim allgemeinen Hidden Line-Verfahren

Verdecktest

Falls eine Facette durch die Vorabtests nicht ausgeschlossen werden kann, dann muß genau untersucht werden, ob die aktuelle Kante ganz oder teilweise durch sie verdeckt wird. Dazu gehen wir in mehreren Schritten vor (siehe Abbildung 5.9):

1. Schritt:

Wir berechnen die Schnittpunkte der Geraden, die durch die aktuelle Kante **g** definiert wird, mit allen Randsegmenten der aktuellen Facette **f**. Ein Schnittpunkt auf dem Randsegment von (a_i,b_i) nach (a_{i+1},b_{i+1}) läßt sich darstellen in der Form:

$$\begin{bmatrix} a_s \\ b_s \end{bmatrix} = (1-\mu) * \begin{bmatrix} a_i \\ b_i \end{bmatrix} + \mu * \begin{bmatrix} a_{i+1} \\ b_{i+1} \end{bmatrix}$$

Er wird nur berücksichtigt, falls $0 \leq \mu \leq 1$ ist.

Da vorausgesetzt wurde, daß alle Facetten konvex sind, erhält man entweder keinen oder zwei Schnittpunkte. Falls keine Schnittpunkte existieren, verdeckt die Facette keine Teile der aktuellen Kante und kann ausgeschieden werden.

Liegen zwei Schnittpunkte $\mathbf{p}_1$ und $\mathbf{p}_2$ vor, so bestimmt man ihre Parameter μ_{min} und μ_{max} mit $\mu_{min} \leq \mu_{max}$ in der Parameterdarstellung der Kante **g** so, daß gilt:

$$\mathbf{p}_1 = (1-\mu_{min}) * \begin{bmatrix} a_A \\ b_A \end{bmatrix} + \mu_{min} * \begin{bmatrix} a_E \\ b_E \end{bmatrix}$$

$$\mathbf{p}_2 = (1-\mu_{max}) * \begin{bmatrix} a_A \\ b_A \end{bmatrix} + \mu_{max} * \begin{bmatrix} a_E \\ b_E \end{bmatrix}$$

2. Schritt:

Wir müssen nun feststellen, ob die Facette **f** Teile der Geraden **g** verdeckt. Dazu genügt es, zu prüfen, ob der Abschnitt $\overline{\mathbf{p}_1\mathbf{p}_2}$ verdeckt wird. Dies ist genau dann der Fall, wenn sein Mittelpunkt $\mathbf{p}_M$ von der Facette verdeckt wird, wie man der Abbildung 5.9 entnehmen kann. Die Gleichung des Mittelpunktes ist

$$\mathbf{p}_M = (1-\mu_M) * \begin{bmatrix} a_A \\ b_A \end{bmatrix} + \mu_M * \begin{bmatrix} a_E \\ b_E \end{bmatrix}$$

mit: $\mu_M = (\mu_{min} + \mu_{max}) / 2$

Die Sichtbarkeit dieses Punktes $\mathbf{p}_M$ untersuchen wir nun im Objektraum. Dazu wird zunächst $\mathbf{p}_M$ in den Objektraum zurücktransformiert. Es ist $\mathbf{p}_M$ genau dann sichtbar, wenn $\Pi^{-1}(\mathbf{p}_M)$ und der Beobachterstandpunkt auf der selben Seite der Facette $\mathbf{F} = \Pi^{-1}(\mathbf{f})$ liegen. Dies stellen wir in drei Teilschritten fest:

° Zunächst bestimmen wir $\Pi^{-1}(\mathbf{p}_M)$ in der Form:

$$\Pi^{-1}(\mathbf{p}_M) = (1-\phi) * \begin{bmatrix} x_A \\ y_A \\ z_A \end{bmatrix} + \phi * \begin{bmatrix} x_E \\ y_E \\ z_E \end{bmatrix}$$

Dazu wird die Projektionsgleichung für $\Pi^{-1}(\mathbf{p}_M)$ nach ϕ aufgelöst:

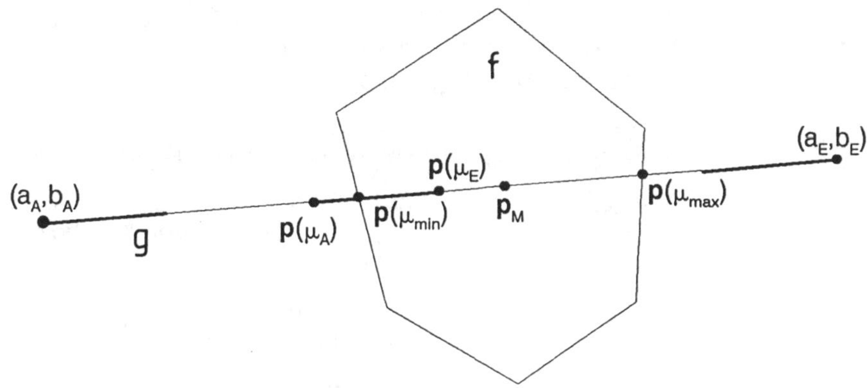

Abbildung 5.9: Verdecktest beim Hidden Line-Verfahren für allgemeine Objekte

$$a_M = \frac{[(1-\phi)x_A + \phi\, x_E] * D}{[(1-\phi)z_A + \phi\, z_E] * B_z}$$

$$\phi = \frac{x_A D - a_M(z_A + B_z)}{a_M(z_E - z_A) - D(x_E - x_A)}$$

° Danach wird die Gleichung der Ebene zur betrachteten Facette im Objektraum ermittelt aus drei nicht kollinearen Randpunkten:

$$\mathbf{F}(\mathbf{p}) = [(\mathbf{p}_2 - \mathbf{p}_1) \times (\mathbf{p}_3 - \mathbf{p}_1)] * (\mathbf{p} - \mathbf{p}_1) = 0$$

° Durch Einsetzen der beiden Punkte in diese Gleichung prüft man die Sichtbarkeitsbedingung nach durch:

$$\text{Signum}\,(\mathbf{F}(\,\Pi^{-1}(\mathbf{p}_M)\,)) = \text{Signum}\,((\mathbf{F}(0,0,-B_z)))$$

3. Schritt:

Falls $\mathbf{p}_M$ sichtbar war, dann ist die aktuelle Kante vollständig sichtbar. Andernfalls zerfällt sie in einen oder zwei sichtbare Abschnitte oder ist ganz unsichtbar (s. Abbildung 5.9).

Aus diesem Grund muß das Verfahren statt der aktuellen Kante bereits nach dem ersten erfolgreichen Verdecktest eine Liste mit ihren sichtbaren Abschnitten führen, die nun aktualisiert wird:

Jeder sichtbare Abschnitt ist charakterisiert durch zwei Parameter μ_A und μ_E, die die Lage seiner Endpunkte auf der aktuellen Kante markieren. Es sind daher die folgenden Beziehungen zu μ_{min} und μ_{max} möglich:

$\mu_{min} \leq \mu_A \leq \mu_E \leq \mu_{max}$	: Der Abschnitt ist dann ganz verdeckt.
$\mu_A \leq \mu_{min} \leq \mu_{max} \leq \mu_E$	: Es sind die durch μ_A, μ_{min} und μ_{max}, μ_E chrakterisierten Abschnitte sichtbar.
$\mu_A \leq \mu_{min} \leq \mu_E \leq \mu_{max}$	: Es ist nur der durch μ_A, μ_{min} charakterisierte Abschnitt sichtbar.
$\mu_{min} \leq \mu_A \leq \mu_{max} \leq \mu_E$	: Es ist nur der durch μ_{max}, μ_E charakterisierte Abschnitt sichtbar.

Sobald alle Facetten des Objekts untersucht sind, enthält die Liste die nicht verdeckten Abschnitte der aktuellen Kante. Diese können dann gezeichnet werden. Danach wird die Sichtbarkeit der nächsten Kante untersucht.

Die Abbildung 5.10 zeigt ein mit diesem Verfahren dargestelltes Objekt. Die nachfolgend angegebenen Prozeduren stellen eine Implementierung des Verfahrens in PASCAL dar.

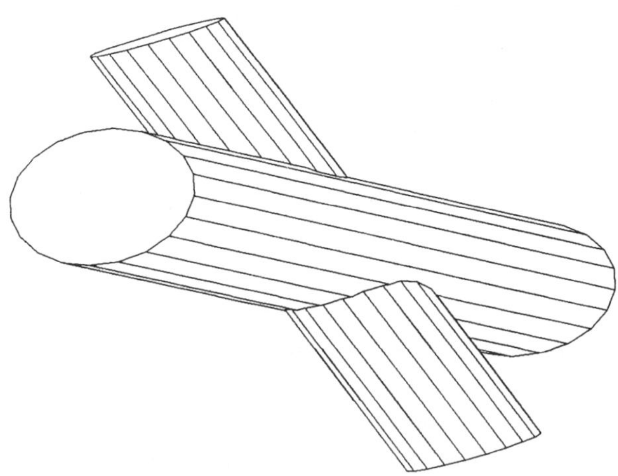

Abbildung 5.10: Objektdarstellung mit dem allgemeinen Hidden Line-Verfahren

Prozedur Vorab_1:

Die Prozedur Vorab_1 prüft. ob alle Randpunkte der Facette auf der selben Seite der Geraden **g** liegen, die durch die Punkte (a_A,b_A) und (a_E,b_E) geht.

```
ROCEDURE Vorab_1
    (  VAR object    : Rec_Obj;     { Objekt-Datenstruktur, Zeiger auf aktuelle Facette }
       aA,bA,aE,bE   : REAL;        { Zwei Punkte auf der Geraden g                       }
       VAR relevant  : BOOLEAN );   { =TRUE, falls Facette für die Sichtbarkeit relevant }

VAR    i       : INTEGER;
       Sign_1  : INTEGER;
       Sign_2  : INTEGER;

BEGIN
    relevant := FALSE;
    WITH object DO
       BEGIN
          { auf erste Kante der aktuellen Facette zeigen }
          Lines := Facets^.LinF[1];

          { auf Anfangspunkt der ersten Kante zeigen }
          Verts := Lines^.LinV[1];

          { Lage des ersten Randpunktes ermitteln }
          Sign_1 := Signum_R ( (aE - aA) * (Verts^.yp - bA)
                                         - (Verts^.xp - aA) * (bE - bA) );

          { Vorzeichen für alle anderen Randpunkte wie beim ersten ? }
          IF Sign_1 <> 0    THEN
             BEGIN
                FOR i:=2 TO Facets^.indexF DO
                   IF NOT relevant THEN
                      BEGIN
                         Lines   := Facets^.LinF[i];
                         Verts   := Lines^.LinV[1];
                         Sign_2  := Signum_R ( (aE - aA) * (Verts^.yp - bA)
                                                  - (Verts^.xp - aA) * (bE - bA) );
                         IF Sign_1 <> Sign_2 THEN relevant := TRUE
                                                  ELSE
                            BEGIN
                               Verts := Lines^.LinV[2];
                               Sign_2 := Signum_R ( (aE - aA) * (Verts^.yp - bA)
                                                  - (Verts^.xp - aA) * (bE - bA) );
                               IF Sign_1 <> Sign_2 THEN relevant := TRUE;
                            END
                      END
             END
          ELSE relevant := TRUE
       END { WITH };
END; { Vorab_1 }
```

Die Prozeduren Vorab_2 und Vorab_3 sind ganz analog aufgebaut und werden daher hier nicht aufgeführt.

Prozedur Verdecktest

Die Prozedur Verdecktest stellt fest, welche Teile der aktuellen Kante von anderen Facetten verdeckt werden.

```
PROCEDURE Verdecktest
    (  VAR object     : Rec_Obj;       { Darszustellendes Objekt                          }
       VAR Seg_List   : array_2_50R;   { Liste sichtbarer Abschnitte der Kante            }
       VAR List_Len   : INTEGER;       { Anzahl der Einträge in Seg_LIst                  }
       aA,bA,aE,bE    : REAL;          { Anfangs-/Endpunkt der Kante                      }
       P1_ptr         : Ptr_Verts;     { Zeiger auf den Anfangspunkt                      }
       P2_Ptr         : Ptr_Verts;     { Zeiger auf den Endpunkt                          }
       VAR intersect  : BOOLEAN );     { =TRUE, wenn f ung g sich schneiden               }

VAR    i,iv1,iv2,iv3,
       List_index      : INTEGER;      { aktueller Index in der Segmentliste              }
       D1,D2,D3,D4,D5,D6,              { Koordinatendifferenzen                           }
       u_max,u_min,                    { minimale, maximale Paramter des Schnittpunkts    }
       u_act,                          { Paramter des Schnittpunkts auf (aA,bA)(aE,bE)    }
       Ts,Diskr,                       { Paramter des Schnittpunkts auf PiPi+1            }
       a_M,b_M,u_M,                    { Koordinaten und Parameter der Mitte von P1P2     }
       theta,                          { Parameter für (x_M,y_M,z_M)                      }
       N,                              { Nenner bei der Berechnung von theta              }
       Fp,                             { 1/Faktor für perspektivische Projektion          }
       x_M,y_M,z_M,                    { Koordinaten des Urbildes von (a_M,b_M)           }
       Dx1,Dy1,Dz1,                    { Differenzen zur Best. der Ebenengleichung        }
       Dx3,Dy3,Dz3,
       A,B,C,D,                        { Koeffizienten der Ebenengleichung                }
       f1,f2,                          { Hilfswerte bei der Sichtbarkeitsprüfung          }
       u_1,u_2         : REAL;         { Parameter e. sichtbaren Segments aus Seg_List    }
       Q1,Q2,Q3        : Ptr_Verts;    { Zeiger auf drei Punkte in der Facette            }

BEGIN
    intersect := TRUE;
    { Bestimme die Schnittpunkte von g mit dem Rand von f }
    u_min := 1.0;                      { Annahme: P1, P2 fallen mit (aA,bA) bzw.          }
    u_max := 0.0;                      {   (aE,bE) zusammen                               }
    WITH object DO
        FOR i := 1 TO Facets^.IndexF DO
            IF intersect THEN
              BEGIN
                { Sind f und g parallel, d.h. (aE-aA)/(bE-bA)=(ai+1-ai)/(bi+1-bi)? }
                D1     := aE-aA;
                D2     := bE-bA;
                Lines  := Facets^.LinF[i];          { Zugriff auf (ai,bi)             }
                Verts  := Lines^.LinV[1];
                D3     := Verts^.xp;
```

```
            D4     := Verts^.yp;
            D5     := D3 - aA;                    { wird später noch gebraucht        }
            D6     := D4 - bA;                    { wird später noch gebraucht        }
            Verts  := Lines^.LinV[2];             { Zugriff auf (ai,bi)               }
            D3     := D3 - Verts^.xp;
            D4     := D4 - Verts^.yp;
            Diskr  := D1 * D4 - D3 * D2;          { Parallelitätskriterium            }
            IF Abs(Diskr) > 0.000001        THEN
                BEGIN      { jetzt existieren zwei Schnittpunkte                      }
                    { Schnittpunkt berechnen:     g(r) = (1 - r) * PA + r * PB        }
                    {                             fi(t) = (1 - t) * Pi + s * Pi+1     }
                    { subtrahiere und löse nach Schnittparameter t=Ts auf             }
                    Ts := (D1 * D6 - D2 * D5) / Diskr;

                    { Nur Werte 0 ≤ Ts ≤ 1 sind echte Schnittpunkte }
                    IF (Ts > -0.000001) AND (Ts < 1.000001) THEN
                        BEGIN
                            { Subtrahiere und löse nach dem Schnittparameter          }
                            { r=Rs auf, um die Position auf g zu bekommen             }
                            u_act := (D4 * D5 - D3 * D6) / Diskr;

                            { Falls nötig ersetze u_max bzw. u_min }
                            IF u_max < u_act THEN u_max      := u_act;
                            IF u_min > u_act THEN u_min      := u_act
                        END
                END
            ELSE   { Sonderfall: | aE - aA | < > 0 }
                IF Abs (D1) > 0.000001     THEN
                    BEGIN
                        Ts := D5 / D1;
                        IF Abs (D6 - (Ts * D2)) < 0.000001 THEN  intersect := FALSE
                    END
                ELSE    { ai - aA ≠ 0 ? }
                    IF Abs (D5) < 0.000001 THEN intersect := FALSE
        END;

    { Schnittpunkte liegen ganz außerhalb der aktuellen Kante g }
    IF u_min > 1.0 THEN  intersect          := FALSE;
    IF u_max <  0.0 THEN  intersect          := FALSE;

    WITH object DO IF  intersect  THEN
        BEGIN
            { Schnittpunkte, die außerhalb liegen können auf die Endpunkte         }
            { der aktuellen Kante gelegt werden                                    }
            IF u_max > 1.0 THEN u_max   := 1.0;
            IF u_min  <  0.0 THEN u_min   := 0.0;

            { Facette berührt die aktuelle Kante nur }
            IF (u_max - u_min) < 0.000001 THEN  intersect := FALSE;
```

```
{ Falls Schnittpunkte ermittelt wurden, Verdeckung prüfen }
IF intersect THEN
    BEGIN
        { Mittelpunkt PM der Strecke P1P2 }
        u_M := (u_max + u_min) / 2.0;
        a_M := (1 − u_M) * aA+u_M * aE;
        b_M := (1 − u_M) * bA+u_M * bE;

        { Berechnung des Urbildes (x_M, yM, z_M) von (a_M,b_M) }
        N := ppd * (P2_Ptr^.x − P1_Ptr^.x) − a_M * (P2_Ptr^.z − P1_Ptr^.z);
        IF Abs (N) > 0.000001
            THEN theta := (a_M * (P1_Ptr^.z + Dist) − ppd*P1_Ptr^.x)/N
            ELSE
                BEGIN
                    N      := ppd * (P2_Ptr^.y − P1_Ptr^.y)
                                 − b_M * (P2_Ptr^.z − P1_Ptr^.z);
                    theta  := (b_M * (P1_Ptr^.z + Dist) − ppd * P1_Ptr^.y)/N
                END;
        z_M    := (1.0 − theta) * P1_Ptr^.z + theta * P2_Ptr^.z;
        Fp     := (z_M + dist) / ppd;
        x_M    := a_M * Fp;
        y_M    := b_M * Fp;

        { Koeffizienten der Ebene Ax + By + Cz = D bestimmen }
        Q1     := Facets^.LinF[1]^.LinV[1];
        Q2     := Facets^.LinF[1]^.LinV[2];
        Q3     := Facets^.LinF[2]^.LinV[1];
        IF  ((Facets^.LinF[1]^.LinV[1] = Facets^.LinF[2]^.LinV[1])
                    OR
            (Facets^.LinF[1]^.LinV[2] = Facets^.LinF[2]^.LinV[1]))
          THEN  Q3 := Facets^.LinF[2]^.LinV[2];
        Dx1    := Q1^.x − Q2^.x;
        Dy1    := Q1^.y − Q2^.y;
        Dz1    := Q1^.z − Q2^.z;
        Dz3    := Q3^.z − Q2^.z;
        Dy3    := Q3^.y − Q2^.y;
        Dx3    := Q3^.x − Q2^.x;
        A      := Dy1 * Dz3 − Dy3 * Dz1;
        B      := Dz1 * Dx3 − Dz3 * Dx1;
        C      := Dx1 * Dy3 − Dx3 * Dy1
        D      := A * Q1^.x + B * Q1^.y + C * Q1^.z  ;

        (x_M,y_M,z_M) und (0,0, − Bz) in Ebenengleichung einsetzen }
        f1  := A * x_M + B * y_M + C * z_M − D;
        f2  := C * (− Dist) − D

        { Sichtbarkeitsprüfung }
        IF Abs (f1) < 0.000001
          THEN intersect := FALSE
          ELSE IF Abs (Signum_R(f1) − Signum_R(f2)) < 1.000001
                  THEN intersect := FALSE
                  ELSE
```

```
        BEGIN { ELSE }
         List_index := List_Len;

         { sind Teile der Geraden verdeckt, ändere Liste  Seg_List sichtbarer Segmente      }
         FOR i:=1 TO List_Len DO
            BEGIN
              u_1      := Seg_List [1,i];
              u_2      := Seg_List [2,i];
              IF (u_1 ≤ u_max) AND (u_min ≤ u_2)
                 THEN  IF (u_min ≤ u_1) AND (u_2 ≤ u_max)
                          THEN { u_min ≤  u_1 ≤ u_2 ≤ u_max }
                               Seg_List [1,i] := -1.0
                          ELSE  IF (u_1 < u_min) AND (u_max < u_2)
                             THEN { u_1 < u_min ≤ u_max  < u_2 }
                               BEGIN
                                  List_index                   := Succ (List_index);
                                  Seg_List [1,List_index]      := u_max;
                                  Seg_List [2,List_index]      := u_2;
                                  Seg_List [2,i]               := u_min
                               END
                             ELSE IF u_1  <  u_min
                                     THEN  { u_1 ≤ u_min ≤ u_2 ≤ u_max }
                                           Seg_List [2,i] := u_min
                                     ELSE  { u_min ≤ u_1 ≤ u_max  ≤ u_2 }
                                           Seg_List [1,i] := u_max;
            END;

         { Bereinigung von Seg_List }
         List_Len := 0;
         FOR  i:=1  TO  List_index  DO
            IF Seg_List [1,i]  ≥  -0.000001   THEN
              BEGIN
                 List_Len                   := Succ (List_Len);
                 Seg_List [1,List_Len]      := Seg_List [1,i];
                 Seg_List [2,List_Len]      := Seg_List [2,i]
              END
        END { ELSE }
      END
    END
  END; { Verdecktest }
```

Prozedur Hidden_General:

Die Prozedur Hidden_General ist der Rahmen für das allgemeine Hidden Line-Verfahren für polyedrische Objekte.

```
PROCEDURE Hidden_General   ( VAR object : Rec_Obj );

VAR
Seg_List              : array_2_50R;        { Liste sichtbarer Kantensegmente        }
List_Len              : INTEGER;            { Anzahl sichtbarer Kantensegmente       }
aA,bA,aE,bE,                                { Koord. der Geraden  g im Bildraum      }
u_1,u_2,
xp1,yp1,xp2,yp2       : REAL;               { Koord. eines sichtbaren Segments       }
Lines_act             : Ptr_Lines;          { Zeiger auf aktuelle Kante              }
relevant              : BOOLEAN;            { Facette für Sichtbarkeit relevant      }
sichtbar              : BOOLEAN;            { Kante enthält sichtbare Segmente       }
i                     : INTEGER;            { Index der aktuellen Kante              }
j                     : INTEGER;            { Index der aktuellen Facette            }
k                     : INTEGER;

BEGIN
    Lines_act := object.Lines_Top;          { Zeiger auf erste Kante stellen         }
    WITH object DO
    FOR i:=1 TO nol DO                      { Schleife über alle Objektkanten         }
      BEGIN
        List_Len      := 1;             { Anzahl sichtbarer Abschnitte      }
        Seg_List [1,1] := 0.0;          { Annahme:  ganze Kante sichtbar  }
        Seg_List [2,1] := 1.0;          { Annahme:  ganze Kante sichtbar  }
        Lines         := Lines_act;     { Zeiger auf aktuelle Kante in object}
        Verts         := Lines^.LinV[1]; { Zeiger auf 1. Punkt dieser Kante  }
        aA            := Verts^.xp;
        bA            := Verts^.yp;
        Verts         := Lines^.LinV[2]; { Zeiger auf 2. Punkt dieser Kante  }
        aE            := Verts^.xp;     { persp. Projektion des 2. Punkts   }
        bE            := Verts^.yp;
        Facets        := Facets_Top;    { Zeiger auf 1. Facette stellen     }
        sichtbar      := TRUE;

        { vergleiche die aktuelle Kante Linie mit allen Facetten }
        FOR j:=1 TO nof DO
        IF sichtbar THEN
            BEGIN
              relevant := TRUE;

              { Liegt die aktuelle (i-te) Gerade in der j-ten Facette, }
              { dann ist sie nicht relevant für die Sichtbarkeit       }
              FOR k:=1 TO Facets^.IndexF DO
                IF (relevant AND (Facets^.LinF[k] = Lines_act))
                  THEN relevant := FALSE;
```

```
                    { Versuche, die Facette durch Vorabteststst auszuscheiden        }
                    { Geht das nicht, dann führe Verdecktest durch                   }
                    IF relevant THEN
                        BEGIN
                            Vorab_1 (object,aA,bA,aE,bE,relevant);
                            IF relevant THEN
                                BEGIN
                                    Vorab_2 (object,aA,bA,aE,bE,relevant);
                                    IF relevant THEN
                                        BEGIN
                                            Vorab_3 (object,aA,bA,aE,bE,relevant);
                                            IF relevant THEN
                                                BEGIN
                                                    Verdecktest
                                                    ( Object, Seg_List, List_Len,
                                                      aA, bA, aE, bE,
                                                      Lines_act^.LinV[1],Lines_act^.LinV[2],
                                                      relevant   );
                                                    IF (List_Len=0) AND NOT relevant
                                                      THEN sichtbar:=FALSE
                                                END
                                        END
                                END
                        END;

                    { Zeiger auf nächste Facette }
                    Facets := Facets^.next
                END;

        { zeichne sichtbare Teile der I-Kante }
        IF sichtbar THEN
        FOR j:=1 TO List_Len DO
            BEGIN
                u_1    := Seg_List [1,j];                      { Parameter des 1. Endpunktes    }
                u_2    := 1.0-u_1;
                xp1    := aA * u_2+aE * u_1;                   { 1. Endpunkt berechnen          }
                yp1    := bA * u_2+bE * u_1;
                u_1    := Seg_List [2,j];                      { Parameter des 2. Endpunktes    }
                u_2    := 1.0-u_1;
                xp2    := aA * u_2+aE * u_1;                   { 2. Endpunkt berechnen          }
                yp2    := bA * u_2+bE * u_1;
                IF (Abs(xp1-xp2) ≥ 0.000001)  OR  (Abs(yp1-yp2) ≥ 0.000001)
                  THEN  DLine (xp1,yp1,xp2,yp2)                { Segment zeichnen               }
            END;

        { Zeiger auf nächste aktuelle Kante }
        Lines_act := Lines_act^.next

    END { FOR-Schleife ueber alle Kanten }

END; { Hidden_General }
```

5.4 Darstellung von Flächen

Für Flächen, die durch eine Funktion $z = f(x,y)$ oder eine entsprechende Wertetabelle gegeben sind, stehen mehrere Darstellungsmetoden zur Verfügung, z.B.

- eine parallele Linienschar, die in der Fläche verläuft,
- ein Gitternetz, das in der Fläche liegt,
- Isolinien, die Punkte mit den selben z-Werten verbinden.

Wir betrachten hier eine Methode vom ersten Typ und gehen dazu von einem rechteckigen Definitionsbereich aus mit:

$$x_{min} \leq x \leq x_{max}$$
$$y_{min} \leq y \leq y_{max}$$

Das Verfahren zeichnet für eine diskrete Folge von y-Koordinaten:

$$y_0 = y_{min}, \quad y_1 = y_0 + delta\_y, \quad y_2 = y_0 + 2 * delta\_y, \quad ..... \quad , y_{max}$$

eine Schar von Kurven $z = f(x, y_k)$. Jede Kurve wird durch einen Polygonzug approximiert mit den Stützpunkten

$$x_0 = x_{min}, \quad x_1 = x_0 + delta\_x, \quad x_2 = x_0 + 2 * delta\_x, \quad ..... \quad , x_{max}$$

Dabei werden diejenigen Kurven zuerst gezeichnet, die für den Beobach ter "vorne" liegen. Da genau diese Teile der Fläche die später zu zeichnenden verdecken, muß sich das Verfahren den Bereich merken, in dem bereits gezeichnet wurde und an diesem alle später gezeichneten Kurven clippen.

Abbildung 5.11 zeigt die Grobstruktur dieses Verfahrens.

Eine Datenstruktur für die Darstellung von Flächen

Die für die Flächendarstellung relevanten Informationen sind in der Datenstruktur Rec_Surf zusammengefaßt:

```
Rec_Surf = RECORD
        { Vorgaben für die Berechnung der Fläche }
        xmin_max      : array_2R;       { Minima und Maxima für x-Werte          }
        ymin_max      : array_2R;       { Minima und Maxima für y-Werte          }
        zmin_max      : array_2R;       { Minima und Maxima für z-Werte          }
        fnct_index    : INTEGER;        { Index der darzustellenden Funktion     }

        { Vorgaben für die Darstellung der Fläche }
        Points_x      : INTEGER;        { Anzahl der Schritte in x-Richtung      }
        Points_y      : INTEGER;        { Anzahl der Schritte in y-Richtung      }
        Bx,By,Bz      : REAL;           { Beobachterposition                     }
        Q             : array_4_4R;     { Transformation ins Beobachtersystem    }

        { Beschreibung des Verdeckungsbereichs }
        Hide_low      : array_200R;     { Untergrenze d. verdeckten Bereichs     }
        Hide_high     : array_200R;     { Obergrenze des verdeckten Bereichs     }
        Hide_xmin     : REAL;           { minimale x-Koord. der projizierten Fläche }
```

```
        Hide_delta      : REAL;                  { Rasterschritt für die Grenzen:  ±1      }
        u,v,w           : REAL;                  { Koordinate des aktuellen Bildpunktes    }

        { Beschreibung des aktuellen Kurvensegments }
        Seg_x           : array_2R;              { x-Koordinaten der Endpunkte             }
        Seg_y           : array_2R;              { y-Koordinaten der Endpunkte             }
        Seg_i           : array_2I;              { Position der Endpunkte im Raster        }
        lage_attr       : array [1..2] OF lage;  { Lageattribute der Endpunkte             }
        old_y           : array_2R;              { alte Grenzen des Verdeckungsbereichs    }
    END;
```

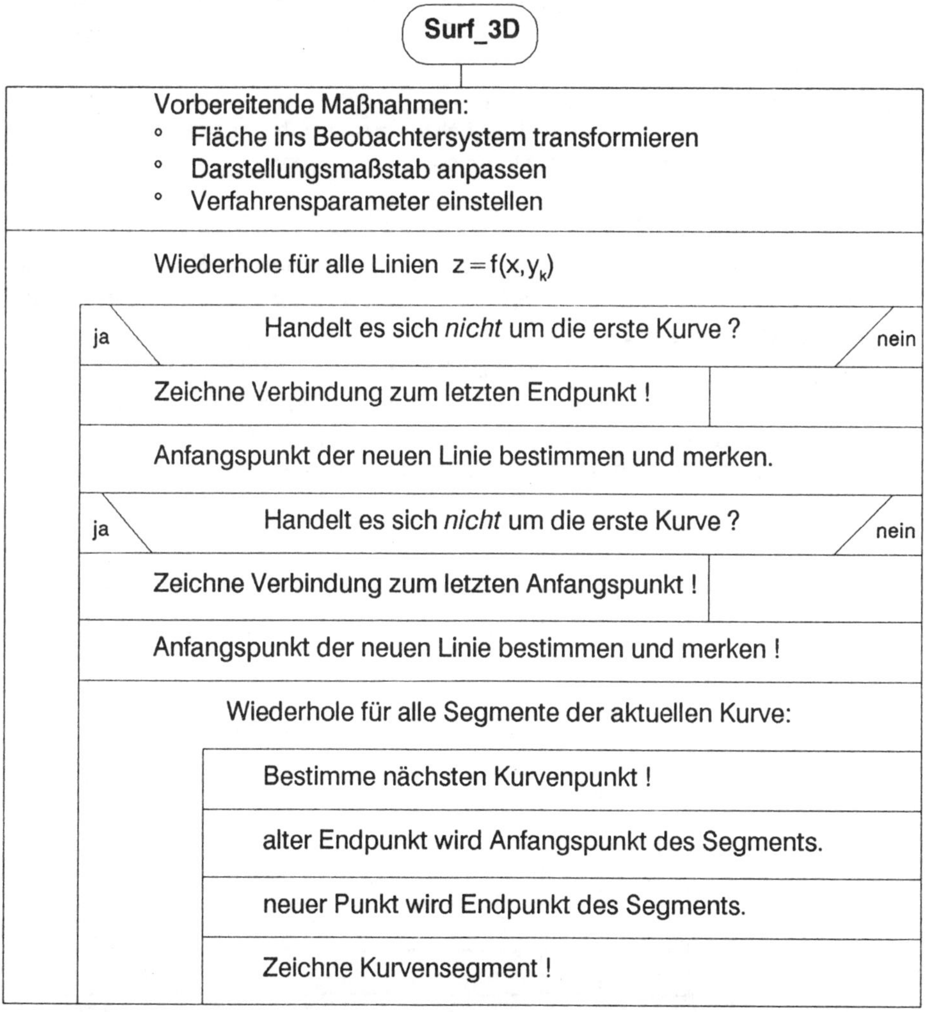

Abbildung 5.11: Grobablauf des Verfahrens zur Flächendarstellung

Vorbereitende Maßnahmen

Zu Beginn des Verfahrens werden einige Vorbereitungen getroffen:

- Da alle Kurvenpunkte vor der Darstellung ins Beobachtersystem transformiert werden müssen, wird die Matrix der Beobachter-Transformation vorab aufgestellt.
- Um das Window der Größe der dargestellten Fläche anzupassen, wird zunächst ein Quader generiert, der die Fläche vollständig umschließt. Dieser wird ins Beobachtersystem transformiert mit *SetUp_object*. Dann stellt die Prozedur *SetUP_Window* das Window so ein, daß es durch das Bild dieses Quaders ausgefüllt wird.
- Es werden die Startkoordinaten und die Schrittweiten für das Zeichnen der Fläche so eingestellt, daß vom Beobachter aus gesehen die Kurven von links nach rechts und von vorn nach hinten generiert werden.

Der Verdeckungsbereich

Die untere und obere Grenze des Verdeckungsbereichs wird durch zwei Polygonzüge beschrieben, die in den Feldern Hide_low und Hide_high gespeichert sind (siehe dazu Abbildung 5.12).

Das Stützpunkt-Raster besteht aus einer konstanten Anzahl numerierter Punkte. Es wird über den Bereich der x-Koordinaten gelegt, der die Fläche enthalten wird. Jedes neu gezeichnete Kurvensegment führt zu einer Ausdehnung des Verdekkungsbereichs, d.h. zu einer Modifikation der Felder Hide_low und Hide_high.

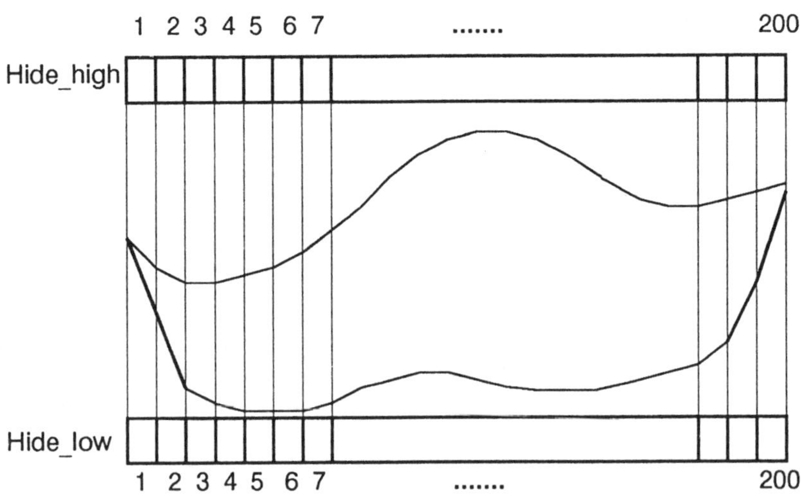

Abbildung 5.12: Grenzen des Verdeckungsbereiches

Bestimmen und Bewerten von Kurvenpunkten

Für jeden zu zeichnenden Kurvenpunkt werden die folgenden Maßnahmen von den Prozeduren *Evaluate_Point* und *Get_attribute* durchgeführt:

- Berechnen der Punkt-Koordinaten im Objektraum,
- Transformation des Punktes ins Beobachtersystem,
- Eintragen seiner Bildkoordinaten in die Variablen Seg_x[k] und Seg_y[k],
- Eintragen seiner Position im Raster des Verdeckungspolygons in die Variable Seg_i[k],
- Bestimmen seiner Lage relativ zum Verdeckungsbereich und Eintragen des Lageattributs in die Variable lage_attr[k].

Dabei ist der Index $k=2$ stets dem aktuellen Punkt als Endpunkt des Kurvensegments zugeordnet und $k=1$ seinem Vorgänger als Anfangspunkt.

Zeichnen von Kurvensegmenten

Ein mit *Draw_next* zu zeichnendes Kurvensegment wird charakterisiert durch:

- Die x- und y-Koordinaten seines Anfangs- und seines Endpunktes: Diese werden mit *Evaluate_Point* in den Variablen Seg_x[k] und Seg_y[k] bereitgestellt.
- Die Lage-Attribute dieser beiden Punkte, die angeben, ob sie über, im oder unter dem Verdeckungsbereich liegen: Diese werden mit *Get_attribute* bestimmt.
- Die Grenzen des Verdeckungsbereiches an der Position der beiden Endpunkte vor seiner Modifikation durch das neue Kurvensegment: Diese Grenzen werden in Sonderfällen für das Clippen des Kurvensegments benötigt und von *Get_attribute* gespeichert.

Liegt das Kurvensegment ganz über oder ganz unter dem Verdeckungsbereich, so wird es mit der Prozedur *Show_all* gezeichnet. Dabei werden die folgenden Aktionen durchgeführt:

- Die Stützpunkte der nächstliegenden Grenzkurve werden auf das Niveau des Grenzpolygons verschoben.
- Das Kurvensegment wird vollständig gezeichnet.

Clippen von Kurvensegmenten

Falls ein Kurvensegment eine Grenzkurve schneidet, dann muß man seinen Anfang oder sein Ende wegclippen. Dies führen die Prozeduren *Show_first* bzw. *Show_last* durch. Wir beschreiben hier nur den Fall, daß ein Anfangsstück wegzuclippen ist, wie dies die Abbildung 5.13 zeigt:

- Die Endpunkte des Kurvensegments $\mathbf{Q}_1$ und $\mathbf{Q}_2$ haben die Bildkoordinaten (Seg_x[1],Seg_y[1]) und (Seg_x[2],Seg_y[2]) und die Positionen Seg_i[2] bzw. Seg_i[2] im Raster des Grenzpolygons.

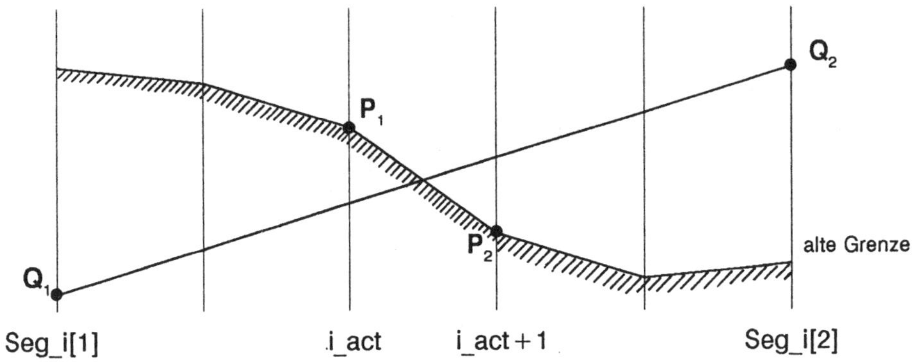

Abbildung 5.13: Clippen am Verdeckungsbereich

° Das Kurvensegment schneidet das Grenzpolygon in einem Rasterintervall mit den Polygonpunkten $\mathbf{P}_1$ und $\mathbf{P}_2$, die auf den beiden Rasterpositionen i_act und next_x ≡ i_act+1 liegen.

Den Schnittpunkt bestimmen wir aus der Parameterdarstellung der beiden Geradengleichungen:

$$\begin{aligned} \mathbf{g}_1(s) &= \mathbf{P}_1 + s * (\mathbf{P}_2 - \mathbf{P}_1) = 0 \\ \mathbf{g}_2(t) &= \mathbf{Q}_1 + t * (\mathbf{Q}_2 - \mathbf{Q}_1) = 0 \end{aligned}$$

Für den Schnittpunkt sind beide Gleichungen erfüllt, d.h. es gibt Parameter s und t, für die gilt:

$$\mathbf{P}_1 + s * (\mathbf{P}_2 - \mathbf{P}_1) = \mathbf{Q}_1 + t * (\mathbf{Q}_2 - \mathbf{Q}_1) = 0$$

Aus den Komponentendarstellungen dieser Gleichungen:

$$\begin{aligned} p_{1x} + s * (p_{2x} - p_{1x}) &= q_{1x} + t * (q_{2x} - q_{1x}) \\ p_{1y} + s * (p_{2y} - p_{1y}) &= q_{1y} + t * (q_{2y} - q_{1y}) \end{aligned}$$

eliminiert man s und erhält für den Schnittparameter t auf der Strecke $\overline{\mathbf{Q}_1\mathbf{Q}_2}$:

$$t = \frac{(p_{1x} - q_{1x}) * (p_{2y} - p_{1y}) - (p_{1y} - q_{1y}) * (p_{2x} - p_{1x})}{(q_{2x} - q_{1x}) * (p_{2y} - p_{1y}) - (q_{2y} - q_{1y}) * (p_{2x} - p_{1x})}$$

Für den betrachteten Schnittfall gilt:

p_{1x}	= i_act	q_{1x}	= Seg_i[1]
p_{1y}	= yhi_lo1	q_{1y}	= Seg_y[1]
p_{2x}	= next_x	q_{2x}	= Seg_i[2]
p_{2y}	= yhi_lo2	q_{2y}	= Seg_y[2]

Damit erhalten wir zunächst den Nennerterm D und dann t :

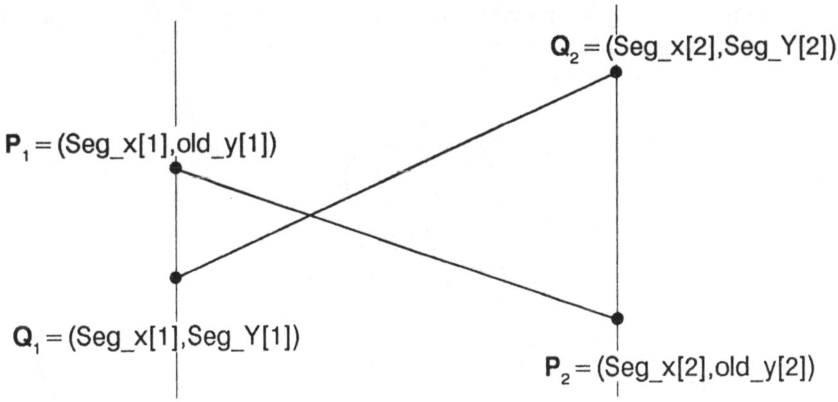

Abbildung 5.14: Sonderfall für das Clippen am Verdeckungsbereich

$$D = (\text{Seg\_i}[2] - \text{Seg\_i}[1]) * (\text{yhi\_lo2} - \text{yhi\_lo1}) - (\text{Seg\_y}[2] - \text{Seg\_y}[1]) * (\text{next\_x} - \text{i\_act})$$

$$t = (\,(\text{i\_act} - \text{Seg\_i}[1]) * (\text{yhi\_lo2} - \text{yhi\_lo1}) - (\text{yhi\_lo1} - \text{Seg\_y}[1]) * (\text{next\_x} - \text{i\_act})) \,/\, D$$

Ein Sonderfall liegt vor, wenn die Punkte $\mathbf{P}_1$ und $\mathbf{P}_2$ auf die gleiche Indexposition des Rasters der Grenzkurven fallen. Wie Abbildung 5.14 zeigt, arbeiten wir in diesem Fall mit den x-Koordinaten des Bildes.

Das Segment $\overline{\mathbf{Q}_1\mathbf{Q}_2}$ schneiden wir an der alten Grenze des Verdeckungsbereiches mit den Endpunkten $\mathbf{P}_1$ und $\mathbf{P}_2$.

Für diese Situation haben wir mit den obigen Bezeichnungen:

p_{1x}	= Seg_x[1]	q_{1x}	= Seg_x[1]
p_{1y}	= old_y[1]	q_{1y}	= Seg_y[1]
p_{2x}	= Seg_x[2]	q_{2x}	= Seg_x[2]
p_{2y}	= old_y[2]	q_{2y}	= Seg_y[2]

Daraus ergibt sich für den Nennerterm D und den Schnittparameter t:

$$D = (\text{Seg\_x}[2] - \text{Seg\_x}[1]) * (\text{old\_y}[2] - \text{old\_y}[1]) - (\text{Seg\_y}[2] - \text{Seg\_y}[1]) * (\text{Seg\_x}[2] - \text{Seg\_x}[1])$$

$$t = -(\text{old\_y}[1] - \text{Seg\_y}[1]) * (\text{Seg\_x}[2] - \text{Seg\_x}[1]) \,/\, D$$

Falls der Nennerterm den Wert 0 hat, so haben Kurvensegment und Grenzpolygon die gleiche Steigung, so daß in diesem Fall die Strecke $\overline{\mathbf{Q}_1\mathbf{Q}_2}$ ganz gezeichnet werden kann.

Die Abbildung 5.15 zeigt eine Fläche, die mit diesem Verfahren dargestellt wurde. Eine Implementierung des Verfahrens findet man in den nachfolgenden PASCAL-Modulen.

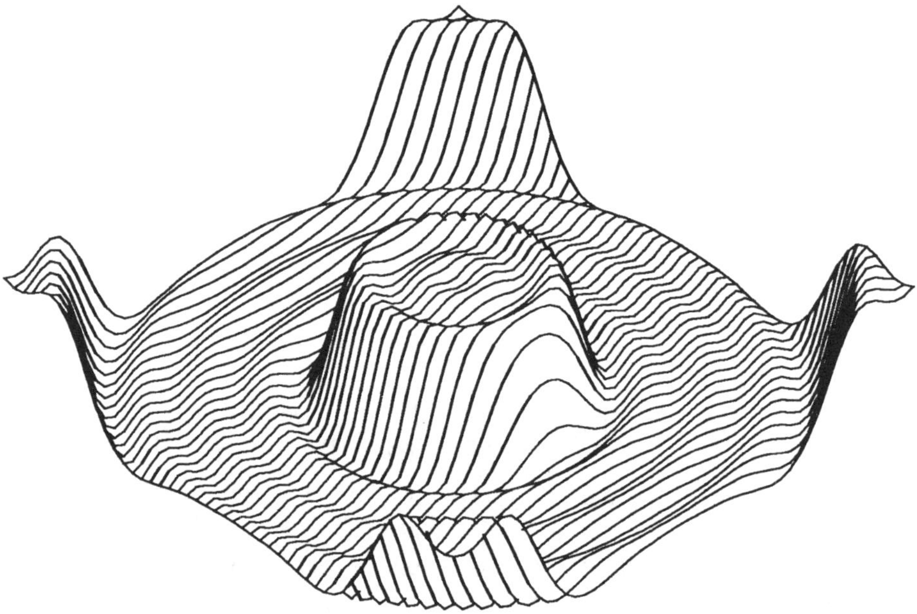

Abbildung 5.15: Darstellung einer 3D-Fläche

Prozedur Show_all

Die Prozedur Show_all zeichnet ein vollständig sichbares Segment der aktuellen Linie und aktualisert gleichzeitig die Grenzen des sichtbaren Bereichs.

```
PROCEDURE Show_all ( VAR surface : Rec_Surf );

VAR  i        : INTEGER;     { Indexposition im Verdeckungsereich          }
     delta_i  : INTEGER;     { Teilbereich für aktuelles Liniensegment     }
     i_step   : INTEGER;     { Schrittweite = 1                            }
     delta_y  : REAL;        { Differenz der v-Koord. des akt. Linienseg.  }
     y_act    : REAL;        { aktuelle v-Koordinate für die Linie         }

BEGIN
   WITH surface DO
      BEGIN
         { Falls die Indexpositionen des Anfangs- und Endpunktes   }
         { verschieden sind, wird der Verdeckungsbereich aktualisiert }
         delta_i := Seg_i [2] — Seg_i [1];
         IF delta_i < > 0 THEN
```

```
            BEGIN  { Liniensegment verläuft nicht horizontal }

               { Steigung des Liniensegments und Richtung }
               delta_y := (Seg_y[2] - Seg_y[1]) / Abs(delta_i);
               i_step  :=  Signum_I (delta_i);

               { y-Koordinate und Indexposition des Anfangspunktes }
               y_act   := Seg_y[1];

               { Indexposition des nächsten Punktes }
               i := Seg_i[1] + i_step;

               { positive Zeichenrichtung }
               IF i_step ≥ 0  THEN WHILE  i ≤ (Seg_i[2] - i_step)  DO
                  BEGIN
                     y_act := y_act + delta_y;
                     IF Hide_low [i] <> 0.0
                        THEN      IF lage_attr[1] = above
                                     THEN Hide_high[i] := y_act
                                     ELSE Hide_low [i]  := y_act
                        ELSE      BEGIN
                                     Hide_low [i]       := y_act;
                                     Hide_high [i]      := y_act
                                  END;
                     i := i + i_step
                  END

               { negative Zeichenrichtung }
               ELSE WHILE i ≥ (Seg_i[2] - i_step)  DO
                  BEGIN
                     y_act := y_act + delta_y;
                     { Verdeckungsbereich aktualisieren }
                     IF Hide_low [i] <> 0.0
                        THEN IF lage_attr[1] = above
                                  THEN  Hide_high[i]    := y_act
                                  ELSE  Hide_low [i]    := y_act
                        ELSE      BEGIN
                                     Hide_low [i]       := y_act;
                                     Hide_high [i]      := y_act
                                  END;

                     { Weiter mit nächstem Zwischenpunkt }
                     i := i+i_step
                  END
            END { IF delta_i <> 0 } ;

         { Ausgabe des aktuellen Teilstücks }
         DLine (Seg_x[1], Seg_y[1], Seg_x[2], Seg_y[2]);

      END { WITH }

   END; { Show_all }
```

Prozedur Show_last

Die Prozedur Show_last zeichnet das Endstück eines teilweise sichtbaren Liniensegments. Die Schnittpunkte mit den Grenzen des verdeckten Bereichs werden ermittelt und seine Grenzen werden aktualisiert.

```
PROCEDURE   Show_last   ( VAR surface : Rec_Surf );

VAR   i        : INTEGER;         { Indexposition im Verdeckungsbereich              }
      delta_i  : INTEGER;         { Größe des Teilbereichs für aktuelles Liniensegm. }
      i_act    : INTEGER;         { aktuelle Position im Hide-Bereich                }
      i_step   : INTEGER;         { Schrittweite = 1                                 }
      delta_x  : REAL;            { x-Zuwachs pro delta_i - Schritt                  }
      delta_y  : REAL;            { y-Zuwachs pro delta_i - Schritt                  }
      y_act    : REAL;            { y-Wert des aktuellen Punktes auf dem Segments    }
      yhi_lo1  : REAL;            { 1. Hide-Grenze an der Schnittstelle              }
      yhi_lo2  : REAL;            { 2. Hide-Grenze an der Schnittstelle              }
      part_x   : array_2R;        { sichtbares Ende des aktuellen Liniensegments     }
      part_y   : array_2R;        { sichtbares Ende des aktuellen Liniensegments     }
      next_x   : INTEGER;         { x-Position des gesuchten Anfangspunkts           }
      next_y   : REAL;            { y-Koordinate des gesuchten Anfangspunkts         }
      D        : REAL;            { Diskriminante des Schnittpunkt                   }
      t        : REAL;            { Parameter des Schnittp. mit dem Hide-Bereic h    }

BEGIN
   WITH surface DO
      BEGIN
         delta_i     := Seg_i[2] − Seg_i[1];     { Gesamtdiff. der Indexpositionen }
         part_x [2]  := Seg_x [2];               { x-Koord. des Segment-Endes      }
         part_y [2]  := Seg_y [2];               { y-Koord. des Segment-Endes      }

         { Linie im Hide-Raster auf mehrere Abschnitte verteilt }
         IF delta_i < > 0 THEN
            BEGIN
               { Zuwachs pro Abschnitt des Hidden-Rasters }
               delta_x   := − (Seg_x[2] − Seg_x[1]) / Abs(delta_i);
               delta_y   := − (Seg_y[2] − Seg_y[1]) / Abs(delta_i);
               y_act     := Seg_y[2] + delta_y;
               i_step    := Signum_I (delta_i);  { Elementarschritt für Ausgabe    }
               i_act     := Seg_i[2] − i_step;   { Position des letzten sichtbaren }
                                                 { Punktes auf der Linie           }
               next_x := Seg_i[2];               { Startposition f.d. Suche einstellen}
               next_y := Seg_y[2];
               yhi_lo2 := old_y[2];              { alte Grenze                     }

               { Der sichtbare Endpunkt liegt oberhalb }
               IF lage_attr[2] = above  THEN
```

```
BEGIN
    { Suche solange noch keine Grenze definiert ist oder        }
    { die Linie noch über der Obergrenze liegt, aber            }
    { höchstens bis zum Anfangspunkt des Liniensegments         }
      WHILE ( ( (Hide_low [i_act] = 0.0) OR (Hide_high[i_act] < y_act) )
              AND (i_act < > Seg_i[1]) ) DO
        BEGIN
          { Zweite Hide-Grenze merken }
          IF next_x < > Seg_i[2] THEN yhi_lo2 : = Hide_high[i_act];

          { Falls für i_act schon Hide-Bereich existiert }
          IF Hide_low[i_act] < > 0.0       THEN
             BEGIN { akt. Punkt ist evtl. Endpunkt }
               next_x                 : = i_act;
               next_y                 : = y_act;
               Hide_high [i_act]      : = y_act
             END

          { Falls für i_act kein Hide-Bereich existiert }
          ELSE
             BEGIN
               Hide_high [i_act]      : = y_act;
               Hide_low  [i_act]      : = y_act
             END;

          { Linie um einen Elementarschritt verlängern }
          y_act    : = y_act + delta_y;
          i_act    : = i_act -- i_step
        END { WHILE };

      { erste Hide-Grenze merken }
      yhi_lo1 : = Hide_high [i_act]
END

{ der sichtbare Endpunkt liegt unterhalb }
ELSE   BEGIN
          { Suche solange noch keine Grenze definiert ist oder        }
          { die Linie noch unter der Obergrenze liegt, aber           }
          { höchstens bis zum Anfangspunkt des Liniensegments         }
          WHILE (  ( (Hide_low [i_act] = 0.0) OR (Hide_low [i_act]  > y_act) )
                   AND (i_act < > Seg_i [1]) ) DO
            BEGIN
              { Zweite Hide-Grenze merken }
              IF next_x < > Seg_i[2] THEN  yhi_lo2 : = Hide_low[i_act];

              { Falls für i_act schon Hide-Bereich existiert }
              IF Hide_low [i_act] < > 0.0 THEN
                 BEGIN
                    next_x               : = i_act;
                    next_y               : = y_act;
                    Hide_low [i_act]     : = y_act
                 END
```

```
                        { Falls für i_act kein Hide-Bereich existiert }
                        ELSE      BEGIN
                                      Hide_high [i_act]   := y_act;
                                      Hide_low [i_act]    := y_act
                                  END;

                        { Linie um einen El.Schritt verlängern }
                        y_act        := y_act + delta_y;
                        i_act        := i_act - i_step
                    END { WHILE };

                { Erste Hide_Grenze merken }
                yhi_lo1 := Hide_low [i_act]
            END { ELSE };

        { Verlaufen Grenze des Hide-Bereichs und Linie parallel ? }
        D := (Seg_i[2] - Seg_i[1]) * yhi_lo2 - yhi_lo1)
                    - (Seg_y[2] - Seg_y[1]) * (next_x - i_act);

        { Nein; es liegt ein echter Schnittpunkt vor }
        IF Abs (D) > 0.00001
          THEN      BEGIN
                        { Parameter t des Schnittpunkts ermitteln }
                        t := + ((i_act - Seg_i[1]) * (yhi_lo2 - yhi_lo1)
                                  - (yhi_lo1 - Seg_y[1]) * (next_x - i_act))/D;
                        IF t < 0.0   THEN  t := 0.0
                                     ELSE IF t > 1.0 THEN t := 0.0;

                        { Schnittpunkt-Koordinate berechnen }
                        part_x[1]   := Seg_x[1] + t * (Seg_x[2] - Seg_x[1]);
                        part_y[1]   := Seg_y[1] + t * (Seg_y[2] - Seg_y[1])
                    END

        { Es liegt kein Schnittpunkt vor }
          ELSE      BEGIN
                        part_x[1]   := Seg_x[2];
                        part_y[1]   := Seg_y[2]
                    END
        END { IF delta_i <> 0 }

    { Linie im Hidden-Raster auf derselben x-Koordinate }
    ELSE      BEGIN { jetzt ist delti_i = 0 }
                  { Linie schneidet alte Hide-Grenze und wird an ihr geschnitten }
                  IF ((lage_attr[2] = above) AND (old_y [2] > Seg_y[1])) OR
                     ((lage_attr[2] = below) AND (old_y [2] < Seg_y[1])) THEN
                     BEGIN
                        D := (Seg_x[2] - Seg_x[1]) * (old_y[2] - old_y[1])
                               - (Seg_y[2] - Seg_y[1]) * (Seg_x[2] - Seg_x[1]);
                        IF Abs (D) > 0.00001 THEN
                            BEGIN
                               { Parameter t des Schnittpunkts ermitteln }
                               t := - (old_y[1] - Seg_y[1])
                                          * (Seg_x[2] - Seg_x[1]) / D;
```

```
                        IF t < 0.0        THEN t := 0.0
                                          ELSE IF t > 1.0 THEN t := 1.0;

                        { Schnittpunkt-Koord. berechnen }
                        part_x[1] := Seg_x[1]+t * (Seg_x[2] - Seg_x[1]);
                        part_y[1] := Seg_y[1]+t * (Seg_y[2] - Seg_y[1])
                      END
                  END

              { Linie ist ganz sichtbar, da der zweite Endpunkt zwischen}
              { dem ersten Endpunkt und der alten Grenze liegt. }
              ELSE   BEGIN
                      part_x [1]          := Seg_x  [1];
                      part_y [1]          := Seg_y  [1];
                      lage_attr[1]        := lage_attr[2];
                      old_y [1]           := old_y [2]
                    END;
          END; { delta_i = 0 }

      { Ausgabe der Linie }
      DLine (part_x[1], part_y[1], part_x[2], part_y[2]);
    END;{ WITH }
  END;
```

Prozedur Show_first

Die Prozedur Show_first zeichnet das Anfangsstück eines teilweise sichtbaren Liniensegments. Die Schnittpunkte mit den Grenzen des verdeckten Bereichs werden ermittelt und seine Grenzen werden aktualisiert.

Da man dabei ganz analog zur Prozedur Show_last vorgeht, wird auf eine explizite Angabe der Prozedur an dieser Stelle verzichtet.

Prozedur Draw_next

Die Prozedur Draw_next untersucht den Typ des nächsten, auszugebenden Liniensegments und ruft zur Ausgabe die Prozeduren Show_all, Show_last bzw. Show_first auf.

```
PROCEDURE Draw_next ( VAR surface : Rec_Surf );

BEGIN
  WITH surface DO
    BEGIN
      { Lageattribut für neue Punkte definieren }
      IF (lage_attr[1] = new) AND (lage_attr[2] <> between )
        THEN lage_attr[1] := lage_attr[2]
        ELSE IF lage_attr[1] = new  THEN lage_attr[1] := above;
      IF (lage_attr[2] = new) AND (lage_attr[1] <> between)
        THEN  lage_attr[2]      := lage_attr[1]
        ELSE IF lage_attr[2] = new THEN lage_attr[2] := above;
```

```
                { beide Punkte sind neu }
                IF (lage_attr[1] = new) AND (lage_attr[2] = new)
                THEN   BEGIN
                          lage_attr[1] := above;
                          lage_attr[2] := above
                       END;

                { Liniensegment zur Ausgabe weiterreichen }
                IF (lage_attr[1] = between) AND (lage_attr[2] = between)
                  THEN { keine Ausgabe }
                  ELSE IF ((lage_attr[1]=lage_attr[2]) AND (lage_attr[1] IN [above,below]) )
                    THEN  Show_all (surface)
                     ELSE IF lage_attr[1] = between
                              THEN Show_last (surface)
                              ELSE IF lage_attr[2] = between
                                        THEN  Show_first (surface)
                                        ELSE      BEGIN
                                                     Show_first (surface);
                                                     Show_last  (surface)
                                                  END
         END{ WITH }
   END;
```

Prozedur Get_attribute

Es werden die Lageattribute eines Punktes relativ zum verdeckten Bereich bestimmt:

- above : oberhalb des verdeckten Bereichs
- between : im verdeckten Bereich
- below : unterhalb des verdeckten Bereichs
- new : für diesen x-Wert gibt es noch keine Punkte

```
PROCEDURE Get_attribute

( index          : INTEGER;           { Indexposition des Punktes in den Hidden-Feldern }
  VAR surface    : Rec_Surf );        { darzustellende Fläche                           }

BEGIN { Get_attribute }
    WITH surface DO
       BEGIN
           { Hidden-Control-Flag Bestimmen }
           lage_attr[2] := between;
           IF Hide_low[index] <>  0.0 THEN
               BEGIN{ für diesen Index exist. schon ein Bereich }
                   IF Hide_low[index] ≥ Seg_y[2]
                   THEN{ Punkt liegt unterhalb }
                       BEGIN
                           old_y[2]            := Hide_low[index];
                           Hide_low[index]     := Seg_y[2];
                           lage_attr[2]        := below
                       END
```

```
                    ELSE IF Hide_high[index] ≤ Seg_y[2]
                            THEN { Punkt liegt oberhalb }
                               BEGIN
                                 old_y[2]               := Hide_high [index];
                                 Hide_high[index]       := Seg_y[2];
                                 lage_attr[2]           := above
                               END
               END
            ELSE    BEGIN { für d. Index gibt es noch keinen Bereich }
                    old_y[2]           := Seg_y[2];         { alte Grenze retten      }
                    Hide_low[index]    := Seg_y[2];         { neue Untergrenze        }
                    Hide_high[index]   := Seg_y[2];         { neue Obergrenze         }
                    lage_attr[2]       := new               { Lageattribut            }
                 END
            END { WITH }
       END { Get_attribute };
```

Prozedur Evaluate_Point

Der aktuelle Punkt der Fläche wird ins Beobachtersystem transformiert und es werden die Sichtbarkeitsattribute bestimmt.

```
PROCEDURE Evaluate_Point ( VAR surface : Rec_Surf );

     BEGIN
        WITH surface DO
          BEGIN
             { Transformation ins Beobachtersystem }
             Transf_3D (u,v,w, Q);

             { 2D-Werte in die Datenstruktur der Fläche eintragen }
             Seg_x [2] := u;
             Seg_y [2] := v;

             { Hide-Parameter für diese Position bestimmen }
             Seg_i[2] := Round ((u — Hide_xmin) / Hide_delta) + 1;
             Get_attribute (Seg_i[2], surface)
          END
     END;
```

Prozedur Surf_3D

Die Prozedur Surf_3D bildet den Rahmen für das Darstellungsverfahren. Sie transformiert die Fläche ins Beobachtersystem, paßt den Darstellungsmaßstab an und steuert den globalen Ablauf des Verfahrens.

```
PROCEDURE Surf_3D ( surface : Rec_surf );

VAR   object          : Rec_Obj;          { Quader, der die Fläche enthält          }
      ix, iy, iz      : INTEGER;          { Indizes für Eckpunkte des Quaders       }
      P1, P2          : Ptr_Verts;        { Zeiger auf Eckpunkte des Quaders        }
      x_direction     : direction;        { x-Richtung der Fläche                   }
      y_direction     : direction;        { y-Richtung der Fläche                   }
      x_act,y_act     : REAL;             { aktuelle Parameter der Flächenfkt.      }
      delta_x         : REAL;             { Schrittweite in x-Richtung              }
      delta_y         : REAL;             { Schrittweite in y-Richtung              }
      Start_i         : INTEGER;          { Index des Lin.anfangs im Verd.ber.      }
      Start_x         : REAL;             { x-Koord. des Linienanfangs              }
      Start_y         : REAL;             { y-Koord. des Linienanfangs              }
      x_min           : REAL;             { minimale x-Koordinate der Fläche        }
      x_max           : REAL;             { minimale x-Koordinate der Fläche        }
      lage_Start      : lage;             { Lageattribut des 1. Punkts einer Linie  }
      save_lage       : lage;
      start_old_y     : REAL;             { neuer y-Wert des Startpunktes           }
      index           : INTEGER;          { allg. Laufvariable                      }

BEGIN
  WITH surface, object DO
    BEGIN
      { Beobachtertransformation berechnen }
      object.ppd      := 50.0;       { Abstand Beobachter - Projektionsfläche      }
      object.Dist     := 50.0;       { Abstand Beobachter - Nullpunkt              }
      Observe (Q,Bx,By,Bz);

      { Minimalen und maximalen Funktionswert bestimmen }
      x_act          := xmin_max[1];
      y_act          := ymin_max[1];
      delta_x        := (xmin_max[2] - xmin_max[1]) / (Points_x - 1);
      delta_y        := (ymin_max[2] - ymin_max[1]) / (Points_y - 1);
      zmin_max[1]    := Surf (fnct_index, x_act, y_act);
      zmin_max[2]    := zmin_max[1];
      WHILE y_act < ymin_max[2] DO
        BEGIN
            y_act  := y_act+delta_y;
            x_act  := xmin_max[1];
            WHILE x_act < xmin_max[2] DO
              BEGIN
                x_act       := x_act + delta_x;
                w           := Surf(fnct_index, x_act, y_act);
                IF  w < zmin_max[1]      THEN zmin_max[1] := w
                                         ELSE IF w > zmin_max[2]
                                                   THEN zmin_max[2] := w;
              END;
        END;
```

```
{ Window der Flächengröße anpassen }
nov     := 8;                                { Anzahl der Quader-Eckpunkte      }
P1      := Addr (Verts_Top);                 { Auf Anker der Punktliste zeigen  }
FOR index:= 0 TO 7 DO
  BEGIN
      ix            := (Trunc(index/4) mod 2)+1; { Indizes der Eckkoordinate}
      iy            := (Trunc(index/2) mod 2)+1;
      iz            := (index mod 2) + 1;
      New (verts);                           { Neuen Eckpunkt erzeugen          }
      Verts^.x      := xmin_max[ix];         { Eckpunktkoord. eintragen         }
      Verts^.y      := ymin_max[iy];
      Verts^.z      := zmin_max[iz];
      Verts^.next   := nil;                  { Vorw.zeig. noch nicht def        }
      IF index=0    THEN Verts_Top := Verts { Neuen Eckpunkt einketten          }
                    ELSE P1^.next := Verts;
      P1 := Verts;                           { Diese Ecke merken                }
  END;
SetUp_object (object,Q);                     { Ins Beob.system transformieren   }
SetUp_window (object);                       { Window der Fläche anpassen       }

{ Bestimme die x-Laufrichtung und x-Schrittweite }
P1      := object.verts_Top;                 { Eckpunkt mit minimalen Koord.    }
Get_Pointer (object,1,8);
P2      := object.verts;                            { Eckpunkt mit max. Koord.}
IF P1^.x ≤ P2^.x    THEN x_direction:= right
                    ELSE BEGIN
                              x_direction := left;
                              delta_x     := -delta_x
                         END;

{ Bestimme die y-Laufrichtung und y-Schrittweite }
IF P1^.y ≤ P2^.y    THEN y_direction:= right
                    ELSE  BEGIN
                              y_direction  := left;
                              delta_y      := -delta_y;
                          END;

{ Bestimme den Bereich der x-Koordinaten des Bildes }
x_min := P1^.x;
x_max := P1^.x;
WHILE P1^.next <> nil DO
  BEGIN
      P1 := P1^.next;
      IF P1^.x < x_min     THEN x_min := P1^.x
                           ELSE IF P1^.x > x_max THEN x_max := P1^.x;
  END;
Hide_xmin       := x_min;
Hide_delta      := (x_max - x_min)/199;
```

```
{ Initialisiere die Begrenzungslinien des sichtbaren Bereichs }
FOR index := 1 TO  200 DO  BEGIN
                                   Hide_low[index]    := 0.0;
                                   Hide_high [index]  := 0.0;
                           END;
Start_i := 0;              { Index des 1. sichtbaren Punktes noch unbekannt }

{ Schleife : Zeichne alle Linien der Fläche }
IF y_direction = right THEN y_act := ymin_max[1] ELSE y_act := ymin_max[2];
FOR index:= 1 TO Points_y DO
  BEGIN { Verbindung zum Endpunkt der alten Linie herstellen }
      IF index > 1 THEN
        BEGIN
              Seg_i [1]      := Seg_i [2];       { Endpunkt der alten Linie  }
              Seg_x [1]      := Seg_x [2];       { = Anfangspunkt der Verb}
              Seg_y [1]      := Seg_y [2];
              lage_attr[1]   := lage_attr[2];
              old_y[1]       := old_y [2];
              { verbinde Endpunkt der neuen Linie mit altem Anfangspunkt    }
              u              := x_act;
              v              := y_act;
              w              := Surf(fnct_index,u,v);
              Evaluate_Point (surface);
              Draw_next  (surface);              { Verbindung zeichnen      }
        END;

{ ersten Funktionswert bestimmen }
IF x_direction = right THEN x_act := xmin_max[1] ELSE x_act := xmin_max[2];
u := x_act;
v := y_act;
w := Surf(fnct_index,u,v);
Evaluate_Point (surface);                  { Punkt transformieren + bewerten}

{ Verbindung zum der Startpunkt der alten Linie herstellen }
IF index > 1 THEN
     BEGIN
         Seg_i [1]            := Start_i;     { Startpunkt der alten Linie      }
         Seg_x [1]            := Start_x;     { Anfangspunkt der Verbindung     }
         Seg_y [1]            := Start_y;
         lage_attr[1]         := lage_Start;
         old_y [1]            := start_old_y;
         save_lage            := lage_attr[2]; { Lageattribut des neuen Start-  }
                                               { punktes merken                 }
         Draw_next (surface);
         lage_attr [2] := save_lage;           { und wieder herstellen          }
     END;

{ Startpunkt merken für später }
Start_i       := Seg_i[2];{ Linienanfang merken }
Start_x       := Seg_x[2];
Start_y       := Seg_y[2];
lage_Start    := lage_attr[2];
start_old_y   := old_y [2];
```

```
        { Weitere Liniensegmente zeichnen }
        FOR ix: =2 TO Points_x DO
          BEGIN
               { nächsten Funktionswert ermitteln }
               x_act   := x_act + delta_x;
               u       := x_act;
               v       := y_act;
               w       := Surf(fnct_index,u,v);

               { Letzter Punkt ist Anfangspunkt des Segments }
               Seg_x[1]        := Seg_x [2];
               Seg_y[1]        := Seg_y [2];
               lage_attr[1]    := lage_attr[2];
               Seg_i[1]        := Seg_i [2];
               old_y[1]        := old_y [2];
               Evaluate_Point (surface);     { Punkt transformieren   und bewerten     }
               Draw_next (surface);          { Liniensegment zeichnen                 }
          END;

        { Weiter mit nächstem Liniensegment }
        y_act := y_act + delta_y;
    END         { FOR index = 1 TO Point_y };

  END { WITH }

END; { Surf_3D }
```

5.5 Aufgaben

1. Zum Warnock-Verfahren

Das Bild eines Quaders besteht aus den folgenden Facetten

$$F_1 = (p_1,p_2,p_3,p_4), \quad F_2 = (p_1,p_2,p_6,p_5),$$
$$F_3 = (p_2,p_3,p_7,p_6), \quad F_4 = (p_3,p_4,p_8,p_7),$$
$$F_5 = (p_4,p_1,p_5,p_8), \quad F_6 = (p_5,p_6,p_7,p_8):$$

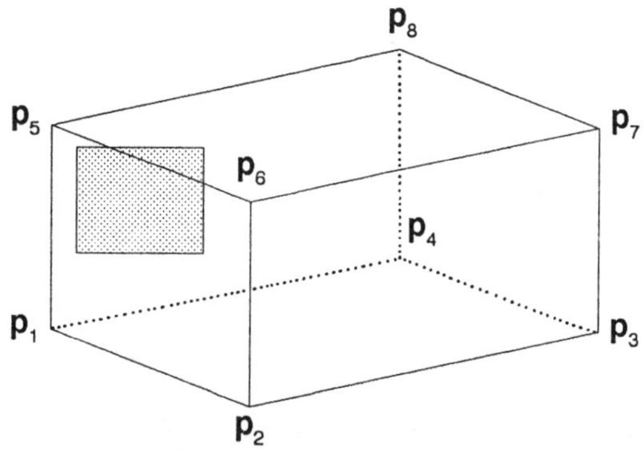

Klassifizieren Sie die Facetten gemäß dem Verfahren von Warnock in Bezug auf die in der Zeichnung hervorgehobene Zelle.

Welche Entscheidung trifft das Warnock-Verfahren über die Färbbarkeit der schraffierten Zelle und warum ?

Implementieren Sie das Warnock-Verfahren in PASCAL !

2. Zum Hidden-Line-Verfahren für konvexe Objekte

Das Hidden Line-Verfahren für konvexe Objekte setzt voraus, daß der Beobachter im Punkt $(0,0,-B_z)$ steht und der Nullpunkt im Innern des Objekts liegt.

Das Verfahren ist so zu modifizieren daß der Beobachter im Nullpunkt steht und das Objekt sich an einer beliebigen Position befindet.

3. Zum Hidden-Line-Verfahren für allgemeine Objekte

Das Hidden-Line-Verfahren für allgemeine Objekte ist so zu modifizieren, daß statt einer perspektivischen Projektion eine orthogonale Projektion durchgeführt wird.

Welche Modifikationen am Hidden-Line-Verfahren für allgemeine Objekte sind erfoderlich, wenn die Beschränkung auf Objekte mit konvexen Facetten wegfallen soll ? Erweitern Sie das Programm entsprechend !

6 Freiformkurven und -flächen

In der Regel besitzt die Oberfläche von Objekten keine analytische Beschreibung. Sie muß daher durch "einfache" Funktionen approximiert werden. Für die Wahl solcher Funktionen gelten die folgenden Gesichtspunkte:

- Die approximierenden Funktionen sollten in Parameterform angegeben werden. In diesem Fall kann man Kurven durch einfaches Einsetzen aufeinanderfolgender Parameterwerte in die approximierende Funktion berechnen. Dagegen erfordern implizite Darstellungen der approximierenden Funktion in der Regel die Auflösung eines nichtlinearen Gleichungssystems für jeden Kurven- bzw. Flächenpunkt.
- Die approximierenden Funktionen sollen leicht differenzierbar sein, damit die Berechnung von Tangenten, Krümmungen usw. einfach ist. Aus diesem Grund verwendet man meist Polynome.
- Da Polynome mit vielen Stützstellen einen hohen Grad besitzen und dann zum Oszillieren neigen, verwendet man zweckmäßig stückweise zusammengesetzte polynomiale Funktionen mit stetigen und glatten Übergängen. Ein vernünftiger Kompromiß sind Polynome dritten Grades. Damit lassen sich gute Approximationen bei geringer Welligkeit und nicht zu vielen Stützstellen erreichen.

Wir betrachten in diesem Kapitel Bezier- und Splinetechniken zur Approximation von Kurven und Flächen und gehen auf ihre charakteristischen Eigenschaften ein.

6.1 Allgemeine kubische parametrische Kurven

Ferguson machte zur Approximation von Kurven den folgenden Ansatz:

$$\mathbf{p}(u) = \mathbf{a}_0 + \mathbf{a}_1 * u + \mathbf{a}_2 * u^2 + \mathbf{a}_3 * u^3$$

Dabei sollte der Parameter u zwischen 0 und 1 variieren. Die Koeffizienten dieses Polynoms kann man bestimmen, wenn die Kurvenpunkte $\mathbf{p}(0)$ und $\mathbf{p}(1)$ sowie außerdem die Kurventangeten $\mathbf{p}'(0)$ und $\mathbf{p}'(1)$ in diesen beiden Punkten bekannt sind. Man erhält dann:

$$\begin{aligned}
\mathbf{p}(0) &= \mathbf{a}_0 \\
\mathbf{p}'(0) &= \mathbf{a}_1 \\
\mathbf{p}(1) &= \mathbf{a}_0 + \mathbf{a}_1 + \mathbf{a}_2 + \mathbf{a}_3 \\
\mathbf{p}'(1) &= \mathbf{a}_1 + 2 * \mathbf{a}_2 + 3 * \mathbf{a}_3
\end{aligned}$$

Daraus kann man die unbekannten Polynomkoeffizienten $\mathbf{a}_2$ und $\mathbf{a}_3$ ermitteln:

$$\mathbf{a}_2 = 3 * [\mathbf{p}(1) - \mathbf{p}(0)] - 2 * \mathbf{p}'(0) - \mathbf{p}'(1)$$

$$\mathbf{a}_3 = 2 * [\mathbf{p}(0) - \mathbf{p}(1)] + \mathbf{p}'(0) + \mathbf{p}'(1)$$

Setzt man diese Koeffizienten in den obigen Ansatz ein, so erhält man

$$\mathbf{p}(u) = \mathbf{p}(0) * [1 - 3u^2 + 2u^3] + \mathbf{p}(1) * [3u^2 - 2u^3] + \mathbf{p}'(0) * [u - 2u^2 + u^3] + \mathbf{p}'(1) * [-u^2 + u^3]$$

Damit läßt sich die approximierende Kurve **p**(u) vollständig spezifizieren durch ihre Anfangs- und Endpunkte sowie durch die Kurvenrichtung in diesen Punkten. Nachteilig dabei ist, daß zur Spezifikation approximierender Polynome Tangentensteigungen verlangt werden, die sich in der Praxis nur schlecht ermitteln lassen und deren Einfluß auf den Kurvenverlauf nicht immer offensichtlich ist.

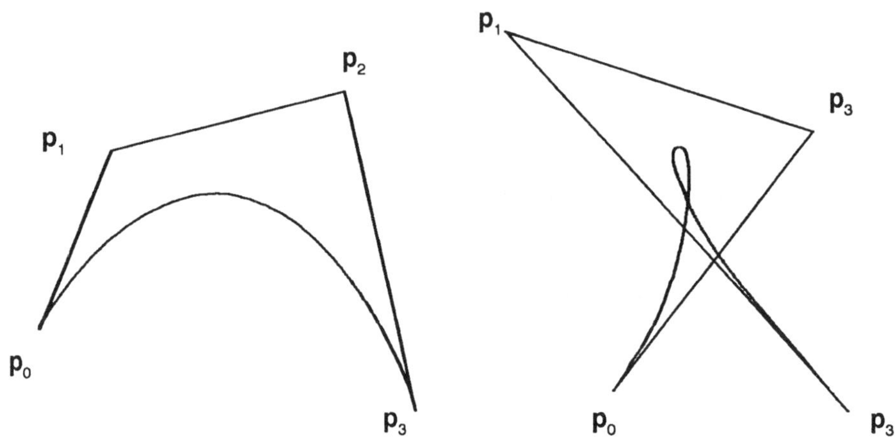

Abbildung 6.1: Einfache Bezierkurven dritten Grades

6.2 Bezier-Kurven

Bezier hat den Ferguson'schen Ansatz so modifiziert, daß er für konstruktive Anwendungen leichter handhabbar wird. Wir stellen die Grundidee von Bezier zunächst mit Polynomen dritten Grades vor und verallgemeinern sie anschließend auf Polynome höherer Grade.

Zur Spezifikation eines Bezierpolynoms dritten Grades gibt man zunächst die Endpunkte $\mathbf{p}_0 = \mathbf{p}(0)$ und $\mathbf{p}_3 = \mathbf{p}(1)$ vor (siehe Abbildung 6.1) .

Den Verlauf der Kurve zwischen den Endpunkten kann man über zwei weitere *Führungspunkte* $\mathbf{p}_1$ und $\mathbf{p}_2$ beeinflussen. Ersetzt man im Fergusonschen Ansatz die Kurvensteigungen $\mathbf{p}'(0)$ und $\mathbf{p}'(1)$ in den Endpunkten durch die Richtung der Strecken $3 * (\mathbf{p}_1 - \mathbf{p}_0)$ bzw. $3 * (\mathbf{p}_3 - \mathbf{p}_2)$, so erhält man die folgende Kurve:

$$\mathbf{p}(u) = (1-u)^3 * \mathbf{p}_0 + 3(1-u)^2u * \mathbf{p}_1 + 3(1-u)u^2 * \mathbf{p}_2 + u^3 * \mathbf{p}_3$$

Diesen Ansatz kann man ausdehnen auf (N + 1) Führungspunkte:

$$\mathbf{p}_0, \mathbf{p}_1, \mathbf{p}_2, \ldots\ldots, \mathbf{p}_N$$

und erhält damit ein Polynom N-ten Grades:

$$\mathbf{p}(t) = \sum_{i=0}^{N} B_{i,N}(t) * \mathbf{p}_i$$

mit

$$B_{i,N}(t) = \binom{N}{i} t^i (1-t)^{N-i}$$

Der Kurvenparameter t läuft wieder von 0 bis 1. Wir betrachten nun einige charakteristische Eigenschaften von Bezierkurven:

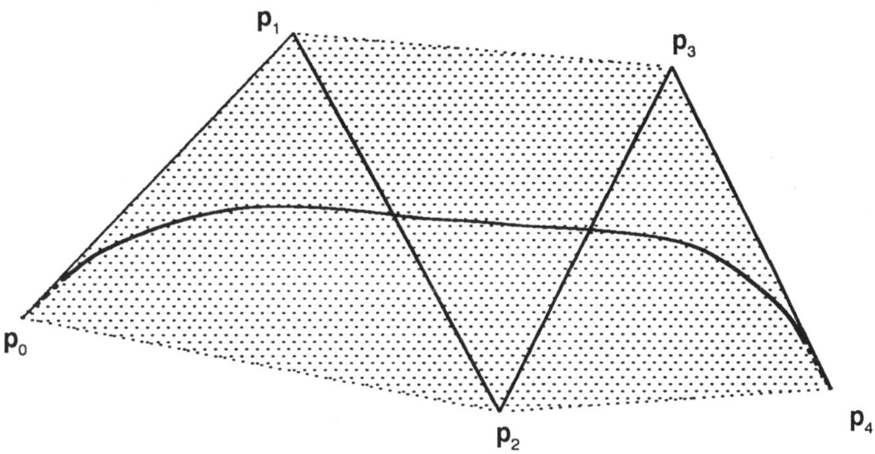

Abbildung 6.2: Konvexe Hüllen-Eigenschaft von Bezierkurven

Die konvexe Hüllen-Eigenschaft

Nach dem Binomialsatz ist

$$1 = [t + (1-t)]^N = \sum \binom{N}{i} t^i (1-t)^{N-i}$$

Also ist für jeden Parameterwert t zwischen 0 und 1 :

$$1 = \sum_{i=0}^{N} B_{i,N}(t)$$

Die angegebene Kurve $\mathbf{p}(t)$ verläuft also ganz in der konvexen Hülle ihrer Führungspunkte (siehe Abbildung 6.2).

Die Gewichtsfunktionen $B_{i,N}(t)$

Je nach dem Wert des Parameters t verleiht der Koeffizient $B_{i,N}(t)$ dem Führungspunkt $\mathbf{p}_i$ ein unterschiedliches Gewicht. Interessant sind die folgenden Situationen:

- Für $t=0$ verschwinden alle Gewichtsfunktionen $B_{i,N}(0)$ mit Ausnahme von $B_{0,N}(0)$. Das bedeutet $\mathbf{p}(0) = \mathbf{p}_0$.
- Für $t=1$ verschwinden alle Gewichtsfunktionen $B_{i,N}(1)$ mit Ausnahme von $B_{1,N}(1)$. Das bedeutet $\mathbf{p}(1) = \mathbf{p}_N$.
- Für $t=k/N$ besitzt die Gewichtsfunktion $B_{k,N}(t)$ ein lokales Maximum.

Daher trägt für diesen Wert der Führungspunkt $\mathbf{p}_k$ am stärksten zum Kurvenverlauf bei. Abbildung 6.3 zeigt den Verlauf einiger typischer Gewichtsfunktionen.

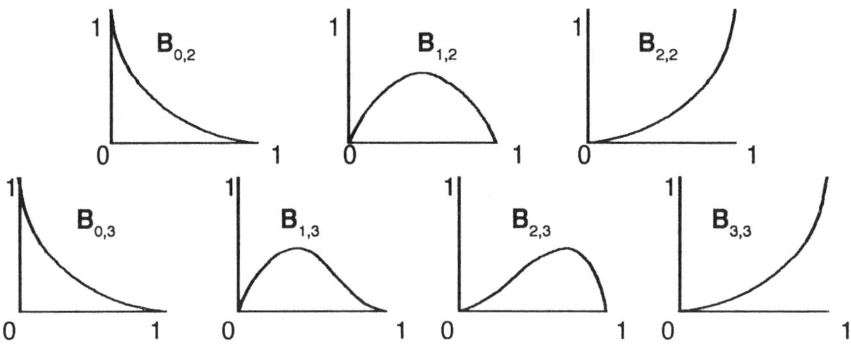

Abbildung 6.3: Gewichtsfunktionen $B_{i,N}(t)$ für $N=2$ und $N=3$

Tangentialbedingungen

An den Endpunkten $\mathbf{p}_0$ und $\mathbf{p}_N$ des Führungspolygons verläuft die Bezierkurve tangential zu den Polygonsegmenten $\overline{\mathbf{p}_0\mathbf{p}_1}$ bzw. $\overline{\mathbf{p}_{N-1}\mathbf{p}_N}$.

Um diese Aussage zu begründen, entwickeln wir das Bezierpolynom in eine Taylor-Reihe an den Stellen $t=0$ und $t=1$:

bei $t=0$: $\quad \mathbf{p}(t) = \mathbf{p}(0) + t * \mathbf{p}'(0) + O(t^2)$

bei $t=1$: $\quad \mathbf{p}(t) = \mathbf{p}(1) - (1-t) * \mathbf{p}'(1) + O((1-t)^2)$

Wir ermitteln dafür die Ableitungen $\mathbf{p}'(0)$ und $\mathbf{p}'(1)$:

$$\mathbf{p}'(t) = \frac{d}{dt}\left(\sum_{i=0}^{N} \binom{N}{i} t^i (1-t)^{N-i} * \mathbf{p}_i \right)$$

$$\mathbf{p}'(t) = -\binom{N}{0} N (1-t)^{N-1} * \mathbf{p}_0 + \binom{N}{N} N t^{N-1} * \mathbf{p}_N$$

$$+ \sum_{i=1}^{N-1} \binom{N}{i} [\, i\, t^{i-1}(1-t)^{N-i} - (N-i)\, t^i (1-t)^{N-i-1} \,] * \mathbf{p}_i$$

Daraus erhält man die gesuchten Ableitungen $\mathbf{p}'(0)$ und $\mathbf{p}'(1)$:

$$\mathbf{p}'(0) = N * (\mathbf{p}_1 - \mathbf{p}_0)$$

$$\mathbf{p}'(1) = N * (\mathbf{p}_N - \mathbf{p}_{N-1})$$

Setzt man diese in die Taylor-Entwicklung des Bezier-Polynoms ein, so ergibt sich:

$$\mathbf{p}(t) = \mathbf{p}_0 + N\,t * (\mathbf{p}_1 - \mathbf{p}_0) + O(t^2)$$

$$\mathbf{p}(t) = \mathbf{p}_N - N\,(1-t) * (\mathbf{p}_N - \mathbf{p}_{N-1}) + O((1-t)^2)$$

oder:

$$\mathbf{p}(t) = (1 - Nt) * \mathbf{p}_0 + N\,t * \mathbf{p}_1 + O(t^2)$$

$$\mathbf{p}(t) = (1 - N(1-t)) * \mathbf{p}_N + N(1-t) * \mathbf{p}_{N-1} + O((1-t)^2)$$

Dies zeigt, daß für $t \to 0$ bzw. $t \to 1$ das Bezierpolynom $p(t)$ bis auf eine Parametertransformation und einen Term quadratischer Ordnung übereinstimmt mit den Polygonsegmenten:

$$\mathbf{p}(t) = (1-t) * \mathbf{p}_0 + t * p_1$$

$$\mathbf{p}(t) = (1-t) * \mathbf{p}_{N-1} + t * \mathbf{p}_N$$

Zusammensetzen von Bezier-Kurven

Die obigen Feststellungen über den Verlauf von Bezierkurven liefern uns eine einfache Methode für das stetige und glatte Zusammensetzen von Kurven (siehe auch Abbildung 6.4):

- Wenn nur stetige Übergänge gefordert werden, so genügt es, wenn die Anfangs- bzw. Endpunkte aufeinanderfolgender Führungspolygone übereinstimmen.
- Wenn man einmalige Differenzierbarkeit an den Übergängen fordert, so genügt es, wenn zusammenstoßende End- bzw. Anfangssegmente von Führungspolygonen in einer Geraden liegen. Dies kann man durch einen oder zwei zusätzliche Führungspunkte erzwingen, wie Abbildung 6.4 zeigt.

Mehrfache Führungspunkte

Durch mehrfache Führungspunkte läßt sich der Verlauf von Bezierkurven zu diesen Punkten hinziehen, wie dies die Abbildung 6.5 zeigt.

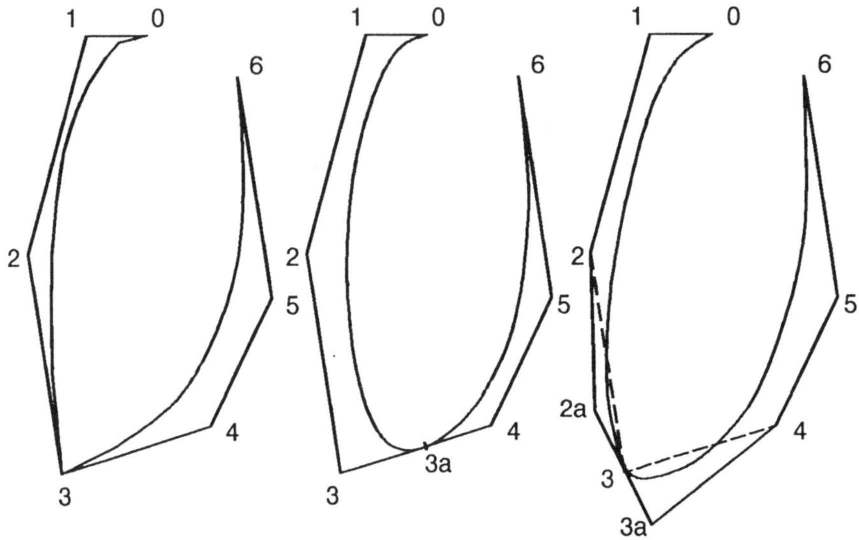

Abbildung 6.4: Zusammengesetzte Bezierkurven

Numerische Berechnung von Bezierkurven

Casteljau hat ein iteratives Verfahren angegeben, mit dem sich die Punkte auf einer Bezierkurve effizient berechnen lassen. Wir führen die Berechnung eines Polynoms $\mathbf{p}(t) = \mathbf{p}_{0,N}(t)$ zu den $N+1$ Führungspunkten $\mathbf{p}_0, \mathbf{p}_1, \ldots, \mathbf{p}_N$ zurück auf die Berechnung von zwei Polynomen niedrigeren Grades, nämlich von $\mathbf{p}_{0,N-1}(t)$ zu den N Führungspunkten $\mathbf{p}_0, \mathbf{p}_1, \ldots, \mathbf{p}_{N-1}$ und von $\mathbf{p}_{1,N}(t)$ zu den N Führungspunkten $\mathbf{p}_1, \mathbf{p}_2, \ldots, \mathbf{p}_N$:

$$\mathbf{p}_{0,N}(t) = \sum_{i=0}^{N} \binom{N}{i} t^i (1-t)^{N-i} * \mathbf{p}_i$$

$$\mathbf{p}_{0,N}(t) = \sum_{i=1}^{N-1} \binom{N}{i} t^i (1-t)^{N-i} * \mathbf{p}_i + (1-t)^N * \mathbf{p}_0 + t^N * \mathbf{p}_N$$

Wegen $\binom{N}{i} = \binom{N-1}{i} + \binom{N-1}{i-1}$ erhält man:

$$\mathbf{p}_{0,N}(t) = \sum_{i=1}^{N-1} \binom{N-1}{i} t^i (1-t)^{N-i} * \mathbf{p}_i + (1-t)^N * \mathbf{p}_0$$

$$+ \sum_{i=1}^{N-1} \binom{N-1}{i-1} t^i (1-t)^{N-i} * \mathbf{p}_i + t^N * \mathbf{p}_N$$

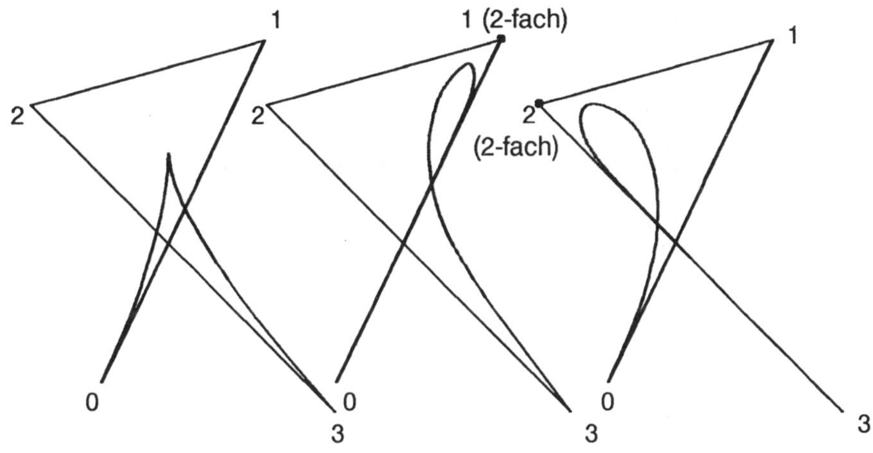

Abbildung 6.5: Bezierkurve mit mehrfachen Führungspunkten

$$\mathbf{p}_{0,N}(t) = (1-t) \sum_{i=1}^{N-1} \binom{N-1}{i} t^i (1-t)^{N-1-i} * \mathbf{p}_i + (1-t)^N * \mathbf{p}_0$$

$$+ \; t \sum_{i=1}^{N-1} \binom{N-1}{i-1} t^{i-1} (1-t)^{(N-1)-(i-1)} * \mathbf{p}_i + t^N * \mathbf{p}_N$$

$$\mathbf{p}_{0,N}(t) = (1-t) \sum_{i=0}^{N-1} \binom{N-1}{i} t^i (1-t)^{N-1-i} * \mathbf{p}_i$$

$$+ \; t \sum_{i=1}^{N} \binom{N-1}{i-1} t^{i-1} (1-t)^{(N-1)-(i-1)} * \mathbf{p}_i$$

$$\mathbf{p}_{0,N}(t) = (1-t) * \mathbf{p}_{0,N-1}(t) + t * \mathbf{p}_{1,N}(t)$$

Damit läßt sich die Berechnung von $\mathbf{p}_{0,N}(t)$ iterativ durchführen, wobei die Iteration mit den Polynomen 1. Grades startet, die auf den Führungspunkten verankert sind:

$$\mathbf{p}_{i,i+1} = (1-t) * \mathbf{p}_i + t * \mathbf{p}_{i+1}$$

Das folgende Berechnungsschema verdeutlicht den Ablauf des Verfahrens. Darin bedeuten vertikale Pfeile eine Multiplikation mit $(1-t)$ und diagonale Pfeile eine Multiplikation mit t. Dies läßt eine anschauliche graphische Interpretation zu, die in Abbildung 6.6 dargestellt ist.

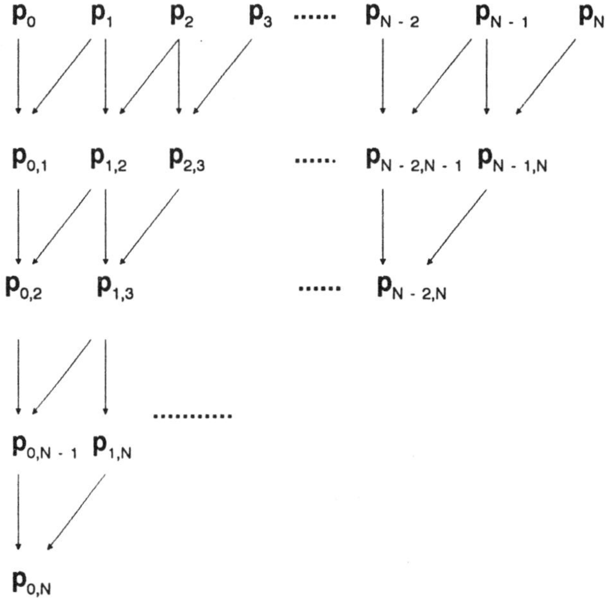

Das nachfolgend angegebene PASCAL-Programm berechnet die Bezierkurve zu vorgegebenen Stützpunkten. Ein Struktogramm dazu ist in Abbildung 6.7 dargestellt.

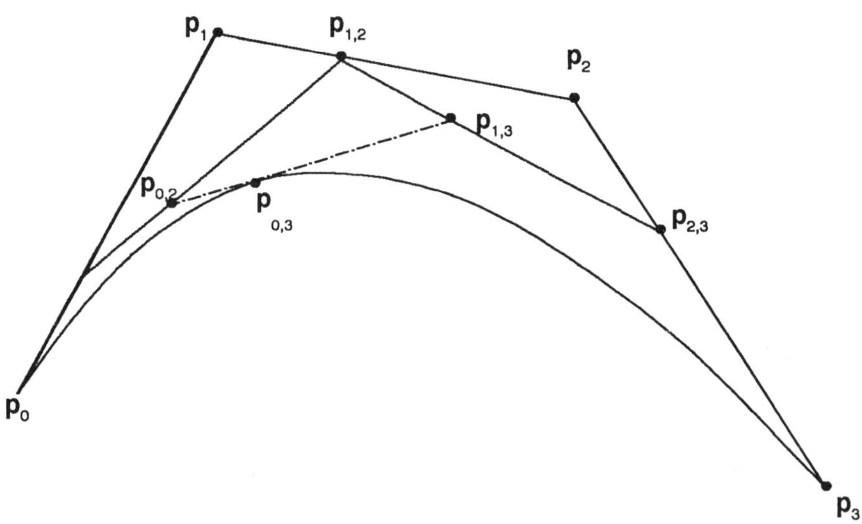

Abbildung 6.6: Geometrische Interpretation des Verfahrens von Casteljeau

Wie das Stukturdiagramm zeigt, wird für jede Stufe des Casteljeau-Schema der in den Feldern QX und QY enthaltene Satz von Punkten aktualisiert und in die Felder RX bzw. RY übernommen. Sind für einen Parameterwert t alle Stufen durchlaufen, so stehen die Koordinaten des Punktes **p**(t) in (QX[0],Qy[0]) bereit.

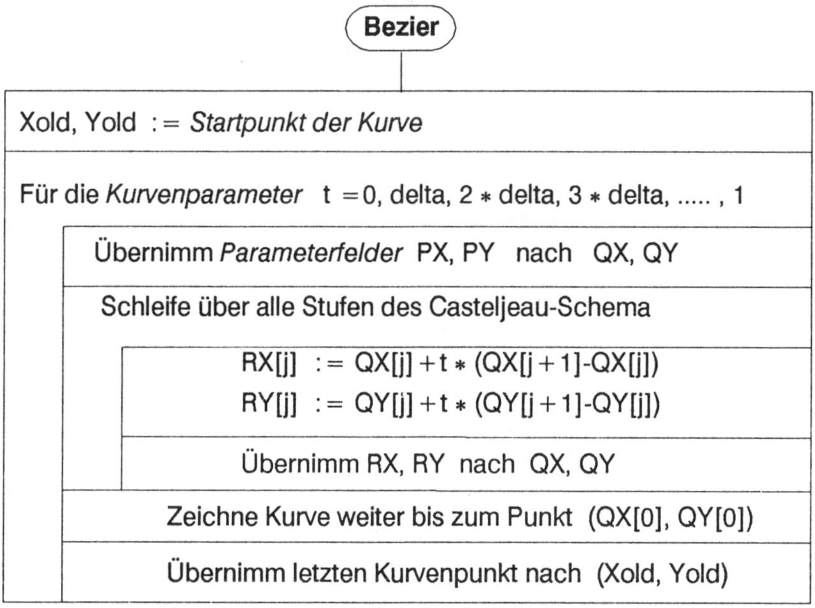

Abbildung 6.7: Ablaufstruktur des Verfahrens von Casteljeau

```
PROCEDURE  Bezier  (N: INTEGER;                  { Anzahl der Führungspunkte    }
                    PX,PY: coordinates );        { Punktkoordinaten             }

CONST delta  = 0.001;                            { Schrittweite für t           }

VAR
QX, QY : ARRAY [0..20] OF REAL;                  { Wertefelder für Rekursion    }
RX, RY : ARRAY [0..20] OF REAL;                  { Wertefelder für Rekursion    }
m             : INTEGER;                         { Anzahl der Rek.punkte        }
steps         : INTEGER;                         { Anzahl d.er Kurvensegmente   }
t             : REAL;                            { Kurvenparameter              }
j             : INTEGER;                         { Laufvariable                 }
Xold,Yold     : REAL;                            { letzter  Kurvenpunkt         }
```

```
BEGIN { Bezier }

        { Berechnung und Ausgabe der aufeinanderfolgenden Kurvenpunkte }
        Xold := PX[0];
        Yold := PY[0];
        t    := -delta;

        WHILE t < 1  DO  { Schleife über alle Parameterwerte t }
           BEGIN
              { Iteration für aktuelles t initialisieren }
              t := t+delta;
              m := n;
              FOR j:=0 TO m DO BEGIN
                                  QX[j] := PX[j];
                                  QY[j] := PY[j];
                                END;
              { Iterations-Schema durchführen }
              WHILE m > 0  DO
                BEGIN
                     FOR j:=0 TO m-1 DO
                          BEGIN
                            RX[j] := QX[j] + t * (QX[j+1]-QX[j]);
                            RY[j] := QY[j] + t * (QY[j+1]-QY[j]);
                          END;
                     m := m-1;
                     FOR j:=0 TO m  DO
                          BEGIN
                            QX[j] := RX[j];
                            QY[j] := RY[j];
                          END;
                END; { WHILE m > 0 }

              DrawLine (Xold, Yold, QX[0], QY[0], 1);
              Xold := QX[0];
              Yold := QY[0];
           END; { WHILE t < 1 }

END; { Bezier }
```

6.3 Splines

Bezier-Techniken beeinflussen den Verlauf von Kurven und Flächen durch *Führungspunkte*, die mit Ausnahme der Endpunkte nicht direkt auf der Kurve liegen.

Im Gegensatz dazu sind Spline-Techniken dann besser geeignet, wenn man die Kurven über *Stützpunkte* spezifizieren will, durch die sie hindurch gehen soll. Im Gegensatz zu den Bezier-Techniken wird bei Spline-Kurven das stetige und glatte Zusammensetzen von stückweise definierten Kurvenstücken in den Mittelpunkt der Überlegungen gestellt.

6.3.1 Kubische Splinefunktionen

Wir betrachten ein Intervall [a,b] mit einer Unterteilung

$$a = x_0 \leq x_1 \leq x_2 \leq \ldots\ldots \leq x_N = b$$

Eine Kurve soll durch die Punkte (x_0,y_0), (x_1,y_1), ... , (x_N,y_N) gelegt werden.Dazu bestimmen wir auf den Teilintervallen $[x_i,x_{i+1}]$ Polynome $\mathbf{p}_i(x)$ mit dem maximalen Grad m und den folgenden Eigenschaften:

- Die Polynome sollen an den Intervallgrenzen x_i stetig zusammengesetzt sein.
- Die Übergänge sollen möglichst glatt sein, d.h. wir fordern die Stetigkeit bis zur $(m-1)$-ten Ableitung an den Intervallgrenzen x_i.

Die Übereinstimmung bis zur $(m-1)$-ten Ableitung ist eine Maximalforderung: Würde man auch noch die Übereinstimmung der m-ten Ableitungen verlangen, so müßten alle Polynome identisch sein !

Aus den bereits zu Beginn des Kapitels geschilderten Gründen sind Polynome dritten Grades am geeignetsten für den vorliegenden Zweck.

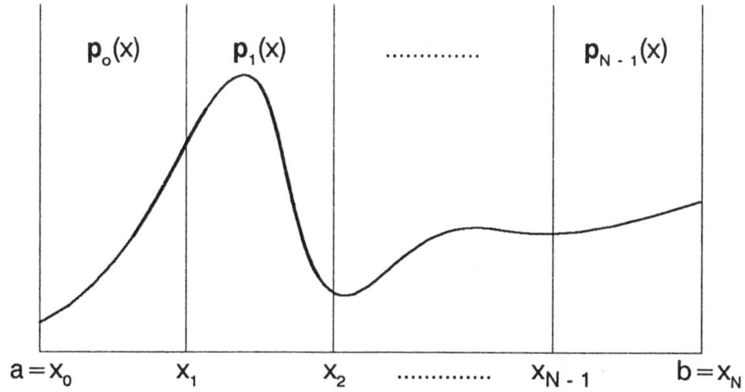

Abbildung 6.8: Zur Definition kubischer Splinefunktionen

Ein *interpolierender kubischer Spline* auf einem Intervall [a,b] mit einer Teilung

$$a = x_0 \leq x_1 \leq x_2 \leq \ldots\ldots \leq x_N = b$$

besteht aus N Polynomen dritten Grades

$$\mathbf{p}_i(x) = A_i\,(x-x_i)^3 + B_i\,(x-x_i)^2 + C_i\,(x-x_i) + D_i$$

mit $i = 0, 1, \ldots, N-1$ (siehe Abbildung 6.8).

Dabei werden die folgenden Nebenbedingungen gefordert:

- $\mathbf{p}_i(x)$ ist nur auf $[x_i, x_{i+1}]$ definiert für $0 \leq i \leq N-1$
- An den $N+1$ Punkten x_i $(0 \leq i \leq N)$ verlaufen die Polynome durch vorgegebene Punkte:

$$\mathbf{p}_i(x_i) = y_i \quad \text{für } 0 \leq i \leq N-1 \text{ und}$$

$$\mathbf{p}_i(x_{i+1}) = y_{i+1} \quad \text{für } 0 \leq i \leq N-1$$

- An den inneren Teilpunkten des Intervalls [a,b] sind die ersten beiden Ableitungen stetig zusammengesetzt:

$$\mathbf{p}_i'(x_{i+1}) = \mathbf{p}_{i+1}'(x_{i+1}) \quad \text{für } 0 \leq i \leq N-2$$

$$\mathbf{p}_i''(x_{i+1}) = \mathbf{p}_{i+1}''(x_{i+1}) \quad \text{für } 0 \leq i \leq N-2$$

Wir bestimmen nun numerisch die Koeefizienten der Polynome $\mathbf{p}_i(x)$. Dazu verwenden wir zur Abkürzung folgende Bezeichnungen:

$$\delta x_i = x_{i+1} - x_i$$

$$\delta y_i = y_{i+1} - y_i$$

$$y_i' = \mathbf{p}_i'(x_i)$$

$$y_i'' = \mathbf{p}_i''(x_i)$$

Die obigen Annahmen über die interpolierenden Polynome führen zu den folgenden Beziehungen für ihre Koeffizienten:

1. $y_i = D_i$ für $0 \leq i \leq N-1$

   $y_{i+1} = A_i \delta x_i^3 + B_i \delta x_i^2 + C_i \delta x_i + D_i$ für $0 \leq i \leq N-1$

2. $y_i' = C_i$ für $0 \leq i \leq N-1$

   $y_{i+1}' = 3A_i \delta x_i^2 + 2B_i \delta x_i + C_i$ für $0 \leq i \leq N-1$

3. $y_i'' = 2B_i$ für $0 \leq i \leq N-1$

   $y_{i+1}'' = 6A_i \delta x_i + 2B_i$ für $0 \leq i \leq N-1$

Die Auflösung dieses Gleichungssystems nach den 4N Koeffizienten ergibt:

$$
\begin{aligned}
A_i &= (y_{i+1}'' - y_i'') / 6\delta x_i \\
B_i &= y_i'' / 2 \\
C_i &= \delta y_i / \delta x_i - \delta x_i (y_{i+1}'' + 2y_i'') / 6 \\
D_i &= y_i
\end{aligned}
\qquad [*]
$$

für $0 \le i \le N-1$. Die rechten Seiten dieser Gleichungen enthalten allerdings die bisher noch nicht bekannten zweiten Ableitungen.Wegen der Stetigkeit der 1. Ableitungen erhält man aus 2.:

$$
\begin{aligned}
p_{i+1}'(x_{i+1}) &= p_i'(x_{i+1}) \\
C_{i+1} &= 3A_i\delta x_i^2 + 2B_i\delta x_i + C_i \qquad \text{für } 0 \le i \le N-2
\end{aligned}
$$

Ersetzt man darin die Koeffizienten A_i, B_i, C_i, C_{i+1} gemäß [*] , so erhält man daraus $N-1$ Beziehungen für die $N+1$ unbekannten zweiten Ableitungen y_1'', y_2'' , ... , y_N'' :

$$
y_i''\delta x_i + 2y_{i+1}''(\delta x_{i+1} + \delta x_i) + y_{i+2}''\delta x_{i+1} = 6 * \left(\frac{\delta y_{i+1}}{\delta x_{i+1}} - \frac{\delta y_i}{\delta x_i} \right)
$$

Eine häufige Annahme setzt $y_0'' = y_N'' = 0$. Man nennt das Resultat dann einen natürlichen Spline. Andere Annahmen sind auch sinnvoll, etwa vorgegebene erste Ableitungen in den Punkten a und b. Für natürliche Splines hat das resultierende Gleichungssystem die Gestalt:

$$
\begin{pmatrix}
2(\delta x_1 + \delta x_0), & \delta x_1, & 0 \ldots & & \\
\delta x_1, & 2(\delta x_2 + \delta x_1), & \delta x_2, & 0 \ldots & \\
\ddots & \ddots & \ddots & & \\
\ldots 0, & \delta x_{N-3}, & 2(\delta x_{N-3} + \delta x_{N-2}), & \delta x_{N-2} & \\
\ldots 0, & & \delta x_{N-2}, & 2(\delta x_{N-1} + \delta x_{N-2}) &
\end{pmatrix}
*
\begin{pmatrix}
y_1'' \\ y_2'' \\ \vdots \\ y_{N-2}'' \\ y_{N-1}''
\end{pmatrix}
=
\begin{pmatrix}
6\left[\frac{\delta y_1}{\delta x_1} - \frac{\delta y_0}{\delta x_0} \right] \\
\vdots \\
6\left[\frac{\delta y_{N-1}}{\delta x_{N-1}} - \frac{\delta y_{N-2}}{\delta x_{N-2}} \right]
\end{pmatrix}
$$

Wie man sieht, ist die Koeffizientenmatrix dieses Gleichungssystems tridiagonal symmetrisch. Ihre Diagonalelemente sind positiv und dominant. Die Koeffizientendeterminante ist somit verschieden von 0 und daher das Gleichungssystem eindeutig auflösbar nach den Variablen y_i''.

Im Anschluß daran kann man die Polynomkoeffizienten der Splinefunktion aus den Beziehungenen [*] ermitteln. Die nachfolgend angegebenen Prozeduren implementieren das Verfahren in PASCAL. Abbildung 6.9 zeigt eine damit berechnete Spline-Kurve.

```
PROCEDURE Spline_coeff (  n          :  INTEGER;   { Anzahl der Stützpunkte      }
                          x, y       :  array_020R; { Koordinaten der Stützpunkte }
                          VAR  A, B, C, D :  array_020R ); { Splinekoeffizienten  }
VAR
i, im1          : INTEGER;               { Indizes für Stützpunkte          }
delta_x_i       : REAL;                  { x[i + 1]  -  x[i]                }
delta_x_im1     : REAL;                  { x[i]   -  x[i - 1]               }
delta_y_i       : REAL;                  { y[i + 1]  -  y[i]                }
quot_i          : REAL;                  { delta_y_i / delta_y_i            }
quot_im1        : REAL;                  { delta_y_(i - 1)/delta_y_(i - 2)  }
y_2             : array_020R;            { 2. Ableitungen an den Stützpkten }
h,z             : REAL;                  { Hilfsgrößen für die Auflösung des }
f, g            : array_020R;            { Gleichungssystems                }

BEGIN { Spline_coeff }

{ Koeffizienten und 2. Ableitung auf 0.0 setzen }
FOR i : = 0 TO n - 1 DO A[i] : = 0.0;
B : = A;        C   : = A;
D : = A;        y_2 : = A;

{ Gleichungssystem für die Y"[i] in untere Dreiecksform bringen }
f[0]    : = 0.0;
g[0]    : = 0.0;
FOR i: =0 TO n - 2 DO
   BEGIN
      delta_x_i       : = (x[i + 1]  -  x[i]);
      delta_y_i       : = (y[i + 1]  -  y[i]);
      quot_i          : = delta_y_i / delta_x_i;
      IF i > 0 THEN
         BEGIN
            { Faktor für vorhergehende Zeile }
            z       : =  2.0 * (delta_x_i  +  delta_x_im1)  -  delta_x_im1  *  g[im1];
            { Koeffizient über der Diagonale }
            g[i]    : = delta_x_i / z;
            { Rechte Seite der Gleichung }
            f[i]    : = (6.0*(quot_i  -  quot_im1)  -  delta_x_im1 * f[im1]) / z;
         END;
      { Vorbereitung für nächste Zeile }
      im1             : = i;
      delta_x_im1     : = delta_x_i;
      quot_im1        : = quot_i
   END;
```

```
    { Spline-Koeffizienten berechnen }
    y_2 [n − 2] : = f[n − 2];
    IF n − 2 > 0 THEN
      BEGIN
        { Gleichungssystem sukzessiv von unten her auflösen }
        FOR i: = n − 3 DOWNTO 1 DO  y_2[i] : = f[i]  −  g[i] * y_2[i + 1];
          { Koeffizienten A[i], B[i], C[i] und D[i] berechnen }
          FOR i: = 0 TO n − 2 DO
               BEGIN
                  delta_x_i        : = x[i + 1]  −  x[i];
                  delta_y_i        : = y[i + 1]  −  y[i];
                  A[i]             : = (y_2 [i + 1]  −  y_2 [i]) / (6.0 * delta_x_i);
                  B[i]             : = y_2[i] / 2.0;
                  C[i]             : = delta_y_i / delta_x_i
                                          − (delta_x_i*(y_2[i+1]  +  2.0 * y_2 [i] ))/6.0;
                  D[i]             : = y [i];
               END
      END

  END; { Spline_coeff }



    PROCEDURE Spline (  n       : INTEGER;           { Anzahl der Stützpunkte         }
                        x, y : array_020R);           { Koordinaten der Stützpunkte  }

    CONST steps_per_int  =  20;                   { Anzahl von Schritten zwischen je      }
                                                  { zwei Stützpunkten                     }
    VAR
    M_first             : Ptr_point;              { Anker der Stützpunkt-Liste            }
    C_first             : Ptr_point;              { Anker der Kurven-Punktliste           }
    M_Ptr               : Ptr_point;              { Zeiger z. Aufbau der Stützpunktliste  }
    A, B, C, D          : array_020R;             { Koeffizienten des Spline              }
    i, j                : INTEGER;                {  Laufvariablen                        }
    x_1,y_1             : REAL;                   { aktueller Kurvenpunkt                 }
    x_2,y_2 : REAL      : REAL;                   { nächster Kurvenpunkt                  }
    delta               : REAL;                   { Länge eines Zeichenschritts           }
    dx                  : REAL;                   { (x  −  x[i])                          }

    BEGIN { Spline }

    { Stützpunktliste aufbauen und Stützpunkte markieren }
    SetMrk (3,0.005);
    New (M_Ptr);
    M_first    : = M_Ptr;
    M_first^.x : = x [0];
    M_first^.y : = y [0];
    FOR i : =  1 TO n − 1 DO
      BEGIN
         NEW (M_Ptr^.next);
         M_Ptr       : = M_Ptr^.next;
         M_Ptr^.x    : = x [i];
         M_Ptr^.y    : = y [i];
```

```
            M_Ptr^.next := NIL;
        END;
    PMark (M_first);

    { Berechnung und graphische Ausgabe der Spline-Kurve }
    Spline_coeff (n, x, y, A, B, C, D);
    FOR i:=0 TO n-2 DO
        BEGIN
            x_1 := x[i];
            y_1 := y[i];
            delta := (x [i+1] - x [i]) / steps_per_int;
            FOR j:=1 TO steps_per_int DO
                BEGIN
                    x_2    := x_1 + delta;
                    dx     := x_2 - x [i];
                    y_2    := ((A[i]*dx + B[i])*dx + C[i])*dx + D[i];
                    DLine (x_1,y_1,x_2,y_2);
                    x_1    := x_2;
                    y_1    := y_2;
                END;
        END;
    REPEAT UNTIL Keypressed

    END { Spline };
```

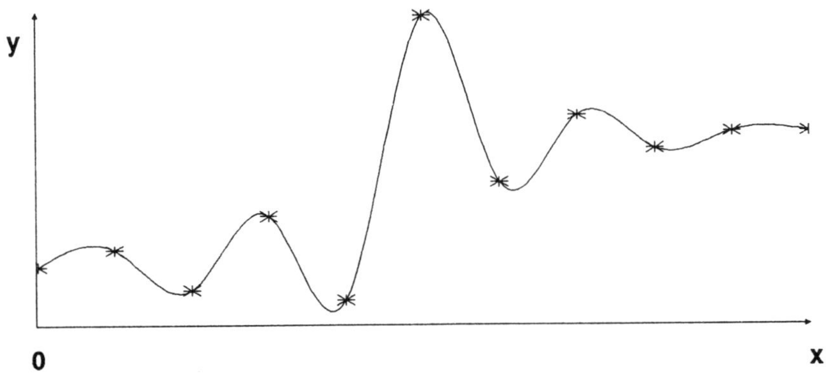

Abbildung 6.9: Ebene Spline-Kurve von der Form y=f(x)

Parametrische Spline-Kurven

Die oben besprochene Technik zur Beschreibung von ebenen Kurven durch stückweise stetig und glatt zusammengesetzte Polynome versagt, wenn die Kurve nicht der Graph einer skalaren Funktion $y = f(x)$ ist. Wir betrachten daher die folgende Erweiterung zur Beschreibung beliebiger dreidimesionaler Kurven:

Zu einer Folge von $N+1$ Stützpunkten (x_0, y_0, z_0), ... $,(x_N, y_N, z_N)$ stellt man drei getrennte Splinefunktionen auf:

$x(t)$ ist ein interpolierender Spline zu $(t_0, x_0), \ldots, (t_N, x_N)$

$y(t)$ ist ein interpolierender Spline zu $(t_0, y_0), \ldots, (t_N, y_N)$

$z(t)$ ist ein interpolierender Spline zu $(t_0, z_0), \ldots, (t_N, z_N)$

Zur eindeutigen Festlegung des Kurvenverlaufs sind wie im Fall der Splinefunktionen Annahmen über die Ableitungen in den Endpunkten der Kurve erforderlich.

Für die Wahl des Parameters t und der Werte t_i ist es zweckmäßig, die Länge des Stützpunkt-Polygons heranzuziehen, also

$$t_0 = 0$$
$$t_{i+1} = t_i + (x_{i+1}-x_i)^2 + (y_{i+1}-y_i)^2 + (z_{i+1}-z_i)^2$$

Damit erhält man eine in den Stützpunkten stetig und glatt zusammengesetzte allgemeine Raumkurve, wie sie Abbildung 6.10 zeigt.

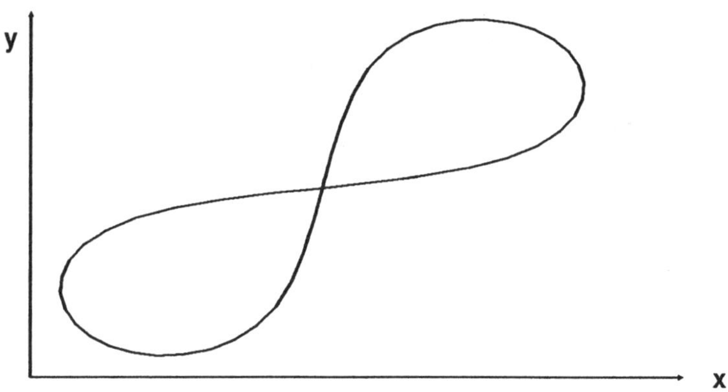

Abbildung 6.10: Parametrische Spline-Kurve

6.3.2 B-Spline-Kurven

B-Spline-Kurven sind vom Ansatz her eng mit den Bezier-Kurven verwandt. Sie werden wie diese über eine Konvexkombination von Führungspunkten definiert.

Sie verwenden jedoch als Gewichtsfunktionen spezielle Splines, die im Gegensatz zu den Funktionen $B_{i,N}(t)$ nur für einen begrenzten Bereich des Parameters t von 0 verschiedene Werte annehmen. Deshalb bleiben Modifikationen des Kurvenverlaufs beschränkt auf die unmittelbare Umgebung der modifizierten Stelle.

B-Splinefunktionen

Wir betrachten dazu eine Unterteilung des Intervalls [0,N] durch ganzzahlige Teilpunkte 0, 1, ... , N, wobei die ersten und letzten m Teilpunkte mehrfach zählen und mit den Intervallendpunkten übereinstimmen. Die Teilpunkte bilden einen *Knotenvektor* :

$$T = (\underbrace{0, 0, \ldots, 0}_{\text{m-mal}}, 1, 2, \ldots, N-1, \underbrace{N, N, \ldots, N}_{\text{m-mal}})$$

B-Splinefunktionen vom Grad m – 1 oder der Ordnung m definiert man rekursiv für m = 1 durch:

$$N_{i,1}(t) = \begin{cases} 1 & \text{für } t_i \leq t \leq t_{i+1} \\ 0 & \text{sonst} \end{cases}$$

und für m > 1 durch:

$$N_{i,m}(t) = \frac{t - t_i}{t_{i+m-1} - t_i} * N_{i,m-1}(t) + \frac{t_{i+m} - t}{t_{i+m} - t_{i+1}} * N_{i+1,m-1}(t)$$

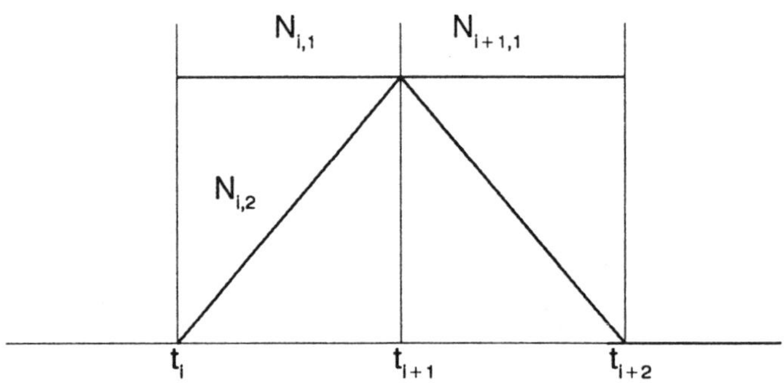

Abbildung 6.11: Lineare B-Splinefunktion

Lineare B-Splinefunktionen

Lineare B-Splinefunktionen (siehe Abbildung 6.11) sind für m = 2 gegeben durch die Beziehung:

$$N_{i,2}(t) = \frac{t - t_i}{t_{i+1} - t_i} * N_{i,1}(t) + \frac{t_{i+2} - t}{t_{i+2} - t_{i+1}} * N_{i+1,1}(t)$$

Da die Funktionen $N_{i,1}(t)$ und $N_{i+1,1}(t)$ selbst stückweise definiert sind, ergibt sich für $N_{i,2}(t)$ die folgende stückweise Definition:

$$N_{i,2}(t) = \begin{cases} \dfrac{t-t_i}{t_{i+1}-t_i} & \text{für } t_i \le t \le t_{i+1} \\[2ex] \dfrac{t_{i+2}-t}{t_{i+2}-t_{i+1}} & \text{für } t_{i+1} \le t \le t_{i+2} \\[2ex] 0 & \text{sonst} \end{cases}$$

Quadratische B-Splinefunktionen

Quadratische B-Splinefunktionen, d.h. von der Ordnung $m=3$, werden rekursiv auf lineare B-Splines zurückgeführt (siehe Abbildung 6.12):

$$Ni,3(t) = \frac{t-t_i}{t_{i+2}-t_i} * Ni,2(t) + \frac{t_{i+3}-t}{t_{i+3}-t_{i+1}} * N_{i+1,2}(t)$$

Dies führt zu folgender stückweiser Definition:

$$N_{i,3}(t) = \begin{cases} \dfrac{(t-t_i)^2}{(t_{i+2}-t_i)(t_{i+1}-t_i)} & \text{für } t_i \le t \le t_{i+1} \\[3ex] \dfrac{(t-t_i)(t_{i+2}-t)}{(t_{i+2}-t_i)(t_{i+2}-t_{i+1})} + \dfrac{(t_{i+3}-t)(t-t_{i+1})}{(t_{i+3}-t_{i+1})(t_{i+2}-t_{i+1})} & \text{für } t_{i+1} \le t \le t_{i+2} \\[3ex] \dfrac{(t_{i+3}-t)^2}{(t_{i+3}-t_{i+1})(t_{i+3}-t_{i+2})} & \text{für } t_{i+2} \le t \le t_{i+3} \\[2ex] 0 & \text{sonst} \end{cases}$$

B-Spline-Kurven

Wir verwenden zur Demonstration des Verfahrens quadratische B-Splines als Gewichtsfunktionen für eine B-Splinekurve. Zu den insgesamt $N+1$ Führungspunkten $\mathbf{p}_0, \mathbf{p}_1, \ldots, \mathbf{p}_N$ wählen wir den Knotenvektor

$$(0, 0, 0, 1, 2, \ldots\ldots, N-2, N-1, N-1, N-1)$$

der eine Unterteilung des Intervalls $[0,N-1]$ darstellt mit den Teilpunkten

$$t_i = 0 \qquad \text{für } 0 \le i \le 2$$

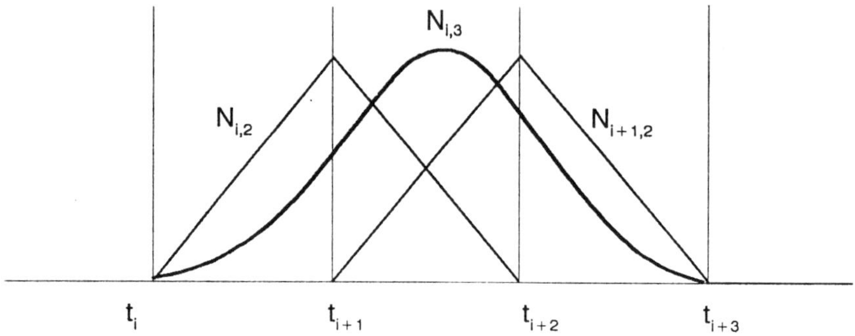

Abbildung 6.12: Quadratische B-Splinefunktion

$t_i = i-2$ für $2 < i \leq N$

und $t_i = N-1$ für $N < i \leq N+3$

Über diesem Knotenvektor betrachten wir die B-Splinefunktionen $N_{i,3}(t)$ mit $0 \leq i \leq N$. Sie sind bis auf Randeffekte auf je 3 Teilintervallen von 0 verschieden:

$N_{0,3}(t)$ ist verschieden von 0 auf $[0,1]$

$N_{1,3}(t)$ ist verschieden von 0 auf $[0,2]$

$N_{2,3}(t)$ ist verschieden von 0 auf $[0,3]$

$N_{3,3}(t)$ ist verschieden von 0 auf $[1,4]$

....

$N_{N-1,3}(t)$ ist verschieden von 0 auf $[N-3,N-1]$

$N_{N,3}(t)$ ist verschieden von 0 auf $[N-2,N-1]$

Abbildung 6.13 zeigt eine solche Basis quadratischer B-Splines für $N=5$.

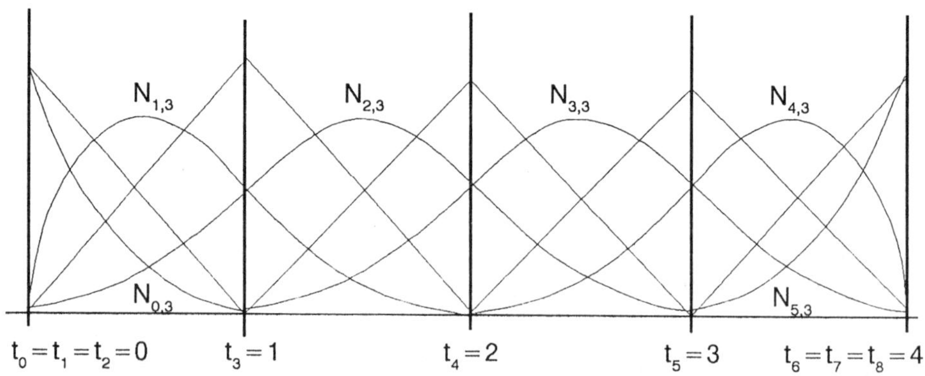

Abbildung 6.13: Basis quadratischer B-Splines für N = 5

Analog zum dem Ansatz bei Bezierkurven können wir nun mit den $N_{i,3}(t)$ als Gewichtsfunktionen eine B-Spline-Kurve definieren als eine Konvexkombination der $N+1$ Führungspunkte:

$$\mathbf{p}(t) = \sum_{i=0}^{N} N_{i,3}(t) * \mathbf{p}_i$$

Eigenschaften von B-Spline-Kurven

- B-Spline-Kurven gehen exakt durch den ersten und letzten Führungspunkt, denn durch Einsetzen in die Definition der $N_{i,3}(t)$ stellt man z.B. für den Kurvenanfang fest:

  $N_{0,3}(0) = 1$ und für $i > 0$ gilt: $N_{i,3}(0) = 0$

- An den Endpunkten $\mathbf{p}_0$ und $\mathbf{p}_N$ des Führungspolygons verlaufen B-Splinekurven tangential zu den Polygonsegmenten $\overline{\mathbf{p}_0\mathbf{p}_1}$ bzw. $\overline{\mathbf{p}_{N-1}\mathbf{p}_N}$. Dies verifiziert man z.B. für $\mathbf{p}_0$ wie folgt:
  Beiträge zu $\mathbf{p}'(t)$ am Kurvenanfang können nur die Funktionen $N_{0,3}(t)$, $N_{1,3}(t)$ und $N_{2,3}(t)$ liefern. wobei gilt:

  $$N_{0,3}'(0) = -2$$
  $$N_{1,3}'(0) = 2$$
  $$N_{2,3}'(0) = 0$$

  Damit ist $\mathbf{p}'(0) = 2 * (\mathbf{p}_1 - \mathbf{p}_0)$. Dies zeigt, daß die Kurve im Punkt $\mathbf{p}_0$ die selbe Richtung wie $\overline{\mathbf{p}_0\mathbf{p}_1}$ besitzt.

- Da die Gewichtsfunktionen nur auf maximal 3 Teilintervallen von 0 verschieden sind, können lokale Änderungen des Kurvenverlaufs sich nicht auf die ganze Kurve auswirken.

- Induktiv kann man zeigen, daß die Summe der Gewichtsfunktionen stets den Wert 1 ergibt:

  $$1 = \sum_{i=0}^{N} N_{i,3}(t)$$

- Da in dem Teilintervall $[t_i, t_{i+1}]$ aber ausschließlich die drei B-Splinefunktionen $N_{i-2,3}$, $N_{i-1,3}$ und $N_{i,3}$ zur Kurve beitragen, liegt für $t \in [t_i, t_{i+1}]$ der Kurvenpunkt $\mathbf{p}(t)$ in der konvexen Hülle der Führungspunkte $\mathbf{p}_{i-2}$, $\mathbf{p}_{i-1}$ und $\mathbf{p}_i$. Dies ist eine viel schärfere Aussage, als sie bei Bezierkurven möglich ist (siehe Abbildung 6.14).

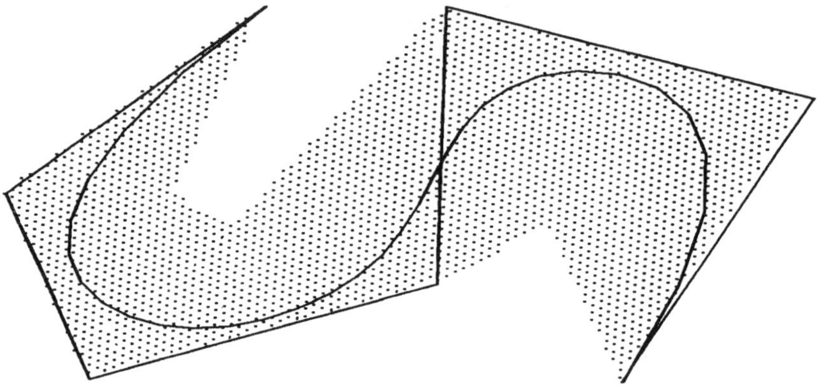

Abbildung 6.14: Konvexe Hüllen-Eigenschaft von B-Splinekurven der Ordnung m = 3

Verfahren zur Berechnung von B-Splinefunktionen

Wir beschränken uns wieder auf den Fall m = 3. Zur Berechnung eines Kurvenpunktes

$$\mathbf{p}(t) = \sum_{i=0}^{N} N_{i,3}(t) * \mathbf{p}_i$$

mit $t \in [t_i, t_{i+1}]$ tragen daher nur drei B-Splinefunktionen bei:

$$N_{i-2,3},\ N_{i-1,3} \text{ und } N_{i,3}$$

Durch genaue Untersuchung derjenigen Anteile der stückweisen Definition, die in die Berechnung der gesuchten Funktionswerte eingehen, können wir nun ein einfaches rekursives Berechnungsschema ableiten zur Bestimmung der drei Funktionswerte $N_{i-2,3}(t)$, $N_{i-1,3}(t)$ und $N_{i,3}(t)$. Wie die Abbildung 6.15 zeigt hängt der Beitrag von $N_{i-2,3}(t)$ auf $[t_i, t_{i+1}]$ nur ab von $N_{i-1,2}(t)$

$$N_{i-2,3}(t) = \frac{t_{(i-2)+3} - t}{t_{(i-2)+3} - t_{(i-2)+1}} * N_{i-1,2}(t)$$

Der Beitrag von $N_{i,3}$ hängt auf $[t_i, t_{i+1}]$ nur ab von $N_{i,2}$:

$$N_{i,3}(t) = \frac{t - t_i}{t_{i+2} - t_i} * N_{i,2}(t)$$

Der Beitrag von $N_{i-1,3}(t)$ hängt auf $[t_i, t_{i+1}]$ ab von $N_{i-1,2}$ und $N_{i,2}$,wie ebenfalls die Abbildung 6.15 zeigt. Er hat die Form:

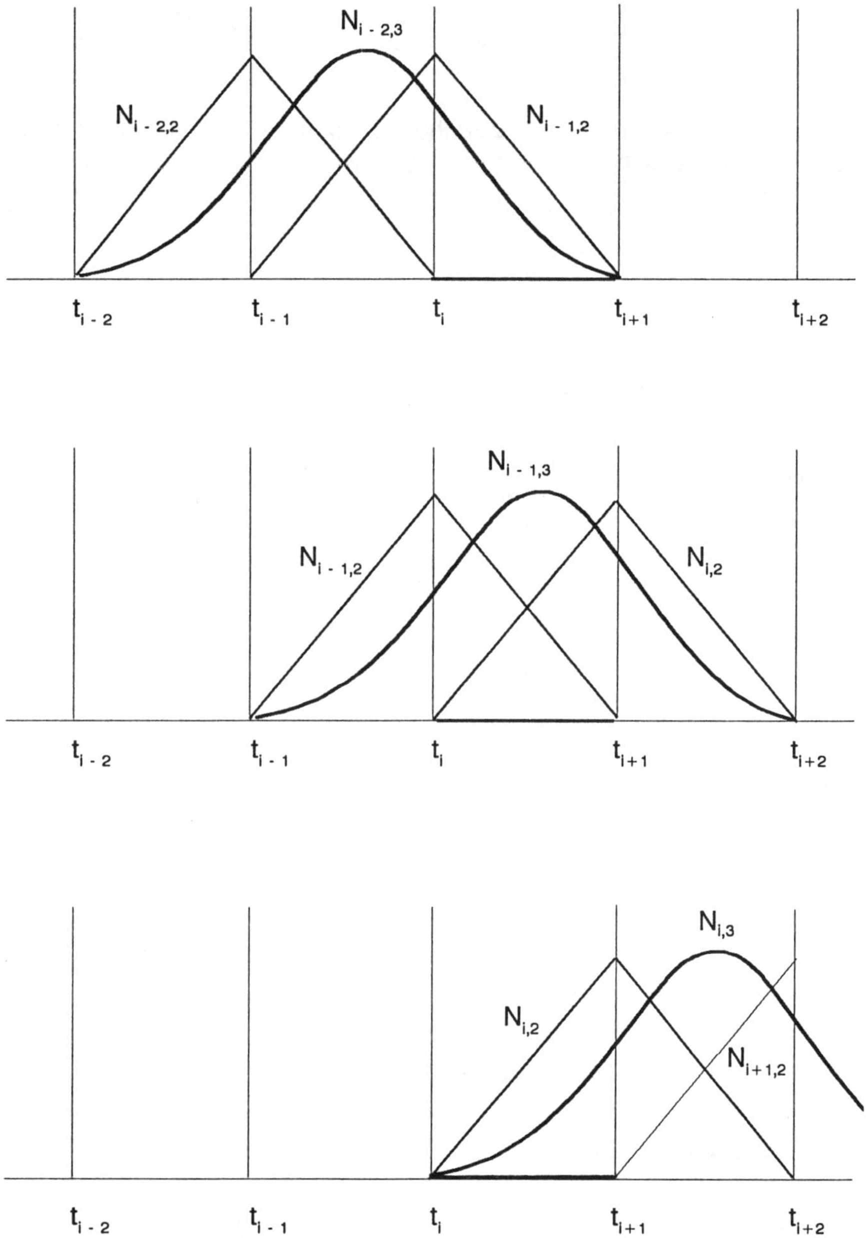

Abbildung 6.15: Zur rekursiven Berechnung von B-Splines im Intervall von t_i bis t_{i+1}

$$N_{i-1,3}(t) = \frac{t - t_{i-1}}{t_{(i-1)+2} - t_{i-1}} * N_{i-1,2}(t) + \frac{t_{(i-1)+3} - t}{t_{(i-1)+3} - t_{(i-1)+1}} * N_{i,2}(t)$$

Den weiter oben angegebenen Beziehungen für lineare B-Splines entnehmen wir außerdem für die Stelle t :

$$N_{i-1,2}(t) = \frac{t_{i+1} - t}{t_{i+1} - t_i}$$

$$N_{i,2}(t) = \frac{t - t_i}{t_{i+1} - t_i}$$

Damit erhalten wir das folgende Rekursionsschema zur Berechnung der gesuchten Funktionswerte:

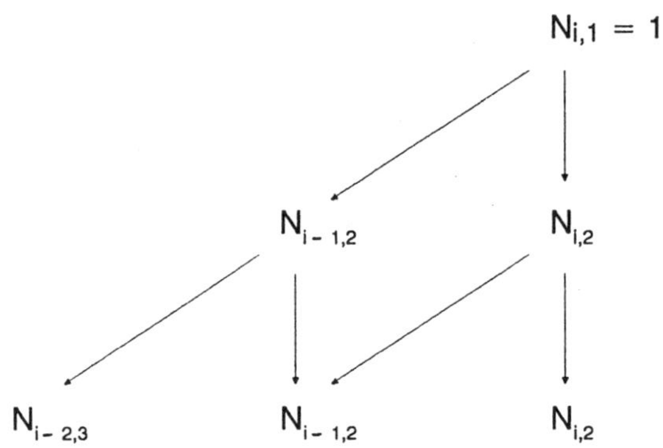

Hier bedeuten vertikale Pfeile Multiplikation mit $\frac{t - t_k}{t_{k+m-1} - t_i}$

und schräge Pfeile bedeuten Multiplikation mit $\frac{t_{k+m} - t}{t_{k+m} - t_{m+1}}$

Dabei hat k die Werte i, i−1, i−2.

Nachfolgend wird ein PASCAL-Programm angegeben, das nach diesem Verfahren die Berechnung von ebenen Spline kurven unterschiedlicher Ordnung durchführt. Abbilding 6.16 zeigt einige Kurven unterschiedlicher Ordnung zum gleichen Generatorpolygon.

```
PROCEDURE BSpline ( points  : INTEGER;      { Anzahl der Stützpunkte              }
                    PX,PY   : array_020R;   { Stützpunktkoordinaten               }
                    grad    : INTEGER);     { Grad der B-Spline-Kurve             }

CONST        delta   = 0.02;                { Schrittweite für den Parameter t    }
             maxGrad = 10;                  { maximaler Grad der B-Spline-Kurve   }
VAR
 m           : INTEGER;                     { Ordnung des B-Spline                }
mm           : INTEGER;                     { Ordnung der aktuellen Splinefkt.    }
t            : REAL;                        {  Kurvenparameter                    }
ti           : INTEGER;                     { Intervall, das t enthält            }
X, Y         : ARRAY [0..50] OF REAL;
{ Generatorpolygon mit Mehrfachpunkten }
Xold,Yold    : REAL;                        { letzter Kurvenpunkt                 }
Xnew,Ynew    : REAL;                        { nächster Kurvenpunkt                }
N            : ARRAY [ - maxGrad..20,1..maxGrad] OF REAL;
                                            { Feld für die Basis-Splines  Ni,m    }
i,l,ll       : INTEGER;                     { Laufvariablen                       }
A, B         : REAL;                        { Zwischenwerte für die  Ni,m         }
BEGIN { BSpline }
{ Generatorpunkte am Kurvenanfang und am Kurvenende mehrfach nehmen }
points : = points - 1;
FOR i: =0 TO grad DO BEGIN
                        X[i] : = PX[0];
                        Y[i] : = PY[0];
                       END;
FOR i: =grad + 1 TO points + grad - 1 DO  BEGIN
                                           X[i] : = PX[i - grad];
                                           Y[i] : = PY[i - grad];
                                          END;
FOR i: =points + grad TO points + 2*grad DO  BEGIN
                                               X[i] : = PX[points];
                                               Y[i] : = PY[points];
                                              END;

{ Schleifenvorbereitung }
Xold    : = X[0];                           { Anfangspunkt der Kurve              }
Yold    : = Y[0];
points  : = points + 2*grad;                { Punkte werden ab 0 gezählt          }
m       : = grad + 1;                       { Ordnung der B-Spline-Kurve          }
t       : = m;                              { Parameter-Startwert + m             }
ti       : = grad;                          { Index des ersten Intervalls         }


{ Schleife über alle Intervalle }
WHILE t < points + delta DO
   BEGIN
      { Rekursionsschema für das Intervall [ti,ti + 1] durchführen              }
      N[ti,1] : = 1;                        { Rekursion mit konst. B-Spline starten }
      FOR mm: =2 TO m DO                    { berechne B-Splines der Ordnung mm }
         BEGIN
            { Ni,m = erster relevanter B-Spline der Ordnung mm - 1 }
            i : = ti - mm + 1;
```

```
                FOR l: = i TO ti DO
                   BEGIN
                        IF l  i  THEN A : =  N[l  ,mm − 1] * ((t  −  l)  / (mm − 1))
                                  ELSE A: = 0;
                        IF l  ti THEN B : =  N[l + 1,mm − 1] * ((l + mm − t) / (mm − 1))
                                  ELSE B: = 0;
                        N[l,mm] : =  A + B;
                   END;
          END;

       { Nächsten Kurvenpunkt berechnen }
       Xnew : =  0;
       Ynew : =  0;
       FOR l: = ti − m + 1 TO ti DO
          BEGIN
               Xnew : =  Xnew  +  X[l]*N[l,m];
               Ynew : =  Ynew  +  Y[l]*N[l,m];
          END;

       { Nächstes Kurvensegment zeichnen }
       Line (Xold,Yold,Xnew,Ynew);

       { Schleifenparameter für nächsten Durchlauf vorbereiten }
       t  : =  t  +  delta;
       ti : =  TRUNC (t);
       Xold : =  Xnew;
       Yold : =  Ynew;
   END; { WHILE }

END; { BSpline }
```

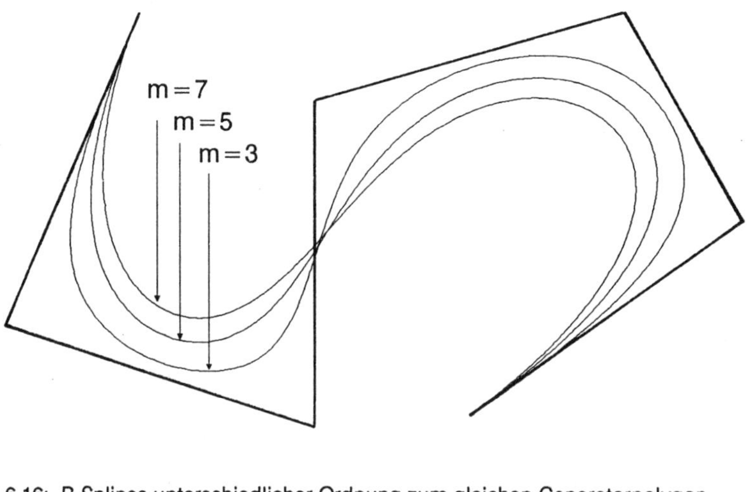

Abbildung 6.16: B-Splines unterschiedlicher Ordnung zum gleichen Generatorpolygon

6.4 Freiform-Flächen

Die Techniken zur Beschreibung von Freiformflächen sind in der Regel aus Methoden zur Beschreibung von Kurven abgeleitet. Obwohl dazu keine prinzipiell neuen Ideen notwendig sind, stellt dies höhere Anforderungen an die benutzte formale Technik und an das Vorstellungsvermögen eines Anwenders.

Polyeder-Approximation von Flächen

Die naheliegendste Methode zur Approximation einer Fläche benutzt ein Netz von Dreieckselementen. Die Flächenbeschreibung umfaßt in diesem Fall alle Gitterpunkte des Dreiecksnetzes. Innerhalb der Dreiecke wird die Fläche durch lineare Interpolation der Eckpunkte approximiert.

Sind $\mathbf{p}_1$, $\mathbf{p}_2$, $\mathbf{p}_3$ die drei Eckpunkte eines Dreiecks, so besitzt die Dreiecksfläche die Gleichung:

$$\mathbf{F}(u,v) = u * \mathbf{p}_1 + v * \mathbf{p}_2 + (1-u-v) * \mathbf{p}_3$$

Dabei ist $0 \leq u+v \leq 1$. Man sieht aufgrund dieser Definition:

$$\mathbf{F}(1,0) = \mathbf{p}_1$$

$$\mathbf{F}(0,1) = \mathbf{p}_2$$

$$\mathbf{F}(0,0) = \mathbf{p}_3$$

$\mathbf{F}(u,0)$ ist die Gleichung der Strecke $\overline{\mathbf{p}_1\mathbf{p}_3}$, $\mathbf{F}(0,v)$ ist die Gleichung der Strecke $\overline{\mathbf{p}_2\mathbf{p}_3}$ und $\mathbf{F}(u,1-u)$ ist die Gleichung der Strecke $\overline{\mathbf{p}_1\mathbf{p}_2}$ (Abbildung 6.17).

Vorteilhaft bei dieser Methode ist, daß die Flächendefinition sehr einfach wird. Auch Operationen mit Flächen, z.B. Schnitte sind dabei durch einfache Algorithmen realisierbar.

Ihr wesentlicher Nachteil sind jedoch der große Speicherbedarf für das Dreiecksnetz und der hohe Rechenaufwand für Flächenoperationen.

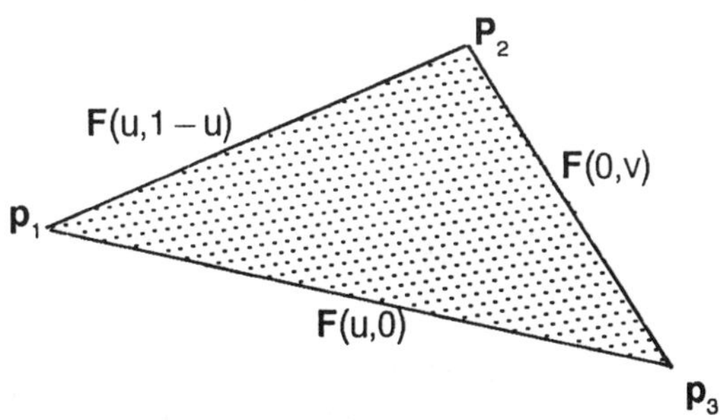

Abbildung 6.17: Zur Definition von Dreieckselementen

Bilineare interpolierende Viereckselemente

Diese Methode verwendet statt eines Dreiecksnetzes ein Netz von Vierecksflächen. Zwischen den vier Eckpunkten eines Flächenelementes wird mit einer Bilinearform interpoliert. Der Vorteil dieser Methode gegenüber der zuvor beschriebenen ist, daß die Flächenelemente gekrümmt sind, und daher für eine gleich gute Approximation wesentlich weniger Gitterpunkte benötigt werden.

Ein Flächenelement mit den Eckpunkten $\mathbf{p}_1$, $\mathbf{p}_2$, $\mathbf{p}_3$, $\mathbf{p}_4$ wird beschrieben durch die Bilinearform:

$$\mathbf{F}(u,v) = (1-u)(1-v) * \mathbf{p}_1 + (1-u)v * \mathbf{p}_2 + u(1-v) * \mathbf{p}_3 + uv * \mathbf{p}_4$$

Dabei ist $0 \leq u \leq 1$ und $0 \leq v \leq 1$. Dieser Definition entnimmt man:

$$\mathbf{F}(0,0) = \mathbf{p}_1$$

$$\mathbf{F}(0,1) = \mathbf{p}_2$$

$$\mathbf{F}(1,0) = \mathbf{p}_3$$

$$\mathbf{F}(1,1) = \mathbf{p}_4$$

Man sieht außerdem, daß die Randkurven eines Flächenelementes Strecken sind:

$\mathbf{F}(u,0)$ ist die Gleichung der Strecke $\overline{\mathbf{p}_1\mathbf{p}_3}$, $\mathbf{F}(u,1)$ ist die Gleichung der Strecke $\overline{\mathbf{p}_2\mathbf{p}_4}$, $\mathbf{F}(0,v)$ ist die Gleichung der Strecke $\overline{\mathbf{p}_1\mathbf{p}_2}$ und $\mathbf{F}(1,v)$ ist die Gleichung der Strecke $\overline{\mathbf{p}_3\mathbf{p}_4}$ (Abbildung 6.18).

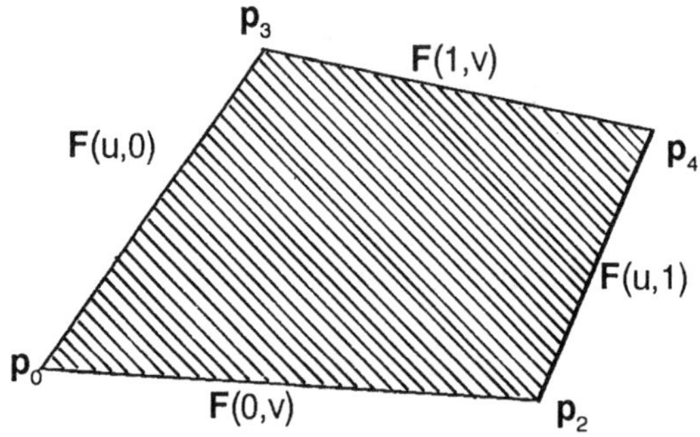

Abbildung 6.18: Zur Definition bilinearer interpolierender Viereckselemente

Coons'sche Flächen

Die von Coons 1967 vorgeschlagene Methode setzt voraus, daß die Fläche durch ein Netz von Raumkurven in viereckige Elemente zerlegt wird. Ein Flächenelement wird definiert durch seine vier Randkurven:

$$\mathbf{R}(u,0),\ \mathbf{R}(u,1),\ \mathbf{R}(0,v),\ \mathbf{R}(1,v)$$

Dabei ist $0 \leq u \leq 1$ und $0 \leq v \leq 1$ .Durch eine lineare Interpolation zwischen den beiden Randkurven $\mathbf{R}(0,v)$ und $\mathbf{R}(1,v)$ erhalten wir zunächst die folgende Fläche, die in Abbildung 6.19a dargestellt ist:

$$F_1(u,v) = (1-u) * \mathbf{R}(0,v) + u * \mathbf{R}(1,v)$$

Nun bestimmen wir eine Fehlerfunktion $F_2(u,v)$, die so eingestellt ist, daß auf den Randkurven die Fläche **F** exakt mit ihrer Approximation **C** übereinstimmt. Dafür machen wir den Ansatz:

$$F_2(u,v) = (1-v) * [\mathbf{F}(u,0) - F_1(u,0)] + v * [\mathbf{F}(u,1) - F_1(u,1)]$$

Da die Randkurven exakt bekannt sind, können wir sie einsetzen und erhalten für die Fehlerfunktion:

$$F_2(u,v) = (1-v) * [\mathbf{R}(u,0) - (1-u) * \mathbf{R}(0,0) - u * \mathbf{R}(1,0)] + v * [\mathbf{R}(u,1) - (1-u) * \mathbf{R}(0,1) - u * \mathbf{R}(1,1)]$$

mit $0 \leq u \leq 1$ und $0 \leq v \leq 1$. Als Näherung wählen wir nun die Fläche:

$$\mathbf{C}(u,v) = F_1(u,v) + F_2(u,v)$$

$$\mathbf{C}(u,v) = \begin{pmatrix} (1-u) * \mathbf{R}(0,v) + u * \mathbf{R}(1,v) + (1-v) * \mathbf{R}(u,0) \\ + v * \mathbf{R}(u,1) - (1-u)(1-v) * \mathbf{R}(0,0) \\ - u(1-v) * \mathbf{R}(1,0) - (1-u)v * \mathbf{R}(0,1) - uv * \mathbf{R}(1,1) \end{pmatrix}$$

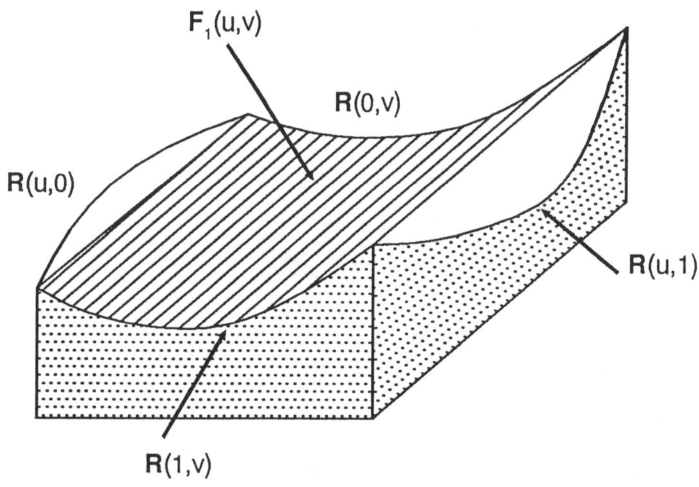

Abbildung 6.19: Zur Definition Coons'scher Flächen

Diese Fläche stimmt auf dem Rand mit den definierenden Randkurven überein. So erhält man z.B. für u=0 :

$$\mathbf{C}(0,v) = \begin{pmatrix} \mathbf{R}(0,v) + (1-v) * \mathbf{R}(0,0) + v * \mathbf{R}(0,1) \\ -(1-v) * \mathbf{R}(0,0) - v * \mathbf{R}(0,1) \end{pmatrix} = R(0,v)$$

Bezierflächen

Bezierflächen entstehen durch eine direkte Erweiterung des von Bezierkurven her bekannten Ansatzes. Man gibt ein Gitter von Führungspunkten $\mathbf{p}_{i,j}$ vor für Werte $0 \le i \le N$ und $0 \le j \le M$. Mit dem folgenden Ansatz erhält man eine Flächenfunktion:

$$\mathbf{F}(u,v) = \sum_{i=0}^{N} \sum_{j=0}^{M} \mathbf{p}_{i,j} B_{i,N}(u) B_{j,M}(v)$$

mit $B_{i,N}(u) = \binom{N}{i} u^i (1-u)^{N-i}$

und $B_{j,M}(v) = \binom{M}{j} v^j (1-v)^{M-j}$

Man entnimmt diesem Ansatz, daß $\mathbf{F}(u,0)$ die Randkurve mit den Führungspunkten $\mathbf{p}_{i,0}$ $(0 \le i \le N)$ ist, da in der obigen Summe für v=0 nur Terme übrigbleiben, in denen j=0 und somit $v^j = 1$ ist.

Man kann also Bezierflächen analog zu Bezierkurven durch Führungspunkte spezifizieren, was diese Methode besonders für Interaktive Graphische Systeme geeignet macht (siehe Abbildung 6.20).

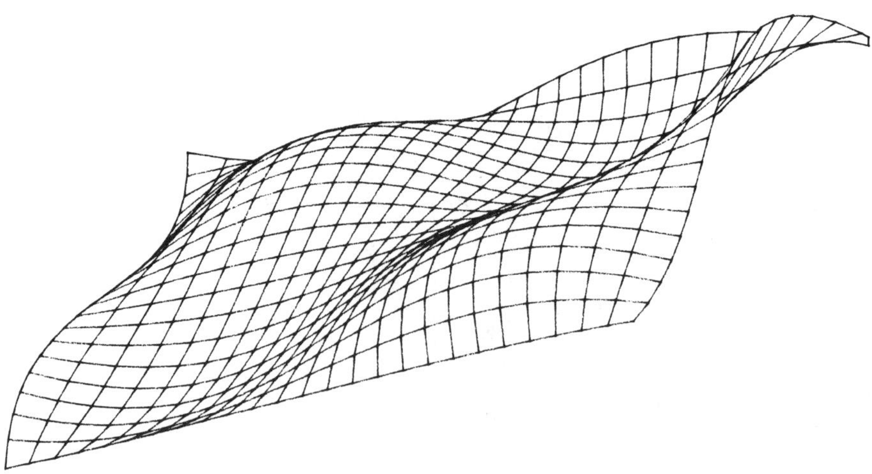

Abbildung 6.20: Ansicht einer Bezierfläche

Bikubische Spline-Flächen

Durch eine Verallgemeinerung des Ansatzes für kubische Splinekurven erhalten wir die Gleichung einer bikubischen Fläche. Wir benötigen dazu ein Rechteckgitter mit den Punkten

$$(x_i, y_j) \quad \text{mit} \quad 0 \leq i \leq N \quad \text{und} \quad 0 \leq j \leq M$$

Auf einer Gitterzelle mit den Eckpunkten (x_i,y_j), (x_{i+1},y_j), (x_i,y_{j+1}) und (x_{i+1},y_{j+1}) definieren wir ein Flächenelement dritten Grades:

$$F_{i,j}(x,y) = \sum_{k=0}^{4} \sum_{l=0}^{4} A_{i,j,k,l} \, (x-x_i)^{k-1} \, (y-y_j)^{l-1}$$

Die Bestimmung der Koeffizienten $A_{i,j,k,l}$ erfolgt analog zu kubischen Splines, so daß die Flächenelemente stetig und glatt zusammengesetzt werden können. Voraussetzung dafür ist, daß die Gitterpunkte selbst und die ersten oder zweiten Ableitungen auf dem Rand vorgegeben werden.

6.5 Aufgaben

1. Bezierkurven

Gesucht ist eine durch die vier Generatorpunkte: $\mathbf{p}_0 = (1,0)$, $\mathbf{p}_1 = (5,2)$, $\mathbf{p}_2 = (6,6)$ und $\mathbf{p}_3 = (0,11)$ aufgespannte Bezier-Kurve.

- Lassen Sie die Kurve mit der Prozedur Bezier zeichnen !
- Berechnen Sie mit dem Verfahren von Casteljau die Kurvenpunkte für die Parameterwerte $t = 1/3$, $t = 1/2$ und $t = 2/3$!
- Ermitteln Sie die selben Kurvenpunkte graphisch !
- Welche Steigungen hat die Kurve in ihren Endpunkten ?
- Stellen Sie das Bezierpolynom der Kurve auf !

2. B-Spline-Kurven

Es ist eine B-Spline-Kurve dritter Ordnung zu ermitteln durch die Punkte:

$\mathbf{p}_0 = (10,10)$ $\quad \mathbf{p}_1 = (20,80)$ $\quad \mathbf{p}_2 = (40,90)$

$\mathbf{p}_3 = (60,30)$ $\quad \mathbf{p}_4 = (80,20)$ $\quad \mathbf{p}_5 = (90,90)$

- Zeichnen Sie die Kurve mit der Prozedur BSpline !
- Ermitteln Sie mit dem oben beschriebenen, iterativen Verfahren die Kurvenpunkte zu den Parameterwerten $t = 1$, $t = 2$ und $t = 3$.
- Begründen Sie, warum eine B-Spline-Kurve der Ordnung $m = 3$ mit den Generatorpunkten $\mathbf{p}_1, \ldots, \mathbf{p}_N$, von denen die Punkte $\mathbf{p}_j$, $\mathbf{p}_{j+1}$, $\mathbf{p}_{j+2}$ und $\mathbf{p}_{j+3}$ kollinear sind, zwischen $\mathbf{p}_{j+1}$ und $\mathbf{p}_{j+2}$ exakt mit der Strecke $\overline{\mathbf{p}_{j+1}\mathbf{p}_{j+2}}$ übereinstimmt.

- Eine B-Spline-Kurve 4. Ordnung ist durch 21 Generatorpunkte $\mathbf{p}_0, \mathbf{p}_1, \ldots, \mathbf{p}_{20}$ definiert. In welchem Bereich ändert sich ihr Verlauf, wenn man $\mathbf{p}_{10}$ versetzt ?

3. Konvexe-Hüllen-Eigenschaft von Bezier- und B-Spline-Kurven

Gegeben ist ein Generatorpolygon durch die Punkte:

$$\mathbf{p}_0 = (2,1) \quad \mathbf{p}_1 = (5,2) \quad \mathbf{p}_2 = (8,4.5) \quad \mathbf{p}_3 = (5,7)$$
$$\mathbf{p}_4 = (2,4.5) \quad \mathbf{p}_5 = (5,2) \quad \mathbf{p}_6 = (8,1)$$

- Schraffieren Sie den Bereich, in dem eine Bezierkurve verlaufen muß.
- Schraffieren Sie den Bereich, in dem eine B-Spline-Kurve der Ordnung $m = 3$ verlaufen muß.

4. Kubische Splines

Ändern Sie das Verfahren zur Berechnung kubischer Splines so ab, daß statt der zweiten Ableitungen an den Intervall-Endpunkten die Kurvensteigung dort vorgegeben werden kann. Modifizieren Sie die PASCAL-Prozeduren zur Berechnung von kubischen Splinekurven entsprechend.

Wenden Sie das neue Verfahren an zum Zeichnen von Splines mit gleichem Generatorpolygon, aber verschiedenen Steigungen in den Intervall-Endpunkten.

5. Zusammensetzen von Bezierkurven

Eine Freiformkurve soll durch eine Punktfolge $\mathbf{p}_1, \ldots, \mathbf{p}_N$ definiert sein, so daß

- die Kurve durch einige dieser Punkte direkt hindurchgeht und
- die restlichen Punkte als Führungspunkte die Kuve beeinflussen.

Entwickeln und beschreiben Sie auf der Basis der Bezier-Kurven eine Technik, mit der man die Kurve in Parameterform angeben kann. Mit welchen Maßnahmen kann man erreichen, daß die Kurve glatt durch die Punkte vom ersten Typ hindurchläuft ?

6. Bilineare Viereckselemente

Gegeben sind vier Eckpunkte für ein bilineares Viereckselement:

$$\mathbf{p}_0 = (0,0,0) \quad \mathbf{p}_1 = (0,1,0) \quad \mathbf{p}_2 = (1,0,0) \quad \mathbf{p}_3 = (1,1,1)$$

- Stellen Sie die Gleichung der dadurch definierten bilinearen Fläche auf.
- Welche Gestalt hat die Fläche ? Zeichnen Sie die Randkurven und die Schnitte mit den Ebenen $u = v$, $v = 1/3$, $v = 1/2$, $v = 2/3$, um Aufschluß über die Form der Fläche zu bekommen.

7 Geometrische Modelliersysteme

7.1 Grundkonzepte der Modellierung

Graphische Anwendungssysteme enthalten als wesentliche Komponenten:

° das *Modelliersystem*, welches die *Datenstrukturen* zur rechnerinternen Speicherung von Objekten bereitstellt, sowie *Algorithmen* für ihre Generierung und Verarbeitung.

° das *Graphiksystem*, welches *Methoden zur Darstellung* von Objekten liefert.

Abbildung 7.1 zeigt die Stellung dieser Module innerhalb einer graphischen Anwendung. Diese Struktur ermöglicht es, für die Darstellung von Objekten standardisierte Graphiksysteme, wie z.B. GKS, einzusetzen, während für das Modelliersystem kaum Normierungen möglich sind.

Das Modelliersystem bildet den Kern einer graphischen Anwendung. Seine Datenstruktur für die rechnerinterne Objektdarstellung hat weitreichende Konsequenzen für das gesamte System:

° Es bildet die Grundlage für alle anwendungsspezifischen Verfahren.

° Es bestimmt die Art der möglichen Objektdarstellungen.

° Es beeinflußt Implementierungsaufwand und Laufzeit der Verfahren.

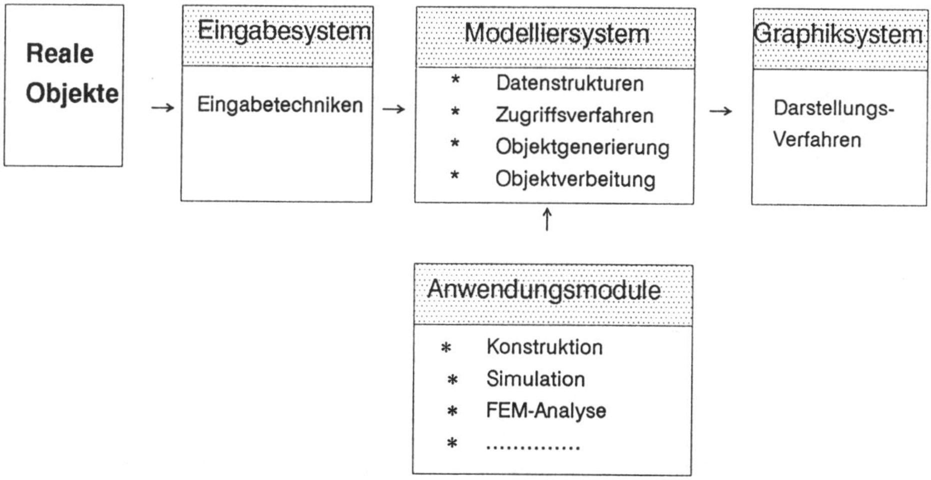

Abbildung 7.1: Komponenten eines graphischen Systems

Modelliersysteme teilt man grob ein in einfache 2D-Modelle, $2^1/_2$ D-Modelle und 3D-Modelle. Wir gehen kurz auf die wesentlichen Merkmale dieser Klassifizierung ein.

7.1.1 2D-Modelle

2D-Modelliersysteme eignen sich nur für zweidimensionale Objekte. Man unterscheidet dabei zwei grundsätzlich unterschiedliche Ansätze:

Lineare Modelle

Sie ahmen die Methodik eines Konstrukteurs am Reißbrett nach. Als Objekte kennen sie

- Punkte,
- Geraden und Strecken,
- analytisch beschreibbare Kurven, z.B. Kreise, Kreissegmente, ...
- Splines,
- Alphanumerische Zeichen (Vektorfonts).

Typische Operationen mit diesen Objekten sind das Positionieren und Transformieren von Objekten .

Lineare Modelle sind mit relativ geringem Aufwand zu implementieren und ihre Algorithmen sind effizient. Sie eignen sich naturgemäß nur für konstruktive, zweidimensionale Anwendungen, also z.B. für das Erstellen von Schaltplänen oder den Entwurf von Platinen und integrierten Schaltungen.

Areale Modelle

Areale Modelle nutzen die speziellen Möglichkeiten moderner Rasterbildschirme. Sie ahmen die Arbeitsweise eines Graphikers nach. Als Objekte verwenden sie

- einzelne Rasterpunkte (Pixel),
- Linien,
- einfache geometrische Flächen, z.B. Kreisflächen, Rechteckflächen, ...
- vordefinierte Musterelemente,
- alphanumerische Zeichen (Rasterfonts).

Operationen mit diesen Objekten können sein:

- Positionieren
- Transformieren
- Überlagern
- logische Verknüpfungen (UND, ODER, exklusives ODER)
- Modifikation von Mustern und Farbinformationen

Areale Modelle werden zum Beispiel eingesetzt für Präsentationsgraphik und bei Systemen für Freihandzeichnen mit dem Rechner.

2½D-Modelle

Dies sind erweiterte, lineare 2D-Modelle mit einer dritten Koordinate für spezielle 3D-Objekte, etwa Profile oder Rotationskörper. Ihr Einsatzbereich ist daher auf be-

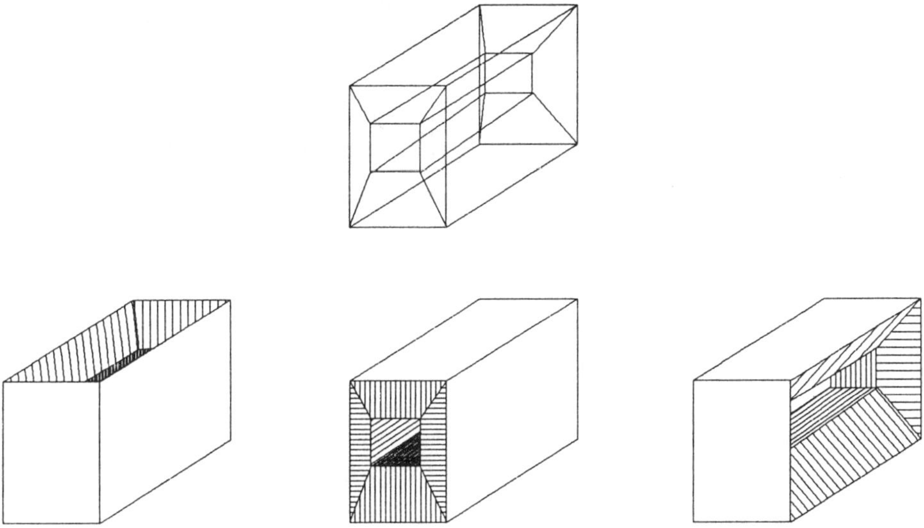

Abbildung 7.2: Mehrdeutigkeit bei Drahtmodellen

sondere Anwendungsfälle beschränkt. $2^1/_2$D-Modelle sind ähnlich einfach zu implementieren wie reine 2D-Modelle und die auf ihnen aufbauenden Algorithmen sind sehr effizient.

7.1.2 3D-Modelle

3D-Modelle werden dort eingesetzt, wo die Objektstruktur und die Operationen mit Objekten keine zweidimensionalen Verfahren zulassen. Man unterscheidet drei Modelltypen:

Drahtmodelle

Bei Drahtmodellen enthält die rechnerinterne Darstellung nur die Kanten der Objekt-Oberfläche, also Strecken, Geraden und Kurven. Vorteilhaft bei diesem Modelltyp sind der geringe Implementierungsaufwand und die Laufzeiteffizienz der graphischen Algorithmen.

Drahtmodelle besitzen jedoch Nachteile, die sie für viele Anwendungsbereiche ungeeignet machen:

- Die rechnerinterne Darstellung eines dreidimensionalen Körpers kann mehrdeutig sein, wie Abbildung 7.2 zu entnehmen ist.
- Viele Operationen sind gar nicht sinnvoll durchführbar, z.B. das Abschneiden von Körpern an einer Ebene (siehe Abbildung 7.3).
- Es können Objekte konstruiert werden, zu denen kein wiederspruchsfreier dreidimensionaler Körper exisiert, wie Abbildung 7.4 zeigt.

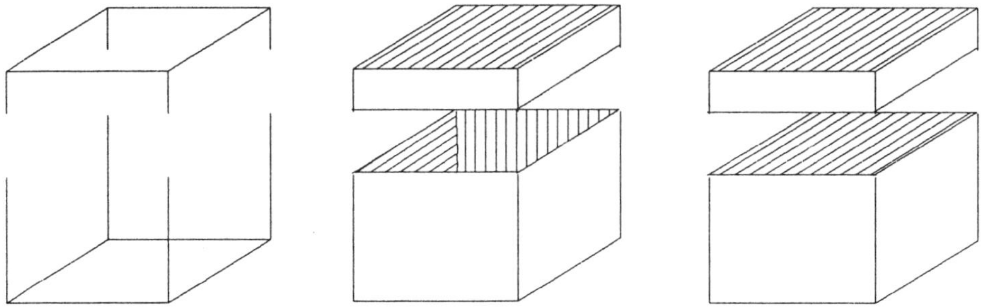

Abbildung 7.3: Schnitt durch einen Würfel bei Draht-, Flächen- und Volumenmodellen

Flächenmodelle

Sie enthalten in der rechnerinternen Objektdarstellung neben der Kanteninformation auch eine Beschreibung aller Oberflächenelemente (siehe Abbildung 7.5). Als Flächenelemente kommen in Frage:

- polygonal begrenzte Flächen (Facetten),
- Kreis- und Ellipsen-Flächen,
- Rotationsflächen (durch eine Kontur und eine Rotationsachse gegeben),
- Regelflächen (durch ein Verschiebegesetz für eine Gerade definiert),
- Freiformflächen (Bezier- oder Splineflächen über einem Punktgitter).

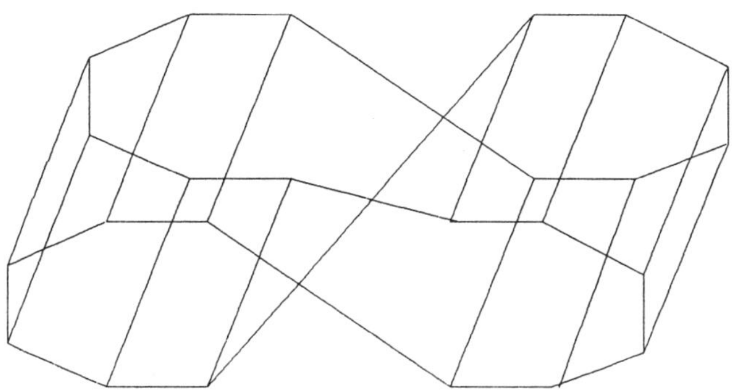

Abbildung 7.4: Inkonsistentes Objekt im Draht- bzw. Flächenmodell

Die Vorteile von Flächenmodellen machen sie für viele Anwendungen gut geeignet:

- Ihr Implementierungsaufwand ist tragbar.
- Die darauf basierenden Verfahren sind effizient.
- Die Philosophie der Flächenmodelle entspricht der Arbeitsweise eines Konstrukteurs, der dreidimensionale Objekte über ihre Oberflächenelemente spezifiziert.

Allerdings besitzen sie auch Nachteile, die sie für manche Anwendungen weniger geeignet erscheinen lassen:

- Der Eingabeaufwand für die Objektdefinition ist höher als bei Volumenmodellen.
- Die Darstellungsverfahren sind oft sehr aufwendig.
- Bei Schnittoperationen treten Probleme auf (siehe Abbildung 7.3).

Es können Objekte konstruiert werden, denen kein realer Körper entspricht, was ständige Konsistenzprüfungen erfordert (siehe Abbildung 7.4).

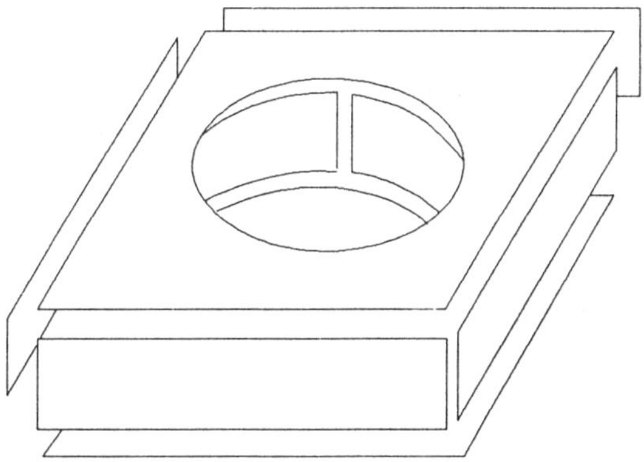

Abbildung 7.5: Objektdarstellung mit Begrenzungsflächen

Volumenmodelle

Volumenmodelle basieren auf Grundkörpern, aus denen komplexe Objekte durch die topologischen Operationen Summe, Differenz und Durchschnitt aufgebaut werden (siehe Abbildung 7.6). Als Elementarkörper werden häufig Quader, Prismen, Zylinder, Kugeln, Pyramiden und Kegel angeboten.

Volumenmodelle besitzen eine Reihe von Nachteilen:

- Ihr Implementierungsaufwand ist sehr hoch.
- Es ist schwierig, Objekte mit Freiformflächen einzubinden.
- Darstellungsverfahren sind sehr rechenintensiv.

Dem stehen aber zahlreiche positive Merkmale gegenüber:

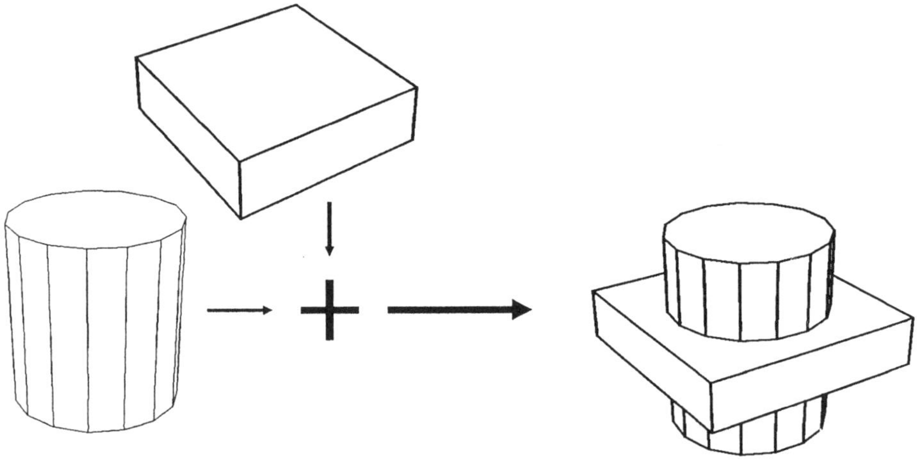

Abbildung 7.6: Generierung von Objekten aus Elementarkörpern in einem Volumenmodell

- Volumenmodelle beschreiben ein Objekt eindeutig.
- Die Generierung von Objekten erfordert nur einen geringen Eingabeaufwand.
- Es können keine inkonsistenten Objekte konstruiert werden.

Volumenmodelle finden daher vor allem bei CAD-Systemen der oberen Leistungsklasse Anwendung.

Real exisierende Modelliersysteme besitzen oft Eigenschaften aller drei Typen oder lassen sich gar nicht darunter einordnen. Beispiele dafür sind parametrische Modelle und Modelle, die auf einer Zellenzerlegung aufbauen.

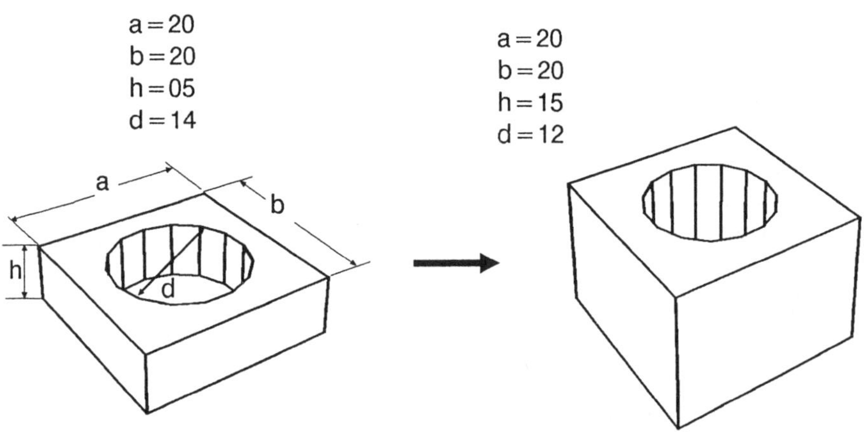

Abbildung 7.7: Objektdarstellung im parametrischen Modelliersystem

Parametrische Modelle

Diese Darstellungform eignet sich besonders für Anwendungen, die Varianten von vorgegebenen Objekten benutzen. Die Grundobjekte werden in einer Bibliothek zur Verfügung gestellt. Ihre charakteristischen Merkmale können durch Parameter variiert werden, etwa der Durchmesser einer Bohrung oder die Dicke einer Platte (siehe Abbildung 7.7).

Bei der Generierung von Objekten läßt sich daher der Eingabeaufwand auf ein Minimum beschränken. Natürlich sind Konsistenzprüfungen erforderlich, um z.B. den Bohrungsdurchmesser auf die Größe der Platte in Abbildung 7.7 abzustimmen.

Zellenzerlegung

Für manche Anwendungssysteme, z.B. Strukturanalysen mit Finite Element-Methoden ist es erforderlich, die Objekte aus disjunkten Elementarzellen aufzubauen. Dies sind einfache geometrische Objekte, z.B. Dreiecke, Rechtecke, Pyramiden, Prismen, Quader, ... , deren Struktureigenschaften sich sich mathematisch einfach beschreiben lassen. Abbildung 7.8 zeigt die Zerlegung eines Körpers in identische Zellen.

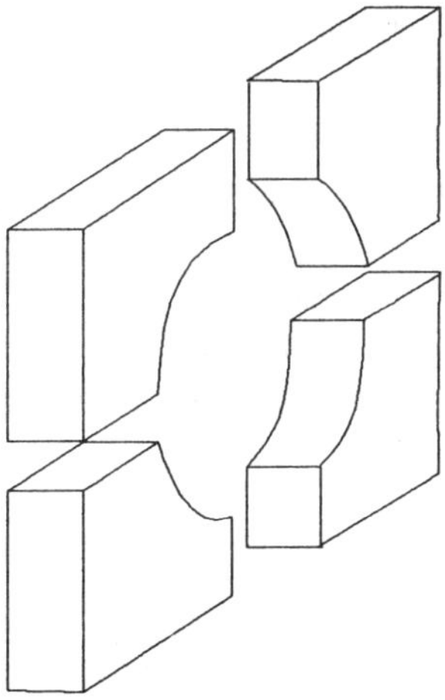

Abbildung 7.8: Objektaufbau aus elementaren Zellen.

7.2 Modellieren mit Begrenzungsflächen

In diesem Abschnitt lernen wir Datenstrukturen für die rechnerinterne Darstellung von Objekten kennen sowie Algorithmen für Operationen auf diesen. Wir beschränken uns auf Methoden für Flächenmodelliersysteme und Objekte mit polyedrischer Oberfläche. Diese Verfahren bilden die Grundlage für das 3D-Modelliersystem, das wir im Abschnitt 7.3 kennenlernen werden.

7.2.1 Datenstrukturen für Flächenmodelliersysteme

Datenstrukturen zur rechnerinternen Darstellung von Objekten müssen zwei verschiedene Informationstypen beinhalten:

- *geometrische Informationen:* Sie beschreiben die räumliche Lage von Objekten, Flächen, Kanten und Punkten, z.B. durch kartesische Koordinaten.
- *topologische Informationen:* Sie geben Auskunft über die Beziehungen zwischen Objekten, Flächen, Kanten und Punkten.

Eine einfache Datenstruktur für Oberflächenmodelle

Für einfache Anwendungsfälle genügt die Datenstruktur wie sie in Abbil dung 7.10 und 7.11 schematisch dargestellt ist für den in Abbildung 7.9 gezeigten Quader. Sie besitzt folgende Merkmale:

- Geometrische und topologische Information sind strikt getrennt.
- die geometrische Information ist redundanzfrei, da jeder Punkt nur einmal gespeichert ist. Dies vereinfacht geometrische Objekttransformationen.
- Die topologischen Informationen geben Auskunft darüber,
  - welche Facetten zur Oberfläche eines Objekts gehören,
  - welche Kanten zum Rand einer Fläche gehören,
  - welche Eckpunkte eine Kante besitzt.

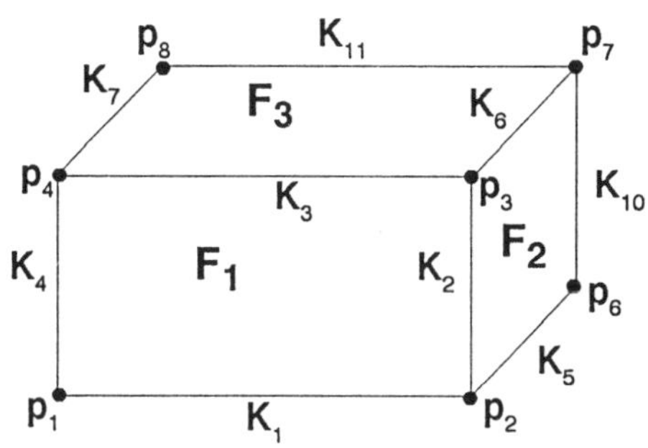

Abbildung 7.9: Elemente eines Quaders im Flächenmodell

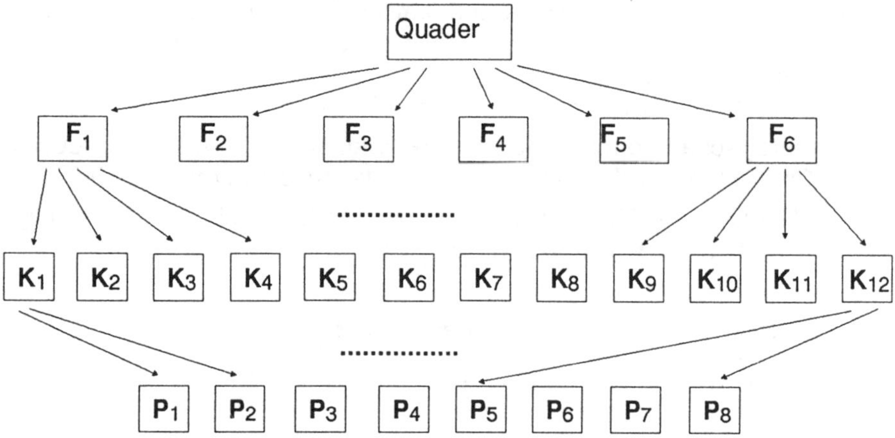

Abbildung 7.10: Relationen zwischen Flächen, Kanten und Punkten eines Quaders beim einfachen Flächenmodell

° Andere topologische Informationen sind aus dieser Datenstruktur durch Suchprozesse zu extrahieren, z.B.:
– zu welchen Kanten ein Punkt gehört,
– bei welchen Flächen eine Kante im Randpolygon enthalten ist,
– welche Flächen an eine bekannte Fläche anstoßen.

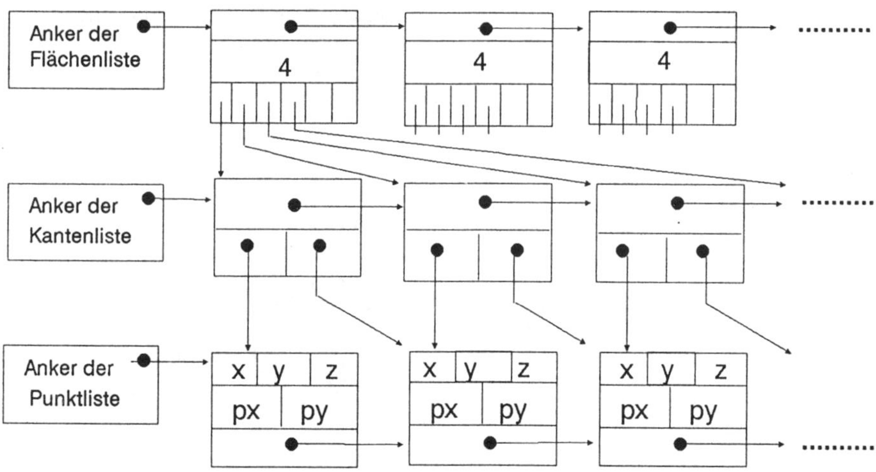

Abbildung 7.11: Listenstruktur für das einfache Flächenmodell

- Manche Objekttypen sind mit dieser Datenstruktur nicht darzustellen, z.B.:
  - Objekte, deren Facetten nicht einfach zusammenhängend sind, die also "Löcher" aufweisen,
  - Objekte, deren Oberfläche auch Freiformflächen enthält.
- Die topologische Information ist nicht redundanzfrei, da z.B. die Endpunkte eines Randsegments über verschiedene Pfade erreicht werden können.

Die Modellstruktur der Abbildungen 7.10 und 7.11 führt bei der Realisierung in PASCAL zu den folgenden Datenstrukturen:

Zeiger auf die Elemente der Datenstruktur

```
Ptr_Verts    =  ^Rec_Verts;
Ptr_Lines    =  ^Rec_Lines;
Ptr_Facets   =  ^Rec_Facets;
```

Record für einen Eckpunkt

```
Rec_Verts    =  RECORD
                  { x, y, z       : Koordinaten der k-ten Ecke                  }
                  { xp, yp        : perspekt. Projektion der k-ten Ecke         }
                  { next          : Verkettung der Eckpunkte                    }
                  x,y,z           : REAL;
                  xp,yp           : REAL;
                  next            : Ptr_Verts
                END;
```

Record für eine Objektkante

```
Rec_Lines    =  RECORD
                  { LinV[1]       : Zeiger auf den Anf.punkt dieser Kante       }
                  { LinV[2]       : Zeiger auf den Endpunkte dieser Kante       }
                  { next          : Verkettung der Kanten                       }
                  LinV            : ARRAY [1..2] OF Ptr_Verts;
                  next            : Ptr_Lines
                END;
```

Record für eine Facette

```
Rec_Facets   =  RECORD
                  { IndexF        : Anzahl von Randsegmenten der Facette        }
                  { Linf[i]       : Zeiger auf das i-te Randsegment dieser      }
                  {                 Facette; maximal 50 Segmente möglich !      }
                  { next          : Verkettung der Facetten                     }
                  IndexF          : INTEGER;
                  LinF            : array [1 . . 50] OF Ptr_Lines;
                  next            : Ptr_Facets
                END;
```

Record für ein Objekt

```
Rec_Obj     =  RECORD
                  { noF   : Anzahl der Facetten eines Objects          }
                  { noL   : Anzahl der Kanten eines Objects            }
                  { noV   : Anzahl der Eckpunkte eines Objects         }
                  { ppd   : Abstand Beobachter - Projektionsfläche     }
                  { Dist  : Abstand Beobachter - Ursprung              }
                  noF,noL,noV               : INTEGER;
                  Dist,ppd                  : REAL;
                  Verts,Verts_Top           : Ptr_Verts;
                  Lines,Lines_Top           : Ptr_Lines;
                  Facets,Facets_Top         : Ptr_Facets
               END;
```

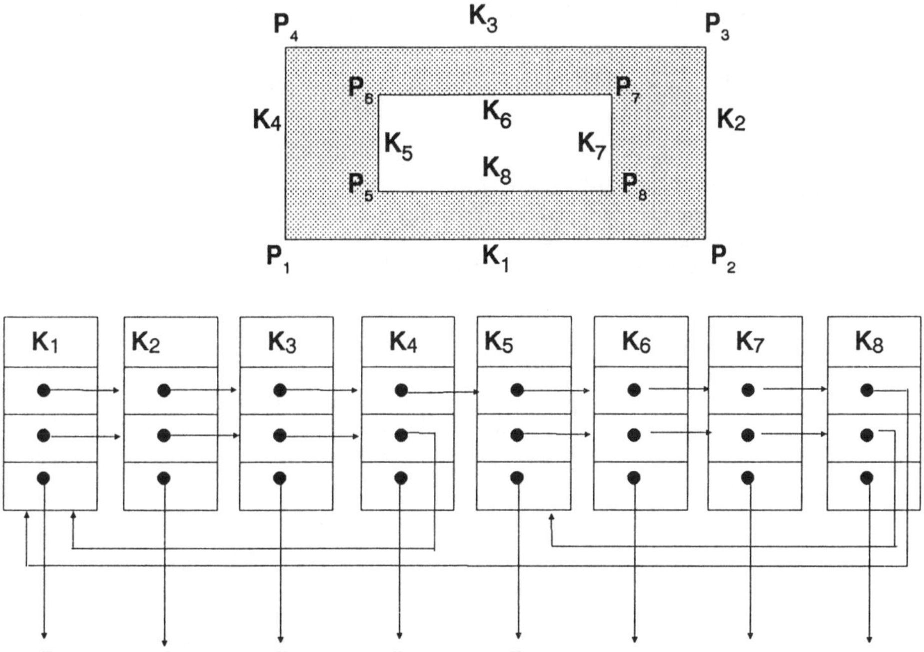

Abbildung 7.12: Rand einer mehrfach zusammenhängenden Fläche in Halbkantendarstellung

Die "winged edges"-Datenstruktur für Oberflächenmodelle

Diese Datenstruktur wurde 1972 von Baumgart entwickelt und inzwischen von mehreren Autoren für unterschiedliche Zwecke modifiziert. Wir stellen sie in der in [13] angegebenen Form dar. Sie beschreibt Objekte durch Listen von Flächen, Kanten und Eckpunkten, die folgendermaßen organisiert sind:

- Die Flächen eines Objekts bilden eine lineare Liste. (Verkettung mit dem Zeiger nxtfla in der PASCAL-Implementierung). Jede Fläche verweist auf ihren Rand
- Der Rand einer Fläche wird als lineare Liste ihrer Randsegmente angegeben, so daß von außen gesehen die Fläche stets links von ihren Randsegmenten liegt (Verkettung mit dem PASCAL-Zeiger nxthk).
- Da mehrfach zusammenhängende Flächen mehrere Teilränder besitzen können, wird zusätzlich für jeden einzelnen Teilrand eine zyklische Verkettung seiner Segmente mit dem PASCAL-Zeiger folghk aufgebaut (siehe Abbildung 7.12).
- Randsegmente sind "Halbkanten". Sie verweisen auf ihren Anfangspunkt, ihre rechte Nachbarfläche und die Nachfolgesegmente in den beiden Halbkantenketten.

Diese Listenstruktur ist in Abbildung 7.13 dargestellt. In PASCAL läßt sie sich wie folgt realisieren:

Zeiger auf die Elemente der Datenstruktur

```
hk_koerperptr       =    ^hk_koerper;
hk_flaechenptr      =    ^hk_flaeche;
hk_halbkantenptr    =    ^hk_halbkante;
hk_eckenptr         =    ^hk_ecke;
```

Record für einen Eckpunkt

```
hk_ecke        = RECORD
                    { x, y, z      : Koordinaten der aktuellen Ecke        }
                    { nxteck       : Lineare Liste der Eckpunktliste       }
                    x, y, z        : REAL;
                    nxteck         : hk_eckenptr;
                 END;
```

Record für eine Halbkante

```
hk_halbkante   = RECORD
                    { anfeck       : Zeiger auf Anfang der Halbkante       }
                    { recfla       : Zeiger auf rechte Nachbarfläche       }
                    { folghk       : Verkettung d. lokalen Kantenliste     }
                    { nxthk        : Verkettung d. globalen Kantenliste    }
                    { sichtb       : Sichtbarkeitsattribut f. diese Kante  }
                    anfeck         : hk_eckenptr;
                    recfla         : hk_flaechenptr;
                    folghk         : hk_halbkantenptr;
                    nxthk          : hk_halbkantenptr;
                    sichtb         : boolean;
                 END;
```

Record für eine Fläche

```
hk_flaeche     = RECORD
                    { hkbeg       : Anker der Randpolygon-Liste        }
                    { nxtfla      : Verkettung der Flächenliste        }
                    hkbeg         : hk_halbkantenptr;
                    nxtfla        : hk_flaechenptr;
                 END;
```

Record für ein Objekt

```
hk_koerper     = RECORD
                    { anzeck      : Anzahl der Eckpunkte eines Objekts  }
                    { anzkan      : Anzahl der Kanten eines Objekts     }
                    { anzfla      : Anzahl der Flaechen eines Objekts   }
                    { eckank      : Anker der Eckenliste                }
                    { flaank      : Anker der Flächenliste              }
                    anzeck        : integer;
                    anzkan        : integer;
                    anzfla        : integer;
                    eckank        : hk_eckenptr;
                    flaank        : hk_flaechenptr;
                 END;
```

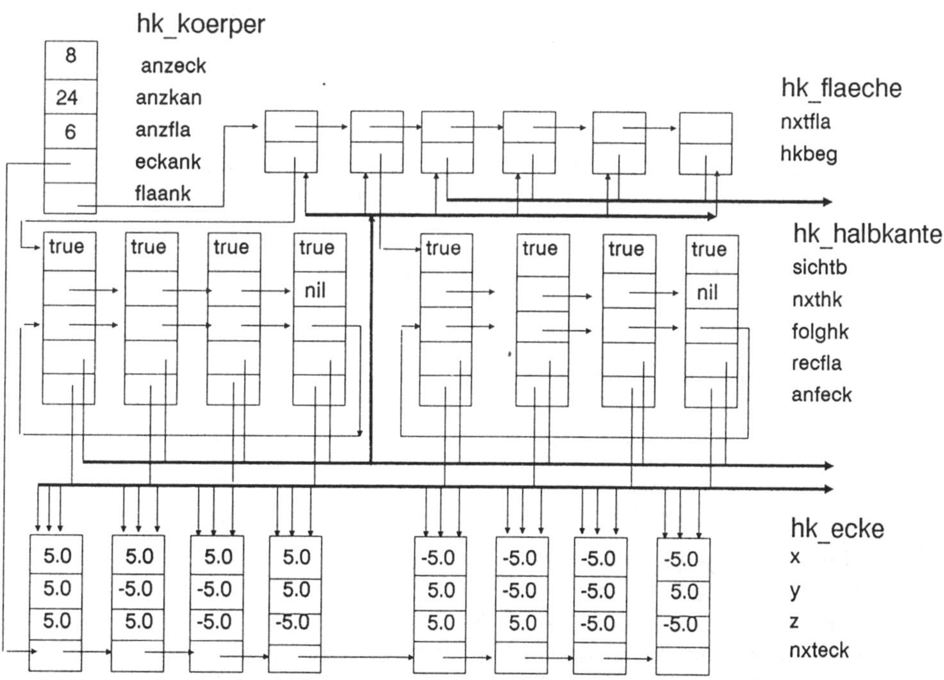

Abbildung 7.13: Listenstruktur für die Darstellung im "winged edges" -Halbkantenmodell

Mit der "winged edges"-Datenstruktur wird auch die topologische Information weitgehend redundanzfrei abgelegt. Man kann ihr zahlreiche topologische Relationen entnehmen:

Zu einer Fläche kann man angeben:

- Die Segmente ihres Randes; bei mehrfach zusammenhängenden Flächen lassen sich ihre verschiedenen Randpolygone leicht isolieren;
- ihre Nachbarflächen und
- ihre Eckpunkte.

Zu einer Kante kann man angeben:

- ihren Anfangs- und Endpunkt,
- die Vorgänger- und Nachfolgerkante im Randpolygon,
- alle an sie anstoßenden Kanten und
- die Flächen, die an sie anstoßen.

Zu einem Punkt kann man angeben:

- welche Kanten sich in ihm treffen,
- für welche Flächen er Eckpunkt ist und
- welches die benachbarten Eckpunkte sind.

Einige dieser Beziehungen erfordern jedoch einen aufwendigen Suchprozeß.

7.2.2 Konsistenzbedingungen

Das Ergebnis eines Konstruktionsprozesses muß oft Konsistenzbedingungen erfüllen. So kann z.B. verlangt werden, daß konstruierte Objekte Modelle real existierender Körper oder die Facetten der Objektoberflächen stets Dreiecke sind.

Um derartige Bedingungen einzuhalten kann man entweder nur Operationen zulassen, die konsistenzerhaltend sind, oder man muß nach jeder Operation überprüfen, ob sie Konsistenzbedingungen verletzt. Generell unterscheidet man *geometrische* und *topologische Konsistenzbedingungen*:

Einige geometrische Konsistenzbedingungen sind die folgenden:

- Kanten dürfen sich nur in Eckpunkten treffen.
- Facetten dürfen sich nur in Objektkanten oder Eckpunkten treffen.
- Alle Facetten sollen konvex sein.

Typische topologische Konsistenzbedingungen sind die folgenden:

- Flächen haben genau drei Kanten.
- Jede Kante hat genau zwei Nachbarflächen.
- Jede Kante hat genau zwei Eckpunkte.

Ein wichtiges Kriterium dafür, daß ein Objekt einen polyedrischen Körper darstellt, ist der Euler'sche Polyedersatz. Wir begründen ihn für einen einfachen Fall und geben dann seine allgemeine Form für beliebige Polyeder an.

Euler'scher Polyedersatz für konvexe Polyeder

Für konvexe Polyeder mit f Facetten, k Kanten und e Ecken gilt:

$$f - k + e = 2$$

Für einen Tetraeder gilt: f=4, k= 6, e=4, also f−k+e = 4− 6+4 = 2
Für einen Würfel gilt: f=6, k=12, e=8, also f−k+e = 6−12+8 = 2

Am Beispiel eines Würfels kann man den Euler'schen Polyedersatz durch eine einfache Überlegung plausibel machen:

° Man denkt sich die Oberfläche des Würfels als dünne, elastische Haut.

° Man entfernt zunächst eine Fläche und erhält für die Anzahl der Facetten des resultierenden Objekts f' = f−1 . Das neue Objekt wird planiert, so wie dies die Abbildung 7.14a zeigt.

Auf das planierte Objekt wendet man Operationen an, die den Wert des Ausdrucks f−k+e nicht verändern, solange bis ein einziger Punkt übrig bleibt. Dies sind:

- Triangulation der planierten Fläche so wie in Abbildung 7.14b gezeigt.
- Entfernen von Kanten, die genau einer Fläche angehören zusammen mit dieser Fläche.
- Entfernen von Kanten, die keiner Dreiecksfläche mehr angehören zusammen mit dem freien Eckpunkt.

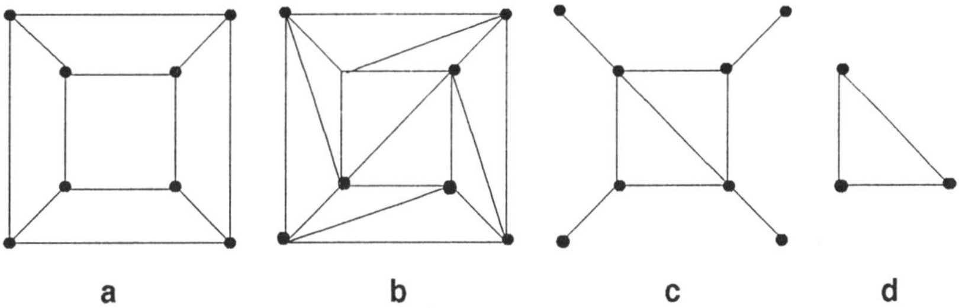

Abbildung 7.14: Operationen beim Beweis des Euler'schen Polyedersatzes

Über die Zwischenstufen, die in Abbildung 7.14c und 7.14d dargestellt sind, erhält man schließlich ein Objekt, das nur noch aus einem Punkt besteht. Für dieses gilt f'−k+e=1. Da sich der Wert des Ausdrucks f−k+e nur im zweiten Schritt verändert hat, folgt damit, daß für das ursprüngliche Objekt f−k+e=2 gilt. Für praktische Anwendungen erweitert man die Aussage zum Euler-Poincaré'schen Polyedersatz. Man verifiziere seine Aussage an den Objekten der Abbildung 7.15 !

Euler-Poincaré'scher Polyedersatz für allgemeine Polyeder

Für einen Polyeder mit f Facetten, k Kanten, e Ecken, h Höhlungen, r Löchern in den Facetten und g Durchbohrungen des Körpers gilt:

$$\mathbf{f - k + e = 2 * (1 + h - g) + r}$$

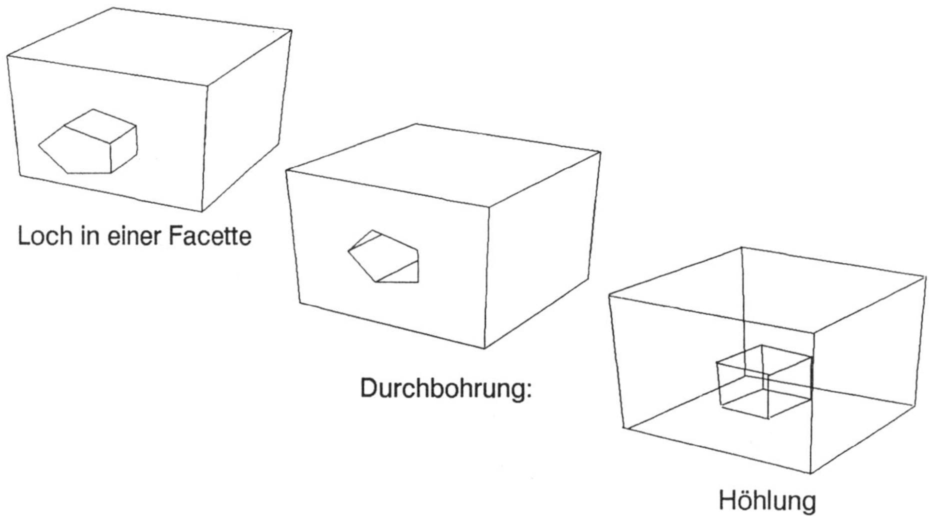

Abbildung 7.15: Zum Polyedersatz von Euler-Poincaré

7.2.3 Topologische Operationen in Flächenmodellierern

Neben anwendungsspezifischen Operationen auf den Objekten eines Modelliersystems spielen topologische Verknüpfungen eine zentrale Rolle, nämlich Summe, Differenz und Durchschnitt von Objekten.

Als Vorübung betrachten wir diese Operationen für einen zweidimensionalen Beispielfall, den Abbildung 7.16 darstellt. Die beiden Flächen $\mathbf{F_A}$ und $\mathbf{F_B}$ besitzen orientierte Ränder, die wir so zerlegen, daß vier Mengen von Randsegmenten bzw. Teilen davon entstehen:

$\mathbf{R_{A\overline{B}}}$ = Randteile von $\mathbf{F_A}$, die außerhalb von $\mathbf{F_B}$ liegen.

$\mathbf{R_{AB}}$ = Randteile von $\mathbf{F_A}$, die innerhalb von $\mathbf{F_B}$ liegen.

$\mathbf{R_{B\overline{A}}}$ = Randteile von $\mathbf{F_B}$, die außerhalb von $\mathbf{F_A}$ liegen.

$\mathbf{R_{BA}}$ = Randteile von $\mathbf{F_B}$, die innerhalb von $\mathbf{F_A}$ liegen.

Daraus erhält man nun die Randdarstellung der neuen Flächen:

$$\text{Rand}\,(\mathbf{F_A} \cup \mathbf{F_B}) = \mathbf{R_{AB}} \cup \mathbf{R_{BA}}$$

$$\text{Rand}\,(\mathbf{F_A} \cap \mathbf{F_B}) = \mathbf{R_{AB}} \cup \mathbf{R_{BA}}$$

$$\text{Rand}\,(\mathbf{F_A} - \mathbf{F_B}) = \mathbf{R_{AB}} \cup \mathbf{R_{BA}}$$

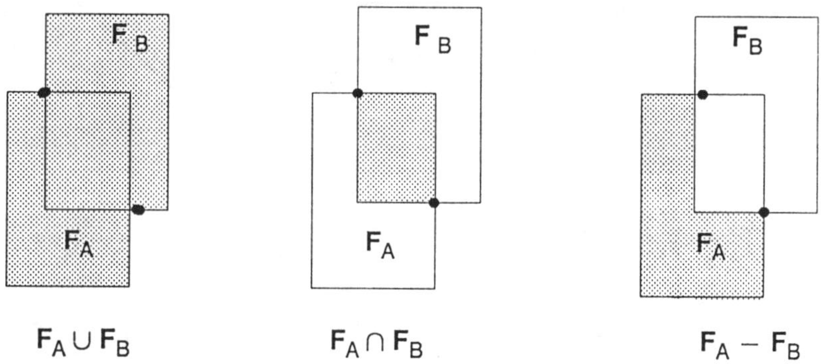

Abbildung 7.16: Topologische Operationen mit Flächen

Eine Schlüsselrolle spielen bei der Konstruktion der gesuchten Randteile $\mathbf{R_{AB}}$, $\mathbf{R_{A\bar{B}}}$, $\mathbf{R_{BA}}$ und $\mathbf{R_{B\bar{A}}}$ die Punkte, an denen die Ränder von $\mathbf{F_A}$ und $\mathbf{F_B}$ einander schneiden. Sie trennen die inneren und äußeren Randteile. Die in dieser Überlegung enthaltene Idee wird nun zu einem Verfahren für dreidimensionale Objekte ausgebaut, das [13] entnommen ist.

Wir veranschaulichen das Vorgehen anhand der beiden in Abbildung 7.17 gezeigten Objekte. Zur Vereinfachung schließen wir generell die folgenden Sonderfälle in der Lage der beiden Objekte zueinander aus:

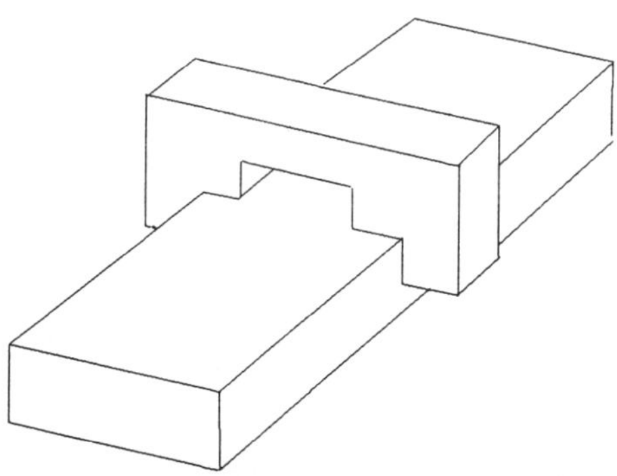

Abbildung 7.17: Beipielobjekte für topologische Operationen

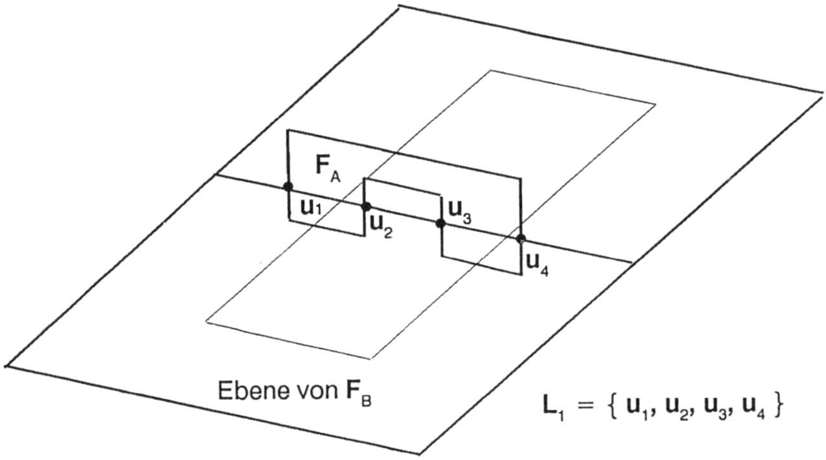

a) Schnitt von Facette F_A mit der Ebene der Facette F_B

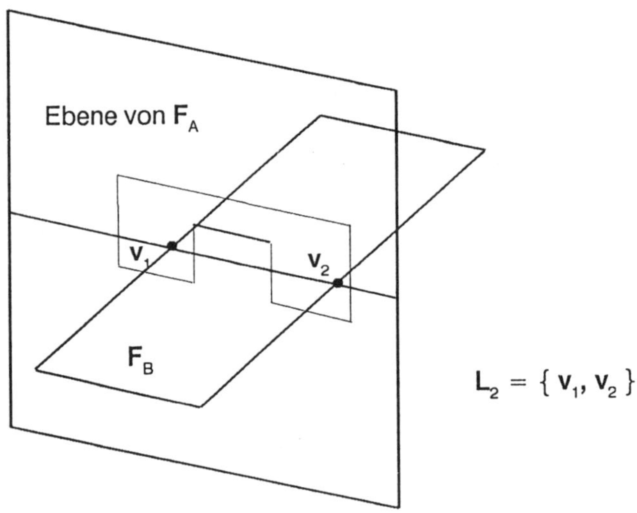

b) Schnitt von Facette F_B mit der Ebene der Facette F_A

Abbildung 7.18: Ermittlung separierender Kanten

- Kanten der beiden Objekte schneiden sich.
- Flächen der beiden Objekte liegen aufeinander.
- eine Ecke des einen Objektes berührt eine Fläche des anderen.
- eine Kante des einen Objektes liegt in einer Fläche des anderen.

Das Verfahren besteht aus drei Stufen:

Stufe 1:

Diese erste Verfahrenstufe berechnet die neuen Kanten, die durch die Durchdringung der beiden Objekte entstehen. Mit diesen *separierenden Kanten* lassen sich dann in der nächsten Stufe die Facetten der resultierenden Objekte berechnen. Im einzelnen enthält Stufe 1 die folgenden Schritte:

1. Schritt:

Wir schneiden eine Facette $\mathbf{F}_A$ des Objekts **A** mit der Ebene einer Facette $\mathbf{F}_B$ des Objekts **B**. Dazu gehen wir wie folgt vor (siehe Abbildung 7.18a):

- Es werden die Ebenengleichungen für die beiden Facetten aufgestellt und die Schnittgerade **G** dieser Ebenen bestimmt.
- Man bestimmt die Schnittpunkte zwischen der Geraden **G** und dem Randpolygon der Facette $\mathbf{F}_A$.
- Die Schnittpunkte werden gemäß ihrer Lage auf der Schnittgeraden **G** sortiert.

Man erhält so eine Liste $\mathbf{L}_1$ von Punkten. Ungerade Punktnummern markieren Eintrittspunkte der Schnittgeraden in die Facette $\mathbf{F}_A$, gerade Punktnummern Austrittspunkte aus $\mathbf{F}_A$.

2. Schritt:

Wir schneiden eine Facette $\mathbf{F}_B$ des Objekts **B** mit der Ebene einer Facette $\mathbf{F}_A$ des Objekts **A** (siehe Abbildung 7.18b). Man erhält wieder eine sortierte Liste $\mathbf{L}_2$ von Punkten. Ungerade Punktnummern markieren Eintrittspunkte der Schnittgeraden in die Facette $\mathbf{F}_B$, gerade Punktnummern Austrittspunkte aus $\mathbf{F}_B$.

3. Schritt:

Die beiden Punktlisten aus den Schritten 1 und 2 liefern nun die separierenden Kanten der topologischen Operation (siehe Abbildung 7.19):

- Wir suchen, vom linken Ende der Schnittgeraden **G** ausgehend, solange Punkte auf ihr, bis wir uns erstmals innerhalb beider Facetten befinden. Diesen Punkt speichern wir in eine Ergebnisliste ab als Anfang einer separierenden Kante.
- Der nächste Punkt auf der Schnittgeraden bezeichnet das Ende der separierenden Kante. Auch er wird in die Ergebnisliste übertragen.

Dies wird wiederholt, bis eine der beiden Listen $\mathbf{L}_1$ oder $\mathbf{L}_2$ leer ist. Als Ergebnis erhalten wir eine Liste der separierenden Kanten für diese beiden Facetten.

Mit den beschriebenen Schritten werden paarweise alle Facetten von Objekt **A** mit allen Facetten von Objekt **B** untersucht. Als Ergebnis der Stufe1 erhält man die Liste $\mathbf{L}_S$ aller separierenden Kanten zwischen den Objekten **A** und **B**.

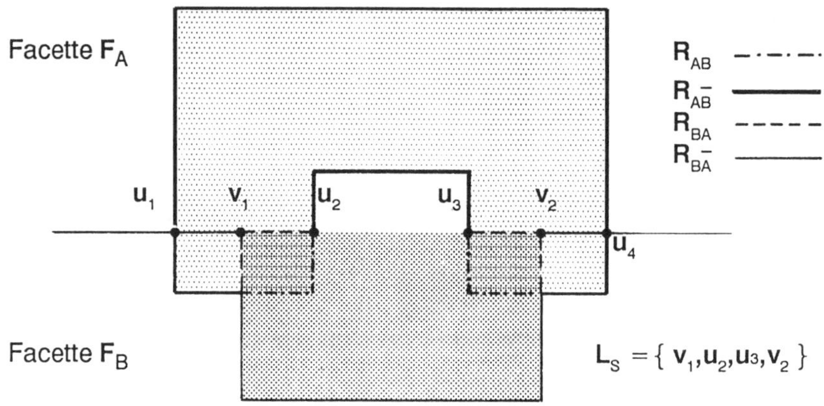

Abbildung 7.19: Zerlegung des Facettenrandes

Stufe 2:

Je nach dem Typ der topologischen Operation benötigen wir von einer Facette $\mathbf{F}_A$ des Objekts **A** diejenigen Randanteile, die innerhalb oder außerhalb von Objekt **B** liegen. Analoges gilt für die Facetten $\mathbf{F}_B$ von Objekt **B**. Diese Randteile bestimmen wir nun wie folgt (siehe Abbildung 7.19):

- Es wird geprüft, ob ein Punkt $\mathbf{p}_1$ des Randes von $\mathbf{F}_A$ innerhalb oder außerhalb von **B** liegt.
- Der Rand von $\mathbf{F}_A$ hat solange die gleiche Lage wie $\mathbf{p}_1$ zum Objekt **B** bis er eine separierende Kante trifft. An dieser Stelle wechselt die Lagebeziehung von innen nach außen oder umgekehrt.

Auf diese Weise kann man die gesuchten Anteile der Ränder aller Facetten der Objekte **A** und **B** bestimmen:

$\mathbf{R}_{A\bar{B}}$ = Randteile von **A**, die außerhalb von **B** liegen.
$\mathbf{R}_{AB}$ = Randteile von **A**, die innerhalb von **B** liegen.
$\mathbf{R}_{B\bar{A}}$ = Randteile von **B**, die außerhalb von **A** liegen.
$\mathbf{R}_{BA}$ = Randteile von **B**, die innerhalb von **A** liegen.

Stufe 3:

Die Facetten der Ergebnisobjekte werden aus den Randteilen der Listen $\mathbf{R}_{AB}$, $\mathbf{R}_{A\bar{B}}$, $\mathbf{R}_{BA}$ und $\mathbf{R}_{B\bar{A}}$ ermittelt:

- Für die Summe von **A** und **B** werden die Listen $\mathbf{R}_{A\bar{B}}$ und $\mathbf{R}_{B\bar{A}}$ benutzt.
- Für den Durchschnitt von **A** und **B** werden die Listen $\mathbf{R}_{AB}$ und $\mathbf{R}_{BA}$ benutzt.
- Für die Differenz **A – B** werden die Listen $\mathbf{R}_{A\bar{B}}$ und $\mathbf{R}_{BA}$ benutzt.

7.3 3D-Modelliersystem für polyedrische Objekte

Dieser Abschnitt stellt ein einfaches 3D-Modelliersystem vor, in welchem die zuvor beschriebenen Verfahren zur Speicherung und Verarbeitung von 3D-Objekten angewandt wurden und das die folgenden Fähigkeiten besitzt:

- Definition von 3D-Objekten (Quader, Kegel, Zylinder, Rotationskörper) über eine Beschreibungssprache,
- Aufbau und Speicherung der Objekte in der "winged edges"-Darstellung,
- Durchführung topologischer Operationen mit den Objekten,
- Darstellung von Objekten mit orthogonalen Projektionen und
- Übergabe von Objekten an die Hidden Line-Verfahren aus Kapitel 2 über eine Dateischnittstelle.

7.3.1 Definitionssprache für 3D-Objekte

Objekte werden in Dateien mit einer einfachen Definitionssprache spezifiziert, deren Syntax nachfolgend beschrieben wird. Es werden die folgenden Konventionen benutzt:

[ ]	In eckigen Klammern eingeschlossene Teile dürfen weggelassen werden.
$\mathbf{p}_i$	3D-Koordinaten in der Form (x,y,z)
$\mathbf{k}_i$	2D-Koordinaten in der Form (x,y)
n	ganze Zahlen

```
{ Kommentartext }
```

Kommentare werden in geschweifte Klammern eingeschlossen. Sie dürfen das Ende einer Zeile nicht überschreiten.

```
U[nterteilung] n
```

Diese Anweisung legt den Polygonalisierungsfaktor für Kreiskurven fest. Kreise werden danach als regelmäßige n-Ecke dargestellt.

Beispiel: U 10 { Polygonalisierungsfaktor = 10 }

S[ymmetrieachse] $\mathbf{p}_1$ $\mathbf{p}_2$

Damit wird die Achsenrichtung für Kegel, Rotationskörper und Zylinder festgelegt.

Beispiel: S (0,0,0) (1,1,1) { Symmetrieachse = Hauptraumdiagonale }

Q[uader] $\mathbf{p}_1$ $\mathbf{p}_2$

Diese Anweisung definiert einen Quader mit achsenparallelen Kanten durch zwei diagonal gegenüberliegende Eckpunkte (siehe Abbildung 7.20).

Beispiel: Q (0,0,0) (1,1,1) { Einheitswürfel im Nullpunkt }

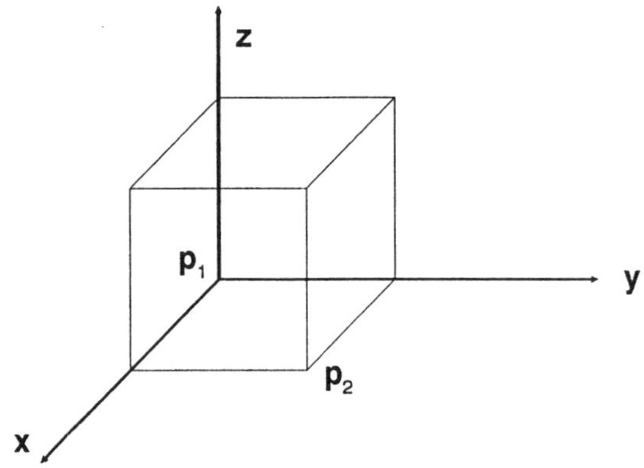

Abbildung 7.20: Zur Definition von Quadern

Z[ylinder] $\mathbf{p}_1$ $\mathbf{p}_2$ $\mathbf{p}_3$

Diese Anweisung definiert einen Zylinder, dessen Achse in Richtung der aktuellen Symmetrieachse verläuft durch drei Punkte (siehe Abbildung 7.21) Die Bedeutung der Parameter ist im einzelnen:

$\mathbf{p}_1$: Mittelpunkt der Zylinder-Basisfläche. Die Richtung der Zylinderachse wird mit der "Symmetrie"-Anweisung festgelegt.

$\mathbf{p}_2$: Ein Punkt auf der Zylinder-Mantelfläche. Er spezifiziert den Durchmesser des Zylinders durch seinen Abstand zur Achse.

$\mathbf{p}_3$: Ein Punkt in der zweiten Zylindergrundfläche.Er spezifiziert die Länge des Zylinders durch seinen Abstand zu der Basis, in der $\mathbf{p}_1$ liegt.

Bei der Approximation der kreisförmigen Zylinderbasisflächen wird der Polygonalisierungsfaktor der "Unterteilungs"-Anweisung berücksichtigt, so daß der Zylinder als Prisma über einem regelmäßigen n-Eck generiert wird.

Beispiel:	U	15	{ Polygonalisierungsfaktor = 10 }
	S	(0,0,0) (2,1,2)	{ Achsenrichtung des Zylinders }
	Z	(2,1,2) (2,2,2) (-2,-1,-2)	{ Zylinder mit 3 Punkten }

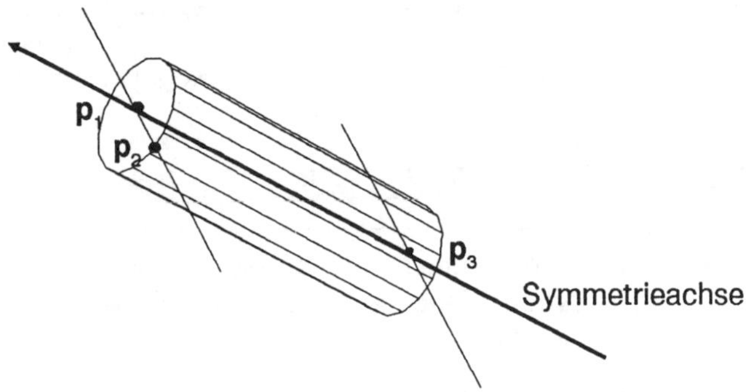

Abbildung 7.21: Zur Definition von Zylindern

K[egel]	p_1 p_2 p_3

Diese Anweisung definiert einen Kegel dessen Achse in Richtung der Symmetrieachse verläuft durch Angabe von drei Punkten mit folgender Bedeutung (siehe Abbildung 7.22):

p_1 : Mittelpunkt der Kegel-Basisfläche; die mit dem S-Kommando festgelegte Richtung ist die Richtung der Kegelachse.

p_2 : Ein Punkt, der den Radius der Kegelbasis durch seinen Abstand zur Kegelachse spezifiziert.

p_3 : Ein Punkt, der die Höhe des Kegels durch seinen Abstand zur Kegelbasis spezifiziert.

Für die Approximation der kreisförmigen Basisfläche wird der Polygonalisierungsfaktor verwendet analog zur Konstruktion von Zylindern.

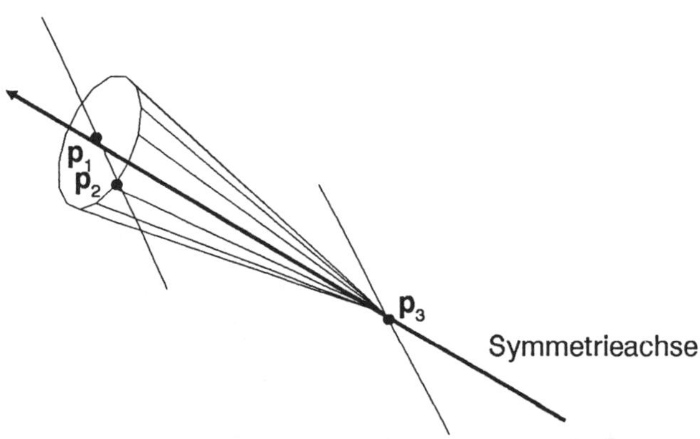

Abbildung 7.22: Zur Definition von Kegeln

Beispiel: U 15 { Polygonalisierungsfaktor = 10 }
S (0,0,0) (2,1,2) { Richtung der Kegelachse }
K (2,1,2) (2,2,2) (-2,-1,-2) { Kegel mit drei Punkten }

R[otationskörper] n $\mathbf{k}_1$ $\mathbf{k}_2$ ... $\mathbf{k}_n$

Diese Anweisung definiert einen Rotationskörper durch eine zweidimensionale Kontur, die um die Symmetrieachse gedreht wird (siehe Abbildung 7.23). Die Parameter haben die folgende Bedeutung:

n : Anzahl der Konturpunkte

$\mathbf{k}_i$: zweidimensionale Koordinaten der Kontur relativ zur Symmetrieachse:
- Die erste Komponente bezeichnet den Abstand von der Achse,
- Die zweite Komponente wird in Achsenrichtung gemessen.
- Der erste und letzte Punkt der Kontur müssen auf der Achse liegen.

Beispiel: S (0,0,0) (1,2,0) { Rotationsachse }
U 15 { Polygonalisierungsfaktor = 10 }
R 10 (0.0,0.0) (1.0,0.0) (1.0,0.5) (2.0,1.0) (2.0,2.0) { Kontur }
(1.0,2.5) (1.0,3.0) (1.5,3.0) (1.5,4.5) (0.0,3.0)

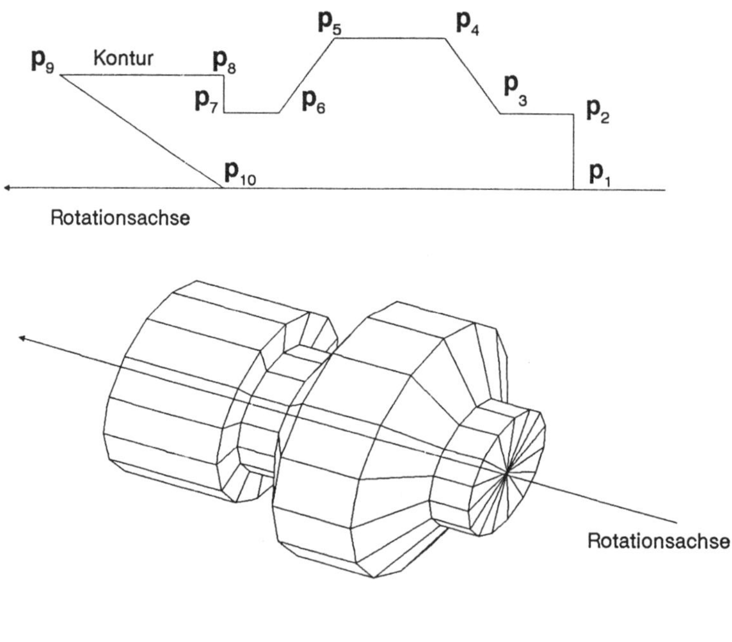

Abbildung 7.23: Zur Definition von Rotationskörpern

Kontrolle der Objektdefinition

Bei der Objektgenerierung werden die Definitionsanweisungen auf syntaktische Korrektheit und Konsistenz überprüft. Dabei werden die folgenden Fehler erkannt:

1 : Unbekanntes Symbol, z.B. Sonderzeichen
2 : Fehlerhafte 3D-Koordinate vom Typ $\mathbf{p}_i = (x,y,z)$
3 : Unbekannter Objekttyp
4 : Integer-Wert erwartet, aber nicht gefunden
5 : Fehlerhafte 2D-Koordinate vom Typ $\mathbf{k}_i = (x,y)$
6 : Quader degeneriert ($\mathbf{p}_1$ und $\mathbf{p}_2$ haben identische Komponente)
7 : Radius = 0 für Kegel, Rotationskörper oder Zylinder
8 : Symmetrieachsen-Richtungvektor unzulässig
9 : Fehler bei Eingabe der Symmetrieachse
10 : Polygonalisierungsfaktor = 0
11 : Leere Objektdefinitionsdatei
12 : Objektdefinition erwartet, aber nicht gefunden
13 : Objektdefinitionsdatei nicht gefunden

7.3.2 Objektgenerierung mit dem Modelliersystem

Das Modelliersystem bietet Funktionen zur

- Generierung von Objekten, für die eine Definitionsdatei vorliegt.
- Bildung neuer Objekte durch die Operationen Summe, Differenz, Durchschnitt.
- Verwalten der Objektliste (Graphisches Anzeigen von Objekten in orthogonaler Projektion und Löschen von Objekten)
- Ausgabe von Objekten auf eine Datei (Schnittstelle zur Hidden Line-Darstellung)

Die Funktionsauswahl erfolgt über ein Menü mit den folgenden Wahlmöglichkeiten:

Programmende

Alle in der Objektliste enthaltenen Objekte werden beim Verlassen des Programms gelöscht.

Abspeichern eines Objekts in einer Datei

Diese Funktion sichert ein Objekt auf einer Datei. Das Dateiformat bildet die Schnittstelle zu den Hidden Line-Verfahren und ist in Kapitel 2 dokumentiert. Während der Funktionsausführung werden die folgenden Parameter erfragt:

- die Nummer des Objekts in der Objektliste
- der Name der Ausgabedatei (MS DOS-Dateispezifikation, einschließlich Pfadnamen maximal 20 Zeichen lang)

Einlesen einer Objektdefinition

Diese Funktion liest Objektdefinitionen aus einer Datei und baut Objekte im "winged edges"-Format in der Objektliste auf. Falls ein Fehler in der Eingabedatei entdeckt wird, werden alle, in dieser Datei definierten Objekte gelöscht. Als Parameter wird der Name der Eingabedatei erfragt.

Operation SUMME

Es wird die topologische Summe zweier Objekte gebildet und in der Objektliste abgelegt. Als Parameter werden die Nummern der beiden Ausgangsobjekte in der Objektliste erfragt. Das erzeugte Summenobjekt wird ans Ende der Objektliste angehängt.

Operation DIFFERENZ

Es wird die topologische Differenz zweier Objekte gebildet und in der Objektliste abgelegt. Als Parameter werden die Nummern der beiden Ausgangsobjekte in der Objektliste erfragt. Das erzeugte Objekt wird ans Ende der Objektliste angehängt.

Operation SCHNITT

Es wird der topologische Durchschnitt zweier Objekte gebildet und in der Objektliste abgelegt. Als Parameter werden die Nummern der beiden Ausgangsobjekte in der Objektliste erfragt. Das erzeugte Objekt wird ans Ende der Objektliste angehängt.

Objekt löschen

Diese Funktion löscht ein Objekt aus der Objektliste und gibt den von ihm belegten Speicherplatz wieder frei. Die anschließenden Objektnummern werden um 1 vermindert. Als Parameter wird die Nummer des zu löschenden Objekts erfragt.

Objekt darstellen

Diese Funktion stellt ein Objekt in den drei orthogonalen Projektionen dar, wobei verdeckte Kanten nicht unterdrückt werden. Als Parameter wird die Objektnummer in der Objektliste erfragt.

Konstruktionsbeispiel:

Zum Schluß konstruieren wir mit dem beschriebenen Modelliersystem ein Werkstück. Es besteht aus einem Rohr, das auf einer rechteckigen Platte aufgesetzt ist. Die Definition der Ausgangsobjekte enthät die Grundplatte und zwei Zylinder:

```
{ Objekte für Schnitt durch ein Rohr auf einer Grundplatte }
U  20                                         { Polygonalisierungsfaktor          }
Q  (1,-1,-0.25) (-1,1,0.25)                   { Grundplatte                       }
Q  (1.1,0.001,0.001) (0.001,1.1,1.1)          { Quader für Schitt durch das Rohr  }
S  (0,0,0) (-1,0,0)                           { Zylinderachse                     }
Z  (0.9,0,0.5) (0.9,0,0.2) (-0.9,0,0.5)       { dünner Zylinder für die Bohrung   }
Z  (0.95,0,0.5) (0.95,0,0.35) (-0.95,0,0.5)   { dicker Zylinder                   }
```

Wir führen damit nacheinander die folgenden Operationen aus:

- Die Subtraktion des dünnen Zylinders von dem dickeren liefert das Rohr
- Die Addition des Differenzobjekts und der Grundplatte liefert das Werkstück.
- Durch Subtraktion des Quaders schneiden wir anschließend das Rohr teilweise auf.
- Das Objekt wird auf eine Datei ausgegeben zur Übergabe an die Hidden Line-Darstellung

Abbildung 7.24 zeigt das Ergebnis des Konstruktionsprozesses, dargestellt mit dem allgemeinen Hidden Line-Algorithmus aus Kapitel 2.

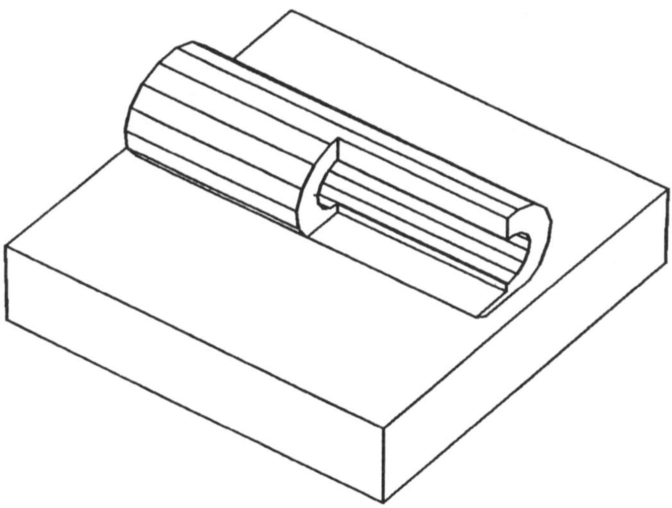

Abbildung 7.24: Mit dem Modellierer erzeugtes 3D-Objekt

7.4 Aufgaben

1. Datenstruktur eines Tetraeder im Oberflächenmodell

Stellen Sie die Datenstruktur eines Tetraeder im "einfachen Flächenmodell" dar:

- analog zu Abbildung 7.10 als Diagramm,
- analog zu Abbildung 7.11 als Listenstruktur .

Stellen Sie die Datenstruktur eines Tetraeder im "Winged Edges-Modell" dar, analog zu Abbildung 7.13.

2. Objektgenerierung mit dem 3D-Flächenmodelliersystem

Erstellen Sie für den 3D-Flächen-Modellierer Eingabedateien mit Objektdefinitionen für einfache Objekte (Quader, Zylinder, Kegel, Rotationskörper).

Erzeugen Sie durch topologische Operationen (Summe, Differenz, Produkt) neue Objekte.

Stellen Sie diese Objekte dar durch orthogonale Projektionen und mit dem allgemeinen Hidden Line-Verfahren aus Kapitel 5.

3. Generierung von Grundkörpern für den 3D-Modellierer

Erweitern Sie das Modelliersystem um weitere Grundkörper für die Konstruktion:

- Prismen, die angegeben werden durch eine Basiskontur und einen Vektor, der die Richtung der Kanten spezifiziert.
- Kugeln, die über ihren Mittelpunkt und einen Radius spezifiziert werden.
- Profilkörper, die durch eine geschlossene Kontur und ein Polygon als Führungslinie definiert werden können.

8 Das Graphische Kernsystem

Das Graphische Kernsystem (GKS) ist eine durch nationale und internationale Standards (DIN, ISO, ANSI) genormte Bibliothek von Funktionen für interaktive Graphik. GKS definiert für die Entwicklung von graphischen Anwendungen eine Schnittstelle, die sie unabhängig macht vom Hostrechner, der graphischen Peripherie und der Implementierungssprache.

Mit der Festlegung der GKS-Norm sollten die folgenden Ziele erreicht werden:

° Graphische Anwendungssysteme sollten damit unabhängiger werden
  - von der Hardware und dem Betriebssystem des Hostrechners
  - von den speziellen Eigenschaften graphischer Peripheriegeräte und
  - von der Implementierungssprache.

  Insgesamt zielt dies ab auf eine bessere Portabilität von Anwendungssystemen, die auf der GKS-Schnittstelle aufsetzen.

° Für die Hersteller graphischer Arbeitsplätze sollte mit GKS eine Richtlinie erstellt werden, die als Standard für ihre Funktionalität gelten kann.

In der Hierarchie eines Hardware-Softwaresystems nimmt GKS eine Vermittlerfunktion zwischen den systemnahen Komponenten und den graphischen Anwendungen ein, wie dies die Abbildung 8.1. zeigt:

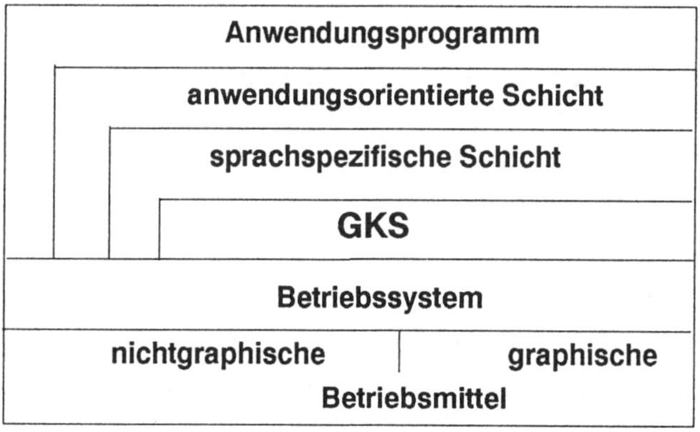

Abbildung 8.1: GKS in der Software-Hierarchie

8.1 GKS-Ausgabe-Funktionen

Bei der Generierung graphischer Ausgabe beschränkt sich GKS auf elementare Funktionen. Es wird jedoch eine Schnittstelle für nicht genormte Erweiterungen definiert. GKS-Anwendungen erzeugen graphische Ausgabe in zwei Stufen:

- das Erscheinungsbild graphischer Ausgabeelemente, z.B. Linien, wird durch Attribute gesteuert, die in den GKS-Zustandslisten vorab eingestellt werden.
- Beim Aufruf von GKS-Ausgabefunktionen werden dann graphische Elemente auf den *aktiven* GKS-Arbeitsplätzen ausgegeben.

Die Polyline-Funktion

Die Polyline-Funktion erzeugt einen Polygonzug durch eine Folge von Stützpunkten. Wir geben GKS-Funktionen stets an durch ihren *sprachunabhängigen Namen* und durch ihre in der FORTRAN-Sprachbindung festgelegte *Aufrufdefinition.*

Funktion	:	Polyline			
Aufruf	:	GPL (N,X,Y)			
Parameter	:	N	:	INTEGER	: Anzahl der Stützpunkte
		X	:	REAL	: Feld mit X-Koordinaten der Stützpunkte
		Y	:	REAL	: Feld mit Y-Koordinaten der Stützpunkte

Mehrere Attribute bestimmen das Erscheinungsbild von Polyline-Elementen:

- Der **Linientyp**: GKS kennt mindestens die folgenden Linientypen:
  - GLSOLI = 1 : bezeichnet durchgezogene Linien
  - GLDASH = 2 : bezeichnet gestrichelte Linine
  - GLDOT = 3 : bezeichnet punktierte Linien
  - GLDASD = 4 : bezeichnet Linien
- Der **Linienbreitefaktor**: Die Linienbreite wird durch einen Faktor beschrieben, der die Breite als Vielfaches einer vom Arbeitsplatz abhängigen nominalen Linienbreite angibt.
- Der **Polyline-Farbindex**: Er gibt die Linienfarbe an über einen Zeiger in die arbeitsplatzabhängigen Farbtabellen.
- Der **Polyline-Index**: Er verweist auf ein Attribut-Bündel in den arbeitsplatzspezifischen Polyline-Bündeltabellen. Diese enthalten vordefinierte Bündel der Attribute *Linientyp, Linienbreitefaktor* und *Polyline-Farbindex*
- Die **Picker-Kennzeichnung**: Sie ist ein ganzzahliger Wert, mit dem ein Ausgabe-Element beim Picken identifiziert wird.

Das folgende Programm verwendet die Funktion Polyline zur Darstellung konzentrischer Achtecke. Seine Ausgabe ist in Abbildung 8.2 gezeigt.

```
      PROGRAM POLYGONE

*     VARIABLENDEKLARATIONEN
      $INCLUDE:     'DECCOM.FOR'
      INTEGER       ERRFIL, LASF(13), I, J
      CHARACTER     ZAHL(12) * 2,  DUMMY
      REAL          PI, ALPHA, X(9), Y(9)
      DATA          PI      /8.14159265/
      DATA          ZAHL  /' 1',' 2',' 3',' 4',' 5',' 6',' 7',' 8',' 9','10','11','12'/

*     FEHLERMELDUNGSDATEI UND GKS ERÖFFNEN
      ERRFIL = 99
      OPEN   ( ERRFIL, FILE='ERROR.MSG',  STATUS='NEW' )
      CALL GOPKS (ERRFIL)

*     WORKSTATION ÖFFNEN UND AKTIVIEREN
      CALL GOPWK (IBM ,0, IBM)
      CALL GACWK (IBM)

*     POLYGONE ZEICHNEN
      DO 110  I=1,8
      DO 100 J=1,9
      ALPHA  =  (J+0.5)  *  PI / 4.0
      X(J)     = 0.5 + 0.05  *  I  *  COS(ALPHA)
100   Y(J)     = 0.5 + 0.05  *  I  *  SIN(ALPHA)
110   CALL GPL (9,X,Y)

*     QUITTUNG ABWARTEN
      READ ( * ,'(A1)') DUMMY

*     WORKSTATION DEAKTIVIEREN UND SCHLIESSEN, GKS SCHLIESSEN
      CALL GDAWK (IBM)
      CALL GCLWK (IBM)
      CALL GCLKS
      END
```

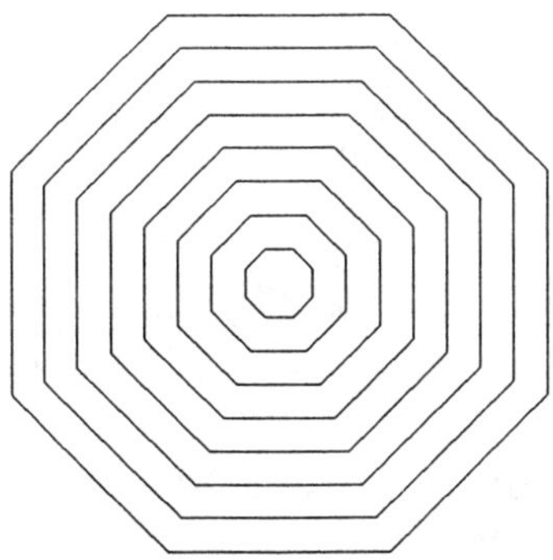

Abbildung 8.2: Konzentrische Achtecke mit der Polyline-Funktion

Die Polymarker-Funktion

Die Polymarker-Funktion erzeugt Markierungszeichen an einer vorgegebenen Folge von Stützpunkten.

Funktion	: Polymarker			
Aufruf	: GPM (N,X,Y)			
Parameter	: N	: INTEGER	:	Anzahl der Stützpunkte
	X	: REAL	:	Feld mit X-Koordinaten der Stützpunkte
	Y	: REAL	:	Feld mit Y-Koordinaten der Stützpunkte

Polymarker-Attribute sind:

° Der **Markentyp**: GKS sieht mindestens die folgenden Typen vor:

- GPOINT = 1 : bezeichnet eine Punkt-Marke,
- GPLUS = 2 : bezeichnet ein vertikal ausgerichtetes Kreuz,
- GAST = 3 : bezeichnet einen Stern,
- GOMARK = 4 : bezeichnet eine Kreismarke,
- GXMARK = 5 : bezeichnet ein diagonales Kreuz.

° Der **Markengrößenfaktor** beschreibt die Größe einer Marke analog zur Linienbreite als Vielfaches einer gerätespezifischen Markengröße.

° **Polymarker-Farbindex**, **Polymarker-Index** und **Pickerkennzeichen** sind analog zu den entsprechenden Polyline-Attributen definiert.

Das folgende Programm verwendet die Funktion Polymarker zur Darstellung einer Sinuskurve. Seine Ausgabe ist in Abbildung 8.3 dargestellt.

```
      PROGRAM GRAPH

*     VARIABLENDEKLARATIONEN
      $INCLUDE:    'DECCOM.FOR'
      INTEGER      DISPLAY, ERRFIL, ASFLAG(13)
      REAL         X(30), Y(30), AX(11), AY(11), S(2), T(2), PI
      DATA         DISPLAY     /9/
      DATA         ERRFIL      /99/
      DATA         ASFLAG      /13 * 1/
      DATA         PI          /3.14159265/
      DATA         AX          /.9, .86, .86, .9, .9, .1, .10, .1, .09, .11, .1/
      DATA         AY          /.1, .09, .11, .1, .1, .1, .09, .7, .66, .66, .7/
      DATA         S           /.09, .11/

*     FEHLERMELDUNGSDATEI UND GKS ERÖFFNEN
      OPEN (ERRFIL,FILE='CON:')
      CALL GOPKS (ERRFIL)
```

```
*       WORKSTATION ERÖFFNEN UND AKTIVIEREN
        CALL GOPWK  (DISPLAY,0,IBM)
        CALL GACWK  (DISPLAY)

*       INDIVIDUELLE ATTRIBUTE EINSTELLEN
        CALL GSASF (ASFLAG)

*       SINUSKURVE ZEICHNEN
        CALL GSMK (GAST)
        CALL GSMKSCF (0.8)
        DO 100 I = 1,30
        X(I)     = 0.2 + I * 0.018
        Y(I)     = 0.25 * (1.5 + SIN(I * PI/15))
100     CALL  GPM (30,X,Y)

*       ACHSEN ZEICHNEN
        CALL GPL (11,AX,AY)
        DO 200 I=1,7
        T(1)     = 0.1  *  (I+1)
        T(2)     = T(1)
        IF (I.LE.5) CALL GPL (2,S,T)
200     CALL GPL (2,T,S)

*       QUITTUNG ABWARTEN
        READ ( * ,'(A1)') DUMMY

*       ARBEITSPLATZ DEAKTIVIEREN UND SCHLIESSEN, GKS SCHLIESSEN
        CALL GDAWK (DISPLAY)
        CALL GCLWK (DISPLAY)
        CALL GCLKS
        END
```

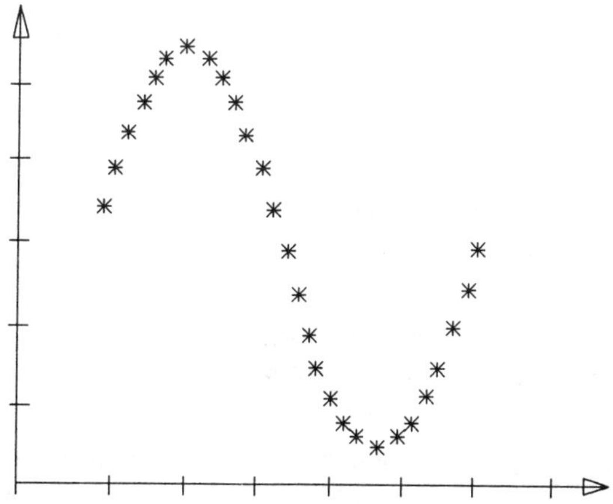

Abbildung 8.3: Darstellung einer Kurve mit der Polymarker-Funktion

Die Text-Funktion

Die Text-Funktion stellt einen Text an einer vorgegebenen Position dar.

Funktion	:	Text			
Parameter	:	X	:	REAL	: X-Koordinate der Textposition
		Y	:	REAL	: Y-Koordinate der Textposition
		LEN	:	INTEGER	: Länge des Textes
		TEXT	:	CHARACTER	: String-Variable oder -konstante

Die wichtigsten Textattribute sind die folgenden:

- Die **Schriftart** gibt die *Nummer des Zeichensatzes* an.
- Die **Schrift-Qualität** gibt die *Genauigkeitsstufe* an, mit der der Text ausgegeben wird. Dabei unterscheidet man:
  - GSTRP = 0 : *String Precision* ist die schnellste, aber auch ungenaueste Darstellungsform für Texte.
  - GCHARP = 1 : *Character Precision* ist die mittlere Präzisonsstufe. Texte werden dabei z.B. auf Zeichenbasis geclippt.
  - GSTRKP = 2 : *Stroke Precision* ist die aufwendigste Darstellungsform für Text. Es werden dabei sogar Teile von Zeichen geclippt.
- Der **Zeichenbreitefaktor** gibt die relative Breite der Zeichen an, bezogen auf eine nominale Zeichenbreite, der der Faktor 1.0 entspricht.
- Der **Zeichenabstand** ist ein Faktor, der den Abstand zweier Zeichen als Vielfaches der Zeichenbreite beschreibt. Sein Standardwert ist 0.
- Der **Text-Farbindex** ist analog zu den Farbindizes anderer Ausgabeelemente definiert.
- Die **Zeichenhöhe** gibt die Höhe der Schrift an.
- Der **Zeichenaufwärtsvektor** ist ein aus zwei REAL-Werten bestehender Vektor, der die Neigung der Zeichen beschreibt. Sein Standardwert ist (0.0 , 1.0).
- Die **Schreibrichtung** ist eine Richtungsbeschreibung mit den Werten:
  - RIGHT = 0 : von links nach rechts
  - LEFT = 1 : von rechts nach links
  - UP = 2 : von unten nach oben
  - DOWN = 3 : von oben nach unten
- Die **Textausrichtung** gibt an, wie ein Textelement an seiner Position auszurichten ist.
- **Textindex** und **Pickerkennzeichen** sind analog zu anderen Ausgabeelementen definiert.

Das folgende Programm verwendet die Funktion Text, um die Seiten eines Achtecks zu numerieren und den Text 'ACHTECK' darin einzutragen. Seine Ausgabe ist in Abbildung 8.4 dargestellt.

```
        PROGRAM ACHTECK

*       VARIABLENDEKLARATIONEN
        $INCLUDE:              'DECCOM.FOR'
        INTEGER                ERRFIL, LASF(13), I
        CHARACTER              ZAHL(12) * 2, DUMMY
        REAL                   PI, ALPHA, X(9), Y(9)
        DATA                   PI      /3.14159265/
        DATA                   ZAHL /' 1',' 2',' 3',' 4',' 5',' 6',' 7',' 8',' 9','10','11','12'/

*       GKS ERÖFFNEN, ARBEITSPLATZ ÖFFNEN UND AKTIVIEREN
        ERRFIL = 99
        OPEN          (ERRFIL,FILE='ERROR.MSG',STATUS='NEW')
        CALL GOPKS    (ERRFIL)
        CALL GOPWK    (IBM,0,IBM)
        CALL GACWK    (IBM)

*       ACHTECK ZEICHNEN
        DO  100  I=1, 9
        ALPHA  =  (I+0.5) * PI / 4.0
        X(I)     =  0.5 + 0.4 * COS(ALPHA)
100     Y(I)     =  0.5 + 0.4  * SIN(ALPHA)
        CALL GPL (9,X,Y)

*       INDIVIDUELLE ATTRIBUTE EINSTELLEN
        DO  200  I=1, 13
200     LASF(I) = GINDIV
        CALL GSASF (LASF)

*       SEITENNUMMERN AUSGEBEN
        CALL   GSTXAL  (GACENT,GAHALF)
        CALL   GSTXFP  (1, GSTRKP)
        CALL   GSCHH (0.05)
        DO  300  I=1, 8
        ALPHA  =  -(I-3)  *  PI / 4.0
        XX        = 0.5 + 0.45  *  COS (ALPHA)
        YY        = 0.5 + 0.45  *  SIN (ALPHA)
300     CALL GTXS (XX, YY, 2, ZAHL(I) )

*       'ACHTECK' IM ZENTRUM EINTRAGEN
        XX  =   0.2
        YY  =   0.4
        CALL   GSCHH (0.2)
        CALL   GSCHXP (0.5)
        CALL   GSTXAL (GAHNOR,GAVNOR)
        CALL   GTXS  (XX, YY, 7, 'ACHTECK')
```

```
*     QUITTUNG ABWARTEN
      READ ( * , '(A1)')  DUMMY

*     WORKSTATION DEAKTIVIEREN UND SCHLIESSEN, GKS SCHLIESSEN
      CALL GDAWK (IBM)
      CALL GCLWK (IBM)
      CALL GCLKS
      END
```

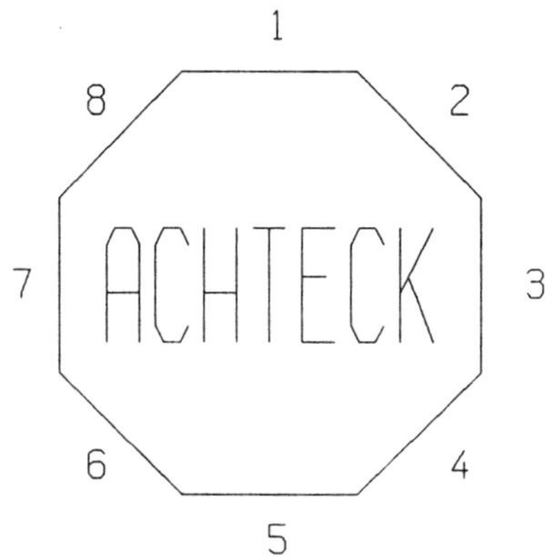

Abbildung 8.4: Text-Darstellung

Die Funktion Fill Area

Die Funktion dient dazu, polygonal berandete Flächen auszufüllen.

Funktion	:	Fill Area		
Aufruf	:	GFA (N,X,Y)		
Parameter	:	N	: INTEGER	: Anzahl der Randpunkte
		X	: REAL	: Feld mit X-Koordinaten der Randpunkte
		Y	: REAL	: Feld mit Y-Koordinaten der Randpunkte

Die wichtigsten Fill Area-Attribute sind:

° Der **Ausfüllungsstil**, der die folgenden Werte besitzen kann:

– GHOLLO = 0 : Dabei wird nur der geschlossene Rand dargestellt.
– GSOLID = 1 : Dabei wird die Fläche mit einer Farbe gefüllt.
– GPATTR = 2 : Dabei wird die Fläche mit einem Muster gefüllt.
– GHATCH = 3 : Dabei wird die Fläche schraffiert.

° Der **Ausfüllungsindex** ist ein Index, der bei den Ausfüllungsstilen GPATTR und GHATCH zur genaueren Spezifikation des Musters bzw. der Schraffur dient.

° Der **Fill Area-Farbindex** und der **Fill Area-Index** sind analog zu anderen Ausgabeelementen definiert.

Das folgende Beispielprogramm schraffiert eine polygonal berandete Fläche. Seine Ausgabe ist in Abbildung 8.5 dargestellt.

```
        PROGRAM FILL

*       VARIABLENDEKLARATIONEN
        $INCLUDE:     'DECCOM.FOR'
        INTEGER       ERRFIL, LASF(13), I
        CHARACTER     DUMMY
        REAL          PI, X(50), Y(50)
        DATA          PI       /3.14159265/
        DATA          LASF     /13 * 1/

*       FEHLERMELDUNGSDATEI ERÖFFNEN, GKS ERÖFFNEN
        ERRFIL = 99
        OPEN (ERRFIL,FILE = 'ERROR.MSG',STATUS = 'NEW')
        CALL GOPKS (ERRFIL)

*       WORKSTATION ÖFFNEN UND AKTIVIEREN
        CALL GOPWK  (IBM,0,IBM)
        CALL GACWK  (IBM)

*       RANDPOLYGON DEFINIEREN
        DO  100  I = 1, 50
        X(I)      = 0.2 + I * 0.012
100     Y(I)      = 0.5 + 0.4 * SIN(I * PI/10)

*       FLÄCHE UMRANDEN
        CALL   GSASF (LASF)
        CALL   GSFAIS (GHOLLO)
        CALL   GFA     (50,X,Y)

*       FLÄCHE SCHRAFFIEREN
        CALL   GSFAIS (GHATCH)
        CALL   GSFASI (8)
        CALL   GFA     (50,X,Y)

*       QUITTUNG ABWARTEN
        READ   ( * ,'(A1)') DUMMY

*       WORKSTATION DEAKTIVIEREN UND SCHLIESSEN
        CALL   GDAWK (IBM)
        CALL   GCLWK (IBM)
        CALL   GCLKS
        END
```

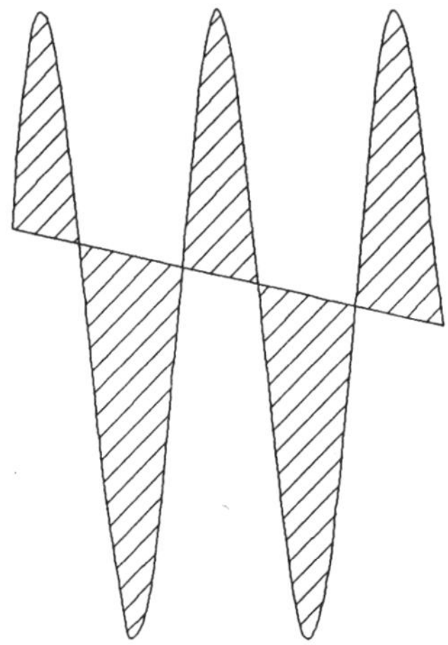

Abbildung 8.5: Schraffieren einer Fläche mit der Fill Area-Funktion

Weitere Ausgabeelemente

Als weitere Ausgabe-Elemente bietet GKS die folgenden Funktionen

° Mit der Funktion **Cell Array** können auch Rasterbilder in GKS-Zeichnungen eingefügt werden können.

° **Generalized Drawing Primitive**: Mit dieser Funktion bietet GKS eine Schnittstelle für implementierungsspezifische, nicht genormte Ausgabefunktionen an.

8.2 Attribute in GKS

Attribute steuern das Erscheinungsbild der Ausgabeelemente. Man unterscheidet:

° geometrische Attribute, z.B. die Zeichenhöhe
° nichtgeometrische Attribute, z.B. den Farbindex
° Pickbarkeit, d.h. die graphische Identifizierbarkeit eines am Bildschirm dargestellten Ausgabeelements.

GKS kennt zwei unterschiedliche Techniken zur Verknüpfung der Attribute mit den Ausgabeelementen:

Individuelle Attribute

In einer globalen GKS-Liste werden aktuelle Werte für die individuellen Attribute modal vorgegeben. Zum Zeitpunkt der Generierung werden diese mit einem Ausgabeelement verknüpft.

Wenn später die aktuellen Werte der individuellen Attribute geändert werden, dann hat dies keinen Einfluß auf früher erzeugte Ausgabelemente (siehe Abbildung 8.6).

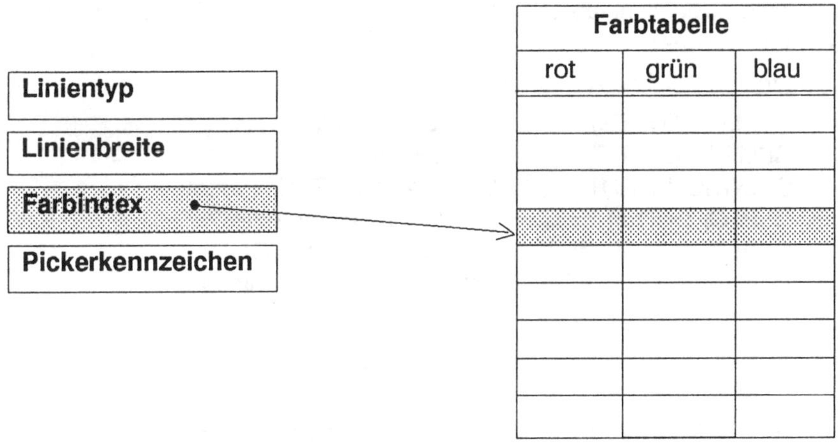

Abbildung 8.6: Individuelle Attribute

Gebündelte Attribute

In arbeitsplatzspezifischen Bündeltabellen werden Attribut-Kombinantionen vorgegeben. Zum Zeitpunkt der Generierung wird einem Ausgabeelement ein Index in der Bündeltabelle zugeordnet. Wenn später die aktuellen Werte der gebündelten Attribute geändert werden, dann wirkt sich dies auch auf früher erzeugte Ausgabeelemente aus (siehe Abbildung 8.7).

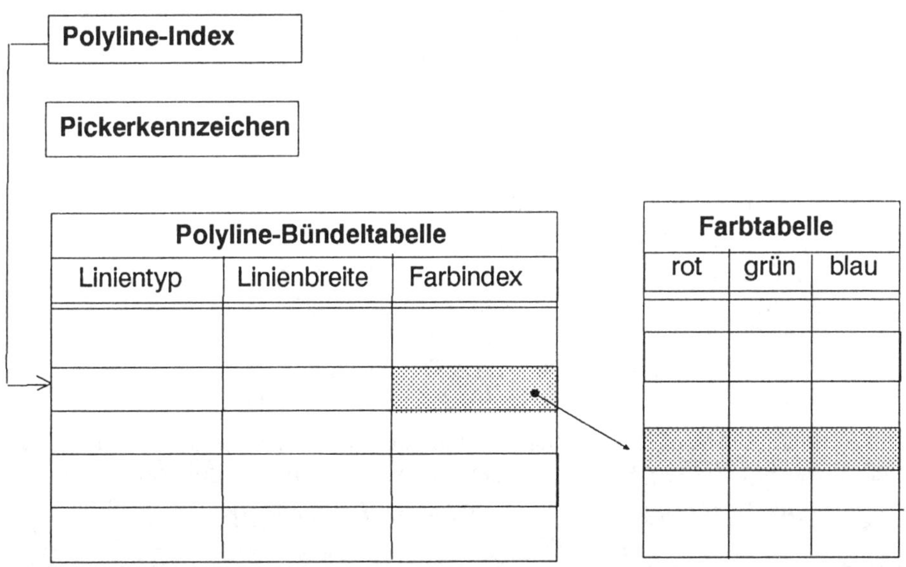

Abbildung 8.7: Gebündelte Attribute

Die folgende Übersicht faßt die Funktionen zusammen, die GKS zum Einstellen von Attributen anbietet:

° Setzen von Polyline-Attributen:

GSPLI	(INDEX)	Set Polyline Index
GSLN	(LTYPE)	Set Line Type
GSLWSC	(LWIDTH)	Set Line Width Scale Factor
GSPLCI	(COLI)	Set Polyline Color Index
GSPLR	(WSNAME,INDEX,LTYPE,LWIDTH,COLI)	Set Polyline Representation

° Setzen von Polymarker-Attributen:

GSPMI	(INDEX)	Set Polymarker Index
GSMK	(MTYPE)	Set Polymarker Type
GSMKSC	(MSIZE)	Set Marker Size Scale Factor
GSPMCI	(COLI)	Set Polymarker Color Index
GSPMR	(WSNAME,INDEX,MTYPE,MSIZE,COLI)	Set Polymarker Representation

° Setzen von Textattributen:

GSTXI	(INDEX)	Set Text Index
GSTXFP	(FONT,PREC)	Set Text Font and Precision
GSCHXP	(CHXPF)	Set Character Expansion Factor
GSCHSP	(CHSP)	Set Character Spacing
GSTXCI	(COLI)	Set Text Color Index
GSCHH	(CHH)	Set Character Height
GSCHUP	(CHUX,CHUY)	Set Character Up Vector
GSTXP	(TXP)	Set Text Path
GSTXAL	(ALH,ALV)	Set Text Alignment
GSTXR	(WSNAME,INDEX,FONT,PREC,CHXPF,CHSP,COLI)	Set Text Representation

° Setzen von Füllgebietsattributen:

GSFAI	(INDEX)	Set Fill Area Index
GSFAIS	(INTS)	Set Fill Area Interior Style
GSFASI	(STYLI)	Set Fill Area Style Index
GSFACI	(COLI)	Set Fill Area Color Index
GSFAR	(WSNAME,INDEX,INTS,STYLI,COLI)	Set Fill Area Representation

Für Attribute, die sowohl individuell als auch gebündelt mit Ausgabeelementen verknüpft werden können, kann man dies einstellen durch die Funktion

GSASF	(LASF)	Set Aspect Source Flags

Die Bedeutung der Aufrufparameter geht aus der folgenden Übersicht hervor:

° INTEGER-Parameter:

ALH	horizontale Textausrichtung
ALV	vertikale Textausrichtung
COLI	Zeiger auf die Farbtabelle
FONT	Nummer des Zeichensatzes
INDEX	Zeiger auf eine Bündeltabelle
INTS	Ausfüllungsart für Flächen
LTYPE	Linientyp für Polylines
MTYPE	Markentyp für Polymarker
PREC	Genauigkeitsstufe für die Textdarstellung
STYLI	Zeiger auf eine Mustertabelle für Ausfüllung von Flächen
TXP	Schreibrichtung
WSNAME	Nummer eines graphischen Arbeitsplatzes
LASF	Feld mit 13 Komponenten, das zu den Attributen angibt, sie gebündelt (0) oder individuell(1) gewählt werden sollen.

° REAL-Parameter

CHH	Zeichenhöhe
CHSP	Zeichenabstandsfaktor
CHUX	x-Komponente des Zeichenaufwärtsvektors
CHUY	y-Komponente des Zeichenaufwärtsvektors
CHXPF	Zeichebreitefaktor
LWIDTH	Linienbreitefaktor
MSIZE	Markengrößen-Faktor

Das folgende Programm zeichnet zunächst vier konzentrische Achtecke unter Verwendung individueller Attribute und dann vier weitere mit gebündelten Attributen. Anschließend werden die Attributbündel modifiziert, wobei die sich die Darstellung der zuletzt gezeichneten Achtecke dynamisch ändert.

```
      PROGRAM ATTRIBUTE

*     VARIABLENDEKLARATIONEN
      $INCLUDE:    'DECCOM.FOR'
      INTEGER      ERRFIL, LASF(13), I, J
      CHARACTER    ZEICHEN
      REAL         PI, ALPHA, X(9), Y(9)
      DATA         PI       /3.14159265/

*     FEHLERMELDUNGSDATEI UND GKS ERÖFFNEN
      ERRFIL = 99
      OPEN  (ERRFIL,FILE='ERROR.MSG',STATUS='NEW')
      CALL GOPKS (ERRFIL)
```

```
*       WORKSTATION ÖFFNEN UND AKTIVIEREN
        CALL GOPWK (IBM,0,IBM)
        CALL GACWK (IBM)

*       SEGMENT ERÖFFNEN
        CALL GCRSG (1)

*       POLYGONE MIT INDIVIDUELLEN ATTRIBUTEN ZEICHNEN
        DO 100 I=1,13
100     LASF(I) = GINDIV
        CALL GSASF(LASF)
        DO 120  I = 1,4
        DO 110  J = 1,9
        ALPHA = (J+0.5) * PI / 4.0
        X(J) = 0.5 + 0.05 * I * COS(ALPHA)
110     Y(J) = 0.5 + 0.05 * I * SIN(ALPHA)
        CALL GSLN (I)
120     CALL GPL (9,X,Y)

*       POLYGONE MIT GEBÜNDELTEN ATTRIBUTEN ZEICHNEN
        DO 200 I=1,13
200        LASF(I) = GBUNDL
CALL       GSASF(LASF)
           DO 220 I=5,8
               DO 210 J=1,9
                  ALPHA =  (J+0.5)  *  PI / 4.0
                  X(J) = 0.5 + 0.05  *  I  *  COS(ALPHA)
210               Y(J) = 0.5 + 0.05  *  I  *  SIN(ALPHA)
               CALL GSPLI (I-4)
220            CALL GPL (9,X,Y)

*       SEGMENT SCHLIESSEN
        CALL GCLSG

*       NACH JEDER EINGABE BÜNDELTABELLE ÄNDERN
300     READ ( * ,'(A1)') ZEICHEN
        CALL GSVIS (1,GINVIS)
        IF (ZEICHEN .NE. 'E') THEN
           DO 310 I=1,4
               J = I + ICHAR(ZEICHEN)
               J = MOD (J,4) + 1
310            CALL GSPLR (IBM,I,J,1.0,1)
           CALL GSVIS (1,GVISI)
           GOTO 300
        ENDIF

*       WORKSTATION DEAKTIVIEREN UND SCHLIESSEN, GKS SCHLIESSEN
        CALL   GDAWK (IBM)
        CALL   GCLWK (IBM)
        CALL   GCLKS
        END
```

8.3 Koordinatenräume und Transformationen

GKS benutzt zur Definition, Speicherung, Manipulation und Darstellung von Objekten drei kartesiche Koordinatenräume:

- *Weltkoordinaten:* Sie dienen dem Benutzer zur Spezifikation seiner Objekte in *einem Window*
- *Normalisierte Koordinaten*: Sie dienen zur GKS-internen Speicherung und Verarbeitung von Objekten und haben stets Werte zwische 0.0 und 1.0 . Das Bild eines Window im normalisierten Koordinatenraum heißt *Viewport*
- *Gerätekoordinaten*: Sie dienen zur Ausgabe graphischer Information auf graphischen Arbeitsplätzen.

Der Zusammenhang zwischen den GKS-Koordinatenräumen wird durch verschiedene Transformationen hergestellt (siehe Abbildung 8.8):

Normalisierungstransformationen

Sie wandeln Weltkoordinaten in normalisierte Kordinaten um und werden spezifiziert durch:

- eine Liste von Windows im Weltkoordinatenraum
- eine Liste von Viewports im normalisierten Koordinatenraum

Jedes Window-Viewport-Paar definiert eine Normalisierungstransformation. Dabei dürfen sich die Seitenverhältnisse von Window und Viewport unterscheiden,wodurch Verzerrungen in der Darstellung erreicht werden können.

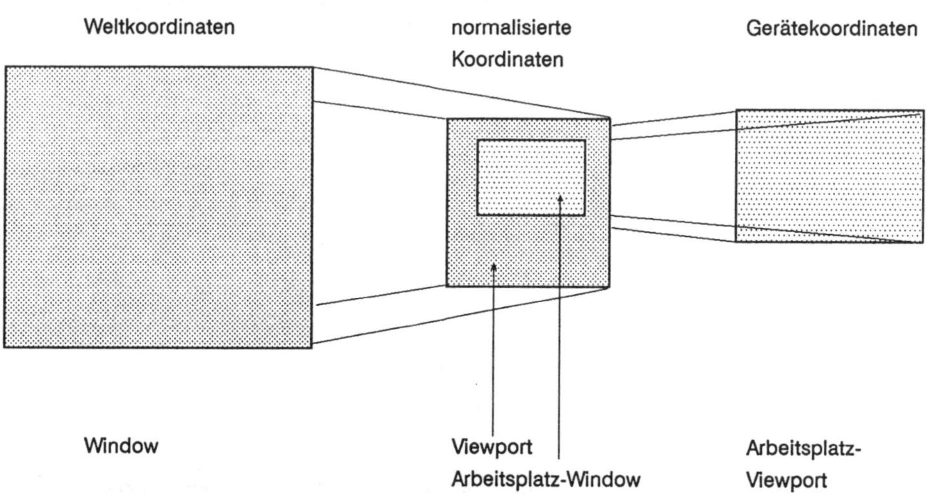

Abbildung 8.8: Koordinatenräume und Transformationen

Arbeitsplatz-Transformationen

Ein Arbeitsplatz besitzt zu jedem Zeitpunkt eine aktuelle Arbeitsplatztransformation, die die normalisierten Koordinaten in Gerätekoordinaten umwandelt. Sie wird spezifiziert durch:

- einen rechteckigen Bereich im normalisierten Koordinatenraum, das *Arbeitsplatz-Window*
- einen rechteckigen Bereich im Gerätekoordinatenraum, den *Arbeitsplatz-Viewport*

Die Seitenverhältnisse von Arbeitsplatz-Window und Arbeitsplatz-Viewport müssen gleich sein. Änderungen der Arbeitsplatz-Transformation werden typischerweise eingesetzt zum Zoomen von Darstellungen.

Inverse Transformationen

Bei der interaktiven Eingabe graphischer Koordinaten am Bildschirm muß GKS die Arbeitsplatz- und Normalisierungstransformation in umgekehrter Richtung ausführen, damit als Ergebnis dem Anwendungsprogramm Weltkoordinaten abgeliefert werden können.

Da in der Regel mehrere Normalisierungstransformationen gleichzeitig in Frage kommen, wird die Eindeutigkeit der inversen Transformation durch Prioritäten zwischen den Normalisierungstransformationen erzwungen (siehe Abbildung 8.9)

Clipping

Um unerwünschte Effekte bei der Ausgabe zu vermeiden, werden Ausgaben stets am Arbeitsplatz-Window geclippt. Das Anwendungssystem kann darüber hinaus auch veranlassen, Objekte am Viewport zu clippen.

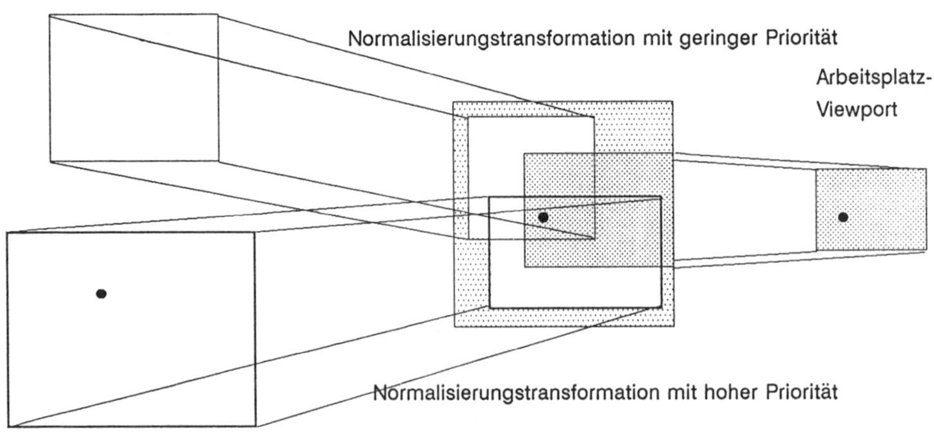

Abbildung 8.9: Prioritäten zwischen Normalisierungstransformationen

GKS bietet zum Einstellen von Transformationen die fogenden Funktionen:

GSWN	(TNR,XMIN,XMAX,YMIN,YMAX)	Set Window
GSVP	(TNR,XMIN,XMAX,YMIN,YMAX)	Set Viewport
GSWKWN	(WSNAME,XMIN,XMAX,YMIN,YMAX)	Set Workstation Window
GSWKVP	(WSNAME,XMIN,XMAX,YMIN,YMAX)	Set Workstation Viewport
GSVPIP	(TNR,RTNR,RELPRI)	Set Viewport Input Priority
GSELNT	(TNR)	Select Normal. Transforation
GSCLIP	(CLSW)	Set Clipping Indicator

Alle Parameter mit Ausnahme der Koordinaten sind vom Typ INTEGER und haben die folgende Bedeutung:

CLSW	schaltet das Clippen am Window ein/aus
RTNR	Nummer der Bezugstransformation
RELPRI	einordnen vor/nach der Bezugstransformation
TNR	Nummer der Normalisierungstransformation
WSNAME	Nummer eines graphischen Arbeitsplatzes
XMIN,YMIN	Koordinaten der unteren linken Fensterecke
XMAX,YMAX	Koordinaten der oberen rechten Fensterecke

8.4 Graphische Arbeitsplätze und der GKS-Zustand

Das GKS-Arbeitsplatz-Konzept stellt ein abstraktes Modell für graphische Arbeitsplätze dar, die durch die folgenden Merkmale gekennzeichnet sind:

- eine *einzige* Darstellungsfläche für graphische Ausgaben.
- die Fähigkeit, verschiedene graphische Grundelemente darzustellen, z.B. Linien, Marker, Texte und Füllgebiete.
- die Fähigkeit, Segmente zu speichern und zu manipulieren
- eines oder mehrere Eingabemedien für die folgenden Eingabetypen:
  - LOCATOR-Eingabe : Eingabe von Punktkoordinaten
  - STROKE-Eingabe : Eingabe von Koordinatenfolgen
  - VALUATOR-Eingabe : Eingabe von Zahlenwerten
  - CHOICE-Eingabe : Auswahl aus einer vorgebenen Wertemenge
  - STRING-Eingabe : Texteingabe
  - PICK-Eingabe : graphische Identifikation von Ausgabeelementen
- Für jeden Eingabetyp sind folgende Eingabetechniken möglich, die später genauer erläutert werden:
  - Anforderungs-Eingabe
  - Abfrage-Eingabe
  - Ereignis-Eingabe

Nicht jeder graphische Arbeitsplatz muß alle diese Fähigkeiten besitzen. Man unterscheidet in GKS daher die folgenden Arbeitsplatz-Typen:

- Ausgabe-Arbeitsplätze
- Eingabe-Arbeitsplätze
- Ausgabe/Eingabe-Arbeitsplätze
- Bilddatei-Eingabe-Arbeitsplätze
- Bilddatei-Ausgabe-Arbeitsplätze
- Arbeitsplatzunabhängiger Segmentspeicher

Der aktuelle Zustand eines graphischen Arbeitsplatzes wird in Arbeitsplatz-Zustandslisten verwaltet. Diese enthalten z.B.:

- die Bündeltabellen für die Attribute der Ausgabe-Elemente
- die Farbtabelle
- die Arbeitsplatz-Transformation
- den Verzögerungsmodus des Arbeitsplatzes, der die Pufferung graphischer Ausgabe steuert.

Durch den GKS-Betriebszustand wird der Umgang mit graphischen Arbeitsplätzen geregelt. Jeder Betriebszustand läßt nur bestimmte Funktionsgruppen zu, wie die folgende Übersicht zeigt:

GKS-Zustände					
GKS closed	GKS open	Workstation open	Workstation active	Segment open	**Funktionsgruppen**
•					Open GKS
	•				Close GKS
	•	•	•	•	Open Workstation
		•	•	•	Close Workstation
		•	•		Activate Workstation
			•		Deactivate Workst.
			•		Open Segment
				•	Close Segment
		•	•	•	Eingabefunktionen
			•	•	Ausgabefunktionen
			•	•	Segmentoperationen
		•	•	•	Attribute setzen
	•	•	•	•	Erfragefunktionen

Die GKS-Funktionen zum Verwalten graphischer Arbeitsplätze sind:

GOPKS	(ERRFIL)	Open GKS
GCLKS		Close GKS
GOPWK	(WSNAME,CONID,WSTYP)	Open Workstation
GACWK	(WSNAME)	Activate Workstation
GDAWK	(WSNAME	Deactivate Workstation
GCLWK	(WSNAME)	Close Workstation
GCLRWK	(WSNAME,CLFLAG)	Clear Workstation
GRSGWK	(WSNAME)	Redraw all Segments on Workstation
GUWK	(WSNAME,RGFLAG)	Update Workstation
GSDS	(WSNAME)	Set Deferral State
GMSGS	(WSNAME,LSTR,MSG)	Send Message to Workstation

Dabei sind alle Parameter vom Typ INTEGER mit Ausnahme des CHARACTER-Parameter MSG und haben die folgende Bedeutung:

CONID	FORTRAN-Kanalnummer des Arbeitsplatzes
CLFLAG	gibt an, ob die Darstellungsfläche nur gelöscht werden soll, wenn sie nicht leer ist .
LSTR	Länge des Meldungstextes
MSG	Meldungstext
RGFLAG	gibt an, ob zusätzlich zur Aktualisierung des Arbeitsplatzes eine Operation REDRAW ALL SEGMENTS ON WORKSTATION ausgeführt werden soll.
WSNAME	Arbeitsplatznummer
WSTYP	Arbeitsplatztyp

8.5 Segmente in GKS

Graphische Ausgabeelemente können in GKS zu Segmenten zusammengefaßt werden. Mit dem Segmentkonzept bietet GKS Anwendungssystemen Unterstützung zur Speicherung und Manipulation komplexer graphischer Objekte. Die wichtigsten Segmentoperationen sind:

GCRSG	(SGNAME)	Create Segment
GCLSG		Close Segment
GRENSG	(OLD,NEW)	Rename Segment
GDSG	(SGNAME)	Delete Segment
GDSGWK	(WSNAME,SGNAME)	Delete Segment from Workstation
GASGWK	(WSNAME,SGNAME)	Associate Segment with Workstation
GCSGWK	(WSNAME,SGNAME)	Copy Segment to Workstation
GINSG	(SGNAME,MAT)	Insert Segment

Die Aufrufparameter sind mit Ausnahme von MAT vom Typ INTEGER und haben folgende Bedeutungen:

OLD	alter Segmentname
NEW	neuer Segmentname
SGNAME	Segmentname
WSNAME	Arbeitsplatznummer
MAT	Segmenttransformatiosmatrix vom Typ REAL(2,3)

Die Darstellung eines Segments läßt sich durch Modifikation der mit ihm verbundenen Attribute verändern. Dazu stehen die folgenden Funktionen zur Verfügung:

GSSGT	(SGNAME,MAT)	Set Segment Transformation
GSVIS	(SGNAME,VISI)	Set Visibility
GSHLIT	(SGNAME,HIL)	Set Highlighting
GSSGP	(SGNAME,PRIO	Set Segment Priority
GSDTEC	(SGNAME,DET)	Set Segment Detectability

Die zweiten Aufrufparameter haben dabei die folgenden Bedeutungen:

DET	INTEGER-Schalter für pickbar/nicht pickbar
HIL	INTEGER-Schalter für normal/hell
MAT	Segmenttransformatiosmatrix vom Typ REAL(2,3)
PRIO	REAL-Parameter, Segmentpriorität mit Werten aus [0,1]
VISI	INTEGER-Schalter für sichtbar/unsichtbar

Der arbeitsplatzunabhängige Segmentspeicher

Mit diesem Konzept bietet GKS eine Speichermöglichkeit für Segmente an. Der arbeitsplatzunabhängige Segmentspeicher wird wie jeder andere graphische Arbeitsplatz behandelt. Er bietet jedoch keine Ein-/Ausgabe-Möglichkeiten und dient nur zur GKS-internen Speicherung von Segmenten.

Die Kopierfunktionen GCSGWK, GASGWK und GINSG setzen voraus, daß das zu kopierende Segment im arbeitsplatzunabhängigen Segmentspeicher gespeichert vorliegt.

Eine Anwendung von Segmentoperationen ist im Programm ATTRIBUTE aus Abschnitt 8.2 gezeigt. Die Achtecke werden dort zu einem Segment zusammengefaßt, damit sie auf dem graphischen Arbeitsplatz gespeichert bleiben. Um unnötige Aktualisierungen des Bildschirminhalts zu unterbinden wird das Segment während der Attributänderungen außerdem noch unsichtbar gemacht.

8.6 Das GKS-Eingabekonzept

GKS sieht die folgenden Eingabetechniken für graphische Arbeitsplätze vor:

- Anforderungs-Eingabe
- Abfrage-Eingabe
- Ereignis-Eingabe

Diese Eingabetechniken werden charakterisiert durch das Zusammenspiel von:

- *Maß-Prozessen*, die Werte abfragen können und
- *Auslöseprozesse-Prozessen*, mit denen die Wertübernahme synchronisiert werden kann.

Anforderungs-Eingabe

GKS fordert einen Eingabewert an und wartet solange, bis der Maßprozeß des Eingabegeräts ihn liefert. Dieser Zeitpunkt wird durch einen Anstoß des Auslöseprozesses bestimmt, der im allgemeinen durch eine Bediener- Aktion gegeben wird.

Abfrage-Eingabe

Wenn GKS einen Wert vom Maßprozeß anfordert, liefert dieser ihn unmittelbar ohne Beteiligung eines Auslöseprozesses.

Ereignis-Eingabe

Im Ereignis-Eingabe-Modus liefert der Maßprozeß bei jedem Anstoß des Auslöseprozesses Eingabe an eine Warteschlange ab und zwar asynchron zu GKS. Das Anwendungssystem kann zu beliebigen Zeitpunkten aus der Warteschlange diese Eingaben abrufen.

Die GKS-Funktionen für Anforderungs-Eingabe sind:

GRQLC	(WSNAME,DNR,STATUS,TNR,PX,PY)	Request Locator
GRQSK	(WSNAME,DNR,STATUS,TNR,PX,PY)	Request Stroke
GRQVL	(WSNAME,DNR,STATUS,VALUE)	Request Valuator
GRQCH	(WSNAME,DNR,STATUS,CHOICE)	Request Choice
GRQPK	(WSNAME,DNR,STATUS,SGNAME,PKID)	Request Pick Identifier

Ganz analog sind die Eingabefunktionen für Abfrage- und Ereignis-Eingabe konzipiert. Dabei sind alle Parameter mit Ausnahme der Koordinaten PX, PY und des REAL-Eingabewertes VALUE vom Typ INTEGER und haben folgende Bedeutung:

WSNAME	Arbeitsplatznummer
DNR	wählt eines der am Arbeitsplatz vorhandenen Eingabegeräten aus.
STATUS	gibt an, ob die Eingabe erfolgreich verlaufen ist.
TNR	gibt die benutzte, inverse Normalisierungstransformation an.
PX, PY	enthalten die eingegebenen Koordinaten bzw. Koordinatenfolgen.
VALUE	enthält den REAL-Eingabewert.
SGNAME	ist der Segmentname des gepickten Segments
PKID	ist die Picker-Identifikation des gepickten Ausgabeelementes.

Die folgende Abbildung 8.10 zeigt den Weg, den eine graphische Eingabe von der Darstellungsfläche bis zum Anwendungssystem durchläuft .

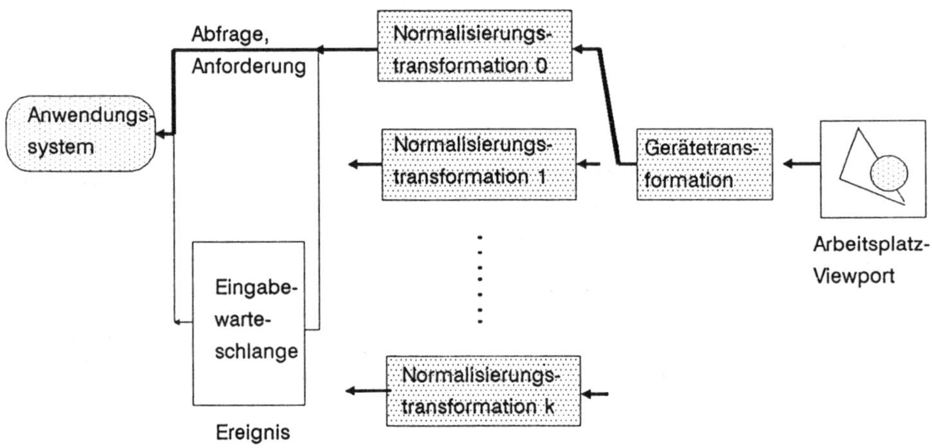

Abbildung 8.10: Datenfluß bei der graphischen Eingabe

8.7 Bilddateien

GKS definiert ein Format für Bilddateien, die wie Eingabe- oder Ausgabe-Arbeitsplätze behandelt werden. Diese Bilddateien können eingesetzt werden für:

- die Protokollierung von Arbeitssitzungen eines GKS-Anwendungssystems,
- die langfristige Speicherung von Bildinformation,
- den Datenaustausch zwischen graphischen Systemen.

Das folgende Beispielprogramm liest eine Bilddatei ein und interpretiert ihren Inhalt. Falls sie graphische Ausgaben enthält, werden sie auf der Arbeitsstation dargestellt. Die Abbildung 8.11 zeigt eine Zeichnung, die mit einem CAD-System erstellt und als Bilddatei von GKS übernommen wurde.

```
      PROGRAM READGKSM

      INTEGER            METANR, TYPE, MAXLEN, LEN
      CHARACTER * 80     ITEM(25)
      CHARACTER          YESNO, DUMMY
      CHARACTER * 90     HDRREC
      $INCLUDE:          'DECCOM.FOR'

*     GKS ÖFFNEN
      CALL GOPKS(0)
      TRACE = GNO

*     BILDDATEI ÖFFNEN UND AKTIVIEREN
      WRITE ( * ,'(1H ,"Bilddatei-Nummer =  "\)')
      READ  ( * , * ) METANR
      CALL GOPWK  (3,METANR,3)

*     GRAPHISCHEN ARBEITSPLATZ ÖFFNEN UND AKTIVIEREN
      CALL GOPWK (IBM,0,IBM)
      CALL GACWK (IBM)

*     SCHLEIFE ÜBER ALLE BILDDATEI-SÄTZE
      READ  (METANR,'(A90)')  HDRREC
10    CALL GGTITM (3,TYPE, LEN)
      IF (TRACE.EQ.GYES) THEN
        WRITE ( * ,'(1H ,"ITEM TYPE = ",I3,"   ITEM LENGTH = ",I4)') TYPE, LEN
        WRITE ( * ,'(1H ,"AKZEPTIEREN ?  (Y/N)   :"\)')READ  ( * ,'(A1)') YESNO
        IF ((YESNO.EQ.'Y').OR.(YESNO.EQ.'y')) THEN
              MAXLEN=LEN
              CALL GRDITM(3,MAXLEN,LEN,ITEM)
              CALL GIITM (TYPE,LEN,ITEM)
        ELSE
              CALL GRDITM(3,0,LEN,ITEM)
        ENDIF
      ELSE
        MAXLEN = LEN
        CALL GRDITM (3,MAXLEN,LEN,ITEM)
        CALL GIITM (TYPE,LEN,ITEM)
      ENDIF
      IF (TYPE.NE.0) GOTO 10

*     BEDIENER-EINGABE ABWARTEN UND GKS SCHLIESSEN
      READ ( * ,'(A1)') DUMMY

*     ARBEITSSTATION DEAKTIVIEREN UND SCHLIESSEN, BILDDATEI SCHLIESSEN
      CALL   GDAWK         (IBM)
      CALL   GCLWK         (IBM)
      CALL   GCLWK         (3)

      END
```

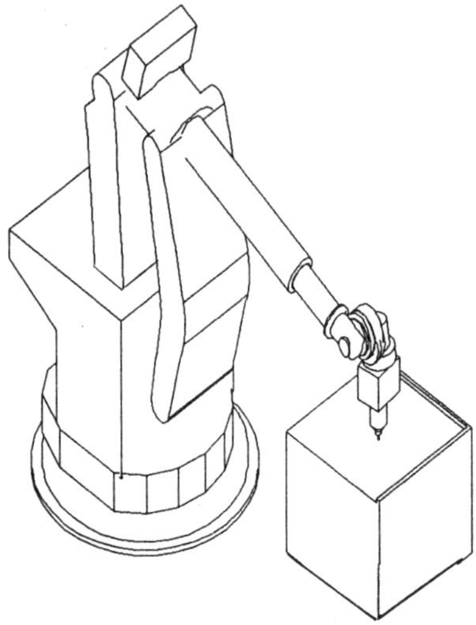

Abbildung 8.11: Übernahme einer Bilddatei in GKS

8.8 GKS-Ausbaustufen

Um auch Teilmengen des GKS-Standard in überschaubarer Weise implementierbar zu machen, definiert GKS eine aufwärtskompatible Hierarchie von Implementierungsstufen. Dazu werden für die Eingabe- und Ausgabefähigkeiten von GKS hierarchische Stufen definiert:

Ausgabe-Stufen

Stufe 0: minimale Ausgabefähigkeiten, z.B. nur ein aktiver Arbeitsplatz
Stufe 1: volle Ausgabefunktionalität, aber eingeschränkter Segmentmechanismus
Stufe 2: volle Ausgabefunktionalität, vollständiger Segmentmechanismus und arbeitsplatzunabhängiger Segmentspeicher.

Eingabe-Stufen

Stufe a: keine Eingabefunktionen
Stufe b: nur Anforderungs-Eingabe
Stufe c: volle Eingabefunktionalität

8.9 Aufgaben

Soweit bei den folgenden Aufgaben eine Durchführung am Rechner notwendig ist, kann das GKS-Trainingsprogramm dazu benutzt werden, das auf den Begleitdisketten zur Verfügung gestellt wird.

1. Window und Viewport-Einstellung

Eine Zeichnung hat Koordinatenwerte in den folgenden Bereichen:

$$0.0 < x < 7.0$$
$$0.0 < y < 7.0$$

Sie soll auf einem DIN A4-Plotter ausgegeben werden. Geben Sie Aufrufe für dle Einstellung von Window, Viewport, Arbeitsplatz-Window und Arbeitsplatz-Viewport an, die dazu führen, daß

- die Darstellungsfläche optimal genutzt wird und
- die Zeichnung ohne Verzerrungen so groß wie möglich dargestellt wird.

2. Arbeiten mit Normalisierungstransformationen

Eine Zeichnung füllt ein Window mit dem folgenden Bereich aus:

$$0.0 < x < 5000.0$$
$$0.0 < y < 10000.0$$

Geben Sie eine GKS-Funktions-Sequenz an, die die Zeichnung auf einem DIN A4-Plotter so ausgibt, daß der Weltkoordinatenbereich

$$2000.0 < x < 3000.0$$
$$2000.0 < y < 2500.0$$

ausgespart wird z.B. um darin einen Text auszugeben.

3. Clippen an Window-Grenzen

Eine Zeichnung hat Koordinatenwerte in den folgenden Bereichen:

$$0.0 < x < 7000.0$$
$$0.0 < y < 7000.0$$

Welcher Unterschied besteht zwischen den folgenden beiden GKS-Funktionssequenzen:

a)
```
CALL GSWN    (1, 1400., 5000., 2000., 7000.)
CALL GSVP    (1, 0.155, 0.555, 0.222, 0.777)
CALL GSELNT  (1)
CALL GSCLIP  (NOCLIP)
CALL GPL     (N,X,Y)
```

b)
```
CALL GSWN    (1, 1400., 5000., 2000., 7000.)
CALL GSVP    (1, 0.155, 0.555, 0.222, 0.777)
CALL GSELNT  (1)
CALL GSCLIP  (CLIP)
CALL GPL     (N,X,Y)
```

4. Erstellen einer Metadatei

Erstellen Sie eine Metadatei, die die folgenden Aktionen protokolliert:

° Eröffnen des Segments mit der Nummer 100,
° Ausgeben einer einfachen Figur,
° Schließen des offenen Segmentes.

5. GKS-Segmentoperationen

Öffnen Sie GKS; öffnen und aktivieren Sie den arbeitsplatzunabhängigen Segmentspeicher und die PC-Arbeitsstation.

Öffnen und interpretieren Sie den Metafile aus Aufgabe 4, so daß danach das Segment 100 auf beiden Arbeitsstationen gespeichert ist.

Führen Sie nun die folgenden Operationen mit diesem Segment durch Setzen der Segmenttransformation aus:

° Verkleinern und Vergrößern um den Faktor 2.0,
° Verschieben des verkleinerten Objekts in die linke obere Window-Ecke,
° Verschieben des verkleinerten Objekts in die Bildschirm-Mitte,
° Drehen des verkleinerten Objekts in der Bildschirm-Mitte um 90 Grad,
° Spiegeln des verkleinerten Objekts in der oberen Window-Ecke an der Window-Diagonalen.

Löschen Sie vor jeder der folgenden Kopier-Operationen das Segment auf der PC-Arbeitsstation, jedoch nicht im arbeitsplatzunabhängigen Segmentspeicher !

° Segment 100 auf die PC-Arbeitsstation kopieren mit COPY SEGMENT
° Segment 100 auf die PC-Arbeitsstation kopieren mit ASSOCIATE SEGMENT WITH WORKSTATION
° Segment 100 mit INSERT SEGMENT mehrfach in ein neues Segment aufnehmen. Sorgen Sie durch geeignete Wahl der Transformationsmatrix dafür, daß die verschiedenen Kopien an unterschiedlichen Stellen dargestellt werden.

6. Normalisierungs-Transformationen

Eine einfache Figur, z.B. eine schraffierte Fläche mit den Eckpunkten

(0,0), (0.7,0.7), (0.3,0.7), (1,0), (1,1), (0,1)

soll bei aktiver PC-Arbeitsstation mehrfach mit unterschiedlichen Normalisierungstransformationen ausgegeben werden.

Setzen Sie zunächst die folgenden Windows, während die zugehörigen Viewports unverändert bleiben:

Normalisierungs-transformation	Wxmin	Wxmax	Wymin	Wymax
1	0	2	0	2
2	0	0.5	0	0.5
3	0	2	0	1
4	0	1	0	2

Prüfen Sie danach die Wirkung der unterschiedlichen Normalisierungstransformationen, indem Sie folgende Aktionen durchführen:

- Einstellen der aktuellen Transformationsnummer mit SELECT NORMALIZATION TRANSFORMATION,
- Ausgeben der Figur.

7. Arbeitsplatz-Transformationen

Eine einfache Figur, soll bei aktiver PC-Arbeitsstation mehrfach mit unterschiedlichen Arbeitsplatz-Transformationen ausgegeben werden.

Stellen Sie zunächst eine Normalisierungstransformation mit den Standardwerten (0,0) und (1,1) für die Window- und Viewport-Ecken ein. Wiederholen Sie dabei die folgenden Aktionen für die in der nachfolgenden Tabelle angegebenen Arbeitsplatz-Transformationen:

- Einstellen der aktuellen Workstation-Transformation,
- Funktion REDRAW ALL SEGMENTS ON WORKSTATION aufrufen,
- Ausgeben der Figur.

Wxmin	Wxmax	Wymin	Wymax	Vxmin	Vxmax	Vymin	Vymax
0	1	0	1	0	0.14	0	0.14
0	1	0	1	0.07	0.14	0.07	0.14
0	1	0	1	0.07	0.14	0.07	0.10
0	0.5	0	0.5	0	0.14	0	0.14
0	0.5	0	1	0	0.14	0	0.14
0	1	0	0.5	0	0.14	0	0.14

Anhang

Anhang 1 Literaturverzeichnis

[1]	Angell	Graphische Datenverarbeitung Hanser, 1981
[2]	Angell, Griffith	Hochauflösende Computergraphik mit FORTRAN Hanser, 1988
[3]	Bechlars, Buhtz	GKS in der Praxis Springer, 1986
[4]	Chasen	Geometric Principles and Procedures for Computer Graphic Applications Prentice Hall, 1978
[5]	Encarnacao, Encarnacao, Herzner	Graphische Datenverarbeitung mit GKS Hanser, 1987
[6]	Enderle, Kansy, Pfaff	Computer Graphics Programming Springer, 1984
[7]	Faux, Pratt	Computational Geometry for Design and Manufacture Wiley & Sons, 1987
[8]	Foley, van Dam	Fundamentals of Interactive Computer Graphics Addison & Wesley, 1982
[9]	ISO	International Standard ISO 7942 Information Processing Systems Computer Graphics Graphical Kernel System (GKS) Functional Description ISO 7942/1985
[10]	ISO	International Standard ISO/DIS 8651/1 Information Processing Systems Computer Graphics Graphical Kernel System (GKS) Language Bindings ISO/DIS 8651/1

[11]	Newman, Sproull	Principles of Interactive Computer Graphics McGraw Hill, 1979
[12]	Nicolovius	Graphik mit GKS Hanser, 1987
[13]	Meier	Methoden der graphischen und geometrischen Datenverarbeitung Teubner, 1988
[13]	Pavlidis	Algorithms for Graphics and Image Processing Springer, 1982
[14]	Plate	Computergraphik - Einführung, Algorithmen, Programmentwicklung Franzis, 1987
[15]	Plastock, G.Kalley	Computergraphik McGraw-Hill, 1987
[16]	Pomaska	Computergraphik, 2D- und 3D-Programmierung Vogel Verlag, 1984
[17]	Schönhut	The Graphical Kernel System EUROGRAPHICS Tutorials '83 Springer, 1983

Anhang 2 Die RGS-Graphikbibliothek

Die RGS-Graphikbibliothek ist eine in TURBO-PASCAL geschriebene Sammlung von Programm-Modulen für die Ausgabe von Graphiken auf Mikrorechnern und auf Hewlett-Packard-Plottern. Es können alle von TURBO-PASCAL unterstützten Graphikkarten verwendet werden.

RGS ist konzipiert zum Einsatz in der Ausbildung und hat daher nicht den Funktionsumfang professioneller Graphikbibliotheken. Andererseits werden alle wesentlichen Eigenschaften eines modernen Graphiksystems berücksichtigt, z.B.

- *Arbeitsplatzkonzept:* Zu jedem Zeitpunkt ist ein Arbeitsplatz aktiv (PC oder Plotter), auf dem die graphischen Informationen ausgegeben werden.
- *Geräteunabhängigkeit:* Graphiken werden in einem anwendungsspezifischen Weltkoordinatensystem erstellt. Durch eine einstellbare Window/Viewport-Transformation werden sie auf das aktive Gerät abgebildet.
- *GKS-ähnliche Ausgabefunktionen:* Die elementaren Ausgabefunktionen entsprechen den GKS-Konventionen (Polyline, Polymarker, Fill Area, Text).

Über den Grundfunktionen ist eine Reihe leistungsfähiger zwei- und dreidimensionaler Verfahren implementiert, so z.B.

- zweidimensionale geometrische Figuren,
- Bezier- und Spline-Kurven,
- Hidden Line-Darstellung dreidimensionaler, polyedrischer Objekte,
- Hidden Line-Darstellung von funktional definierten Flächen.

Der ausführlich dokumentierte Quellcode von RGS steht auf Disketten zur Verfügung, so daß daran die interne Struktur eines graphischen Basissystems vorgeführt werden kann. Das System ist offen für Erweiterungen des Funktionsumfangs an der Benutzerschnittstelle und für die Anpassung an andere graphische Peripherie.

RGS - Funktionsübersicht

RGS - Grundfunktionen

RGS-Funktionsbeschreibungen

Prozedur	:	Open_RGS (device_nr)
Wirkung	:	Initialisierung der RGS-Datenstrukturen und des aktuellen Ausgabegerätes
Parameter	:	device_nr : INTEGER; Gerätenummer: 1 = IBM PC 2 = Plotter HP7475

Beschreibung :

1. Nummer des aktuellen Gerätes einstellen und dieses initialisieren
2. Größe der Darstellungsfläche des aktuellen Geräts einstellen.
3. Viewport auf maximale Darstellungsfläche einstellen,
   Window identisch mit dem Viewport wählen,
   Window-Viewport-Transformation berechnen.
4. Marken-Größe und Marken-Typ initialisieren
5. Globalen Fehlerzustand initialisieren.

Prozedur	:	Close_RGS
Wirkung	:	Beenden von RGS und Freigeben des aktuellen Geräts.

Prozedur	:	Clear
Wirkung	:	Darstellungsfläche löschen / Neues Blatt bereitstellen

Prozedur	:	Set_Window (x1, y1, x2, y2)
Wirkung	:	Einstellen des Window und Aktualisieren der Window-Viewport-Transformation.
Parameter	:	x1, y1 : REAL; Linke, untere Window-Ecke (Weltkoordinaten) x2, y2 : REAL; Rechte obere Window-Ecke (Weltkoordinaten)

Prozedur	:	Set_Viewport (x1, y1, x2, y2)	
Wirkung	:	Einstellen des Viewport und Aktualisieren der Window-Viewport-Transformation.	
Parameter	:	x1, y1 : REAL;	Linke untere Viewport-Ecke
		x2, y2 : REAL;	Rechte obere Viewport-Ecke (in Metern auf der Darstellungsfläche)

Prozedur	:	Set_Marker (typ, size)		
Wirkung	:	Setzen der Polymarker-Attribute *Mtype* und *Msize*		
Parameter	:	typ	: INTEGER;	Markensymbole: 1 ... 5 ⇔ +, *, o, x
		size	: REAL;	Markergröße

Beschreibung

1. Die Attribute *Mtype* und *Msize* im globalen Datenbereich werden für die Polymarkerfunktion eingestellt.
2. Wenn typ = 0 oder size = 0 ist, bleibt der eingestellte Wert erhalten.

Funktion	:	Error_Text : string_40;
Wirkung	:	Falls Error_Flag = TRUE ist, wird der Fehlertext übergeben. Falls Error_Flag = FALSE ist, wird ein Leerstring übergeben Der RGS-Fehlerzustand wird zurückgesetzt.

Prozedur	:	Request_State (par1, par2, par3, par4)
Wirkung	:	Ermitteln der aktuellen RGS-Zustandsdaten
Parameter	:	VAR par1 : array_4R; Window-Eckpunkte VAR par2 : array_4R; Viewport-Eckpunkte VAR par3 : INTEGER; aktuelles Gerät VAR par4 : array_2R; maximale Größe der Darstellungsfläche in Meter

Prozedur	:	DLine (x1, y1, x2, y2)
Wirkung	:	Ausgabe einer Strecke
Parameter	:	x1, y1 : REAL; Koordinaten des Anfangspunkts d. Strecke x2, y2 : REAL; Koordinaten des Endpunkts der Strecke

Prozedur	:	Polyline (polyL)
Wirkung	:	Ausgabe eines Polygonzuges
Parameter	:	polyL : Ptr_point; Zeiger auf den ersten Punkt des Polygonzuges

Prozedur	:	Polymarker (polyM)
Wirkung	:	Ausgabe einer Markenfolge
Parameter	:	polyM : Ptr_point; Liste mit den Markenpositionen

Beschreibung

1. Ausgabe von Marken an den Punkten (x,y) der Positionsliste.
2. Nur der im Window liegende Teil der Marken wird gezeichnet.
3. Markentyp und Markengröße werden mit Set_Marker eingestellt.

Prozedur	:	Fill_Area (polyL, winkel, abstand)
Wirkung	:	Es wird die durch ein Polygon umschriebene Fläche schraffiert.
Parameter	:	PolyL : Ptr_point; Zeiger auf das Randpolygon winkel : REAL; Schraffurwinkel in Grad abstand : REAL; Abstand der Schraffurlinien in mm

Prozedur	:	PutText (xt, yt, str)
Wirkung	:	Ausgabe eines Textstring am Punkt (xt,yt).
Parameter	:	xt, yt : REAL; Textposition in Weltkoordinaten str : string_80; auszugebeneder Textstring

Prozedur	:	Axis (typ, x_0, y_0 , length, Mfirst, Mdist)
Wirkung	:	Zeichnen einer Koordinatenachse
Parameter	:	typ : CHAR; Richtung, Werte 'X' oder 'Y' erlaubt x_0 : REAL; Startpunkt (Weltkoordinaten) y_0 : REAL; length: REAL; Länge der Achse (Weltkoordinaten) Mfirst : REAL; erste Markenposition (Weltkoordinaten) Mdist : REAL; Marken-Abstand (Weltkoordinaten)

Beschreibung:

1. Es kann die X- oder Y-Achse gewählt werden durch typ='X' bzw. typ='Y'
2. Der Punkt (x_0,y_0) gibt den Startpunkt der Achse an.
3. Die Variable "length" gibt die Länge der Achse an.
4. Mit den Parametern *Mfirst* und *Mdist* werden die Markierungen auf der Achse festgelegt. Sie haben die Koordinaten:
   für die X-Achse: (Mfirst,y_0), (Mfirst+Mdist,y_0), (Mfirst+2.0 * Mdist,y_0), ...
   für die Y-Achse: (x_0,Mfirst), (x_0,Mfirst+Mdist), (x_0,Mfirst+2.0 * Mdist), ...
   Die Länge der Markierungsstriche ist *Msize*.
5. Teile der Achse, die nicht im Window liegen, werden geclippt.

Prozedur	:	CoSyst (x_0, y_0, length_x, length_y, Mfirst_x, Mdist_x, Mfirst_y, Mdist_y)		
Wirkung	:	Zeichnen eines kartesichen Koordinatensystems		
Parameter	:	x_0, y_0	: REAL;	Koordinate des Ursprungs
		length_x	: REAL;	Länge der X-Achse
		length_y	: REAL;	Länge der Y-Achse
		Mfirst_x	: REAL;	Beginn der X-Markierung
		Mdist_x	: REAL;	Schrittweite der X-Markierung
		Mfirst_y	: REAL;	Beginn der Y-Markierung
		Mdist_y	: REAL;	Schrittweite der Y-Markierung

Beschreibung:

1. Der Startpunkt (Nullpunkt) des Koordinatensystems liegt bei (x_0,y_0).
2. Das Koordinatensystem wird durch zweimaligen Aufruf der Prozedur "Axis" in X-Richtung und in Y-Richtung gezeichnet.
3. Außerhalb des Window liegende Teile werden unterdrückt.

Prozedur	:	Rectangle (px, py, length_x, length_y, phi)	
Wirkung	:	Zeichne ein Rechteck mit anschließender Drehung um den linken unteren Eckpunkt gegen den Uhrzeigersinn.	
Parameter	:	px, py : REAL;	Linker unterer Eckpunkt
length_x	:	REAL;	Länge in X-Richtung
length_y	:	REAL;	Länge in Y-Richtung
phi	:	REAL;	Drehwinkel in Grad

Prozedur	:	Ellipse (Mx, My, Ha, Hb, segment, phi)		
Wirkung	:	Zeichne Kreis,Ellipse, Kreis- oder Ellipsensegment mit Drehung um den Mittelpunkt gegen den Uhrzeigersinn.		
Parameter	:	Mx, My	: REAL;	Koordinaten des Mittelpunktes
		Ha	: REAL;	Länge der Halbachse A in X-Richtung
		Hb	: REAL;	Länge der Halbachse B in Y-Richtung
		segment	: REAL;	Größe des Segments: 0.0 u 1.0
		phi	: REAL;	Drehwinkel in Grad

Beschreibung:

1. Die Koordinaten (Mx,My) bestimmen den Mittelpunkt.
2. Die Halbachsen Ha und Hb bestimmen die Ellipsenform. Falls die Winow - Viewport-Transformation für Ha und Hb den selben Wert ergibt, wird ein Kreis gezeichnet.
3. Der Parameter u gibt die Größe des zu zeichnenden Sektors an. Der Wert 1.0 bedeutet eine ganze Kreis/Ellipsen-Kurve.
4. Der Anfang der Kurve beginnt auf der A-Achse im positiven Abschnitt. Die Zeichnung erfolgt gegen den Uhrzeigersinn.
5. Durch den Winkel phi erfolgt eine Drehung der Kurvenzeichnung gegen den Uhrzeigersinn.

Prozedur	:	Reg_Polygon (Mx, My, Ha, Hb, n, phi)		
Wirkung	:	Zeichne ein regelmäßiges n-Eck.		
Parameter	:	Mx, My	: REAL;	Koordinaten des Mittelpunktes
		Ha	: REAL;	Länge d. Halbachse A in X-Richtung
		Hb	: REAL;	Länge d. Halbachse B in Y-Richtung
		n	: INTEGER;	Anzahl der Ecken (3)
		phi	: REAL;	Drehwinkel in Grad

Beschreibung:

1. Die Berechnung erfolgt analog zu den Kreis/Ellipsen-Kurven
2. Die Koordinaten (Mx,My) bestimmen den Mittelpunkt.
3. Die Halbachsen Ha und Hb bestimmen die Ellipsenform. Falls die Window-Viewport-Transformation für Ha und Hb den selben Wert ergibt, wird ein Kreis gezeichnet.
4. Der Parameter n gibt die Zahl der Eckpunkte an.
5. Der Anfang des n-Ecks liegt auf der A-Achse im positiven Abschnitt. Die Zeichnung erfolgt im Uhrzeigersinn.
6. Durch den Winkel phi erfolgt eine Drehung des n-Ecks gegen den Uhrzeigersinn.

Prozedur	:	Triangle (Px, Py, sa, sb, sc, wa, wb, wc, phi)		
Wirkung	:	Zeichne ein Dreieck aus drei gegebenen Seiten/Winkeln		
Parameter	:	Px, Py	: REAL;	Linker unterer Eck- und Drehpunkt
		Sa	: REAL;	Seite a
		Sb	: REAL;	Seite b
		Sc	: REAL;	Seite c
		Wa	: REAL;	Winkel α in Grad (gegenüber a)
		Wb	: REAL;	Winkel β in Grad (gegenüber b)
		Wc	: REAL;	Winkel γ in Grad (gegenüber c)
		phi	: REAL;	Drehwinkel ind Grad

Beschreibung:

1. Die Angaben des Drehpunkts, der Seiten und der Winkel beziehen sich auf folgendes Dreiecksmodell:

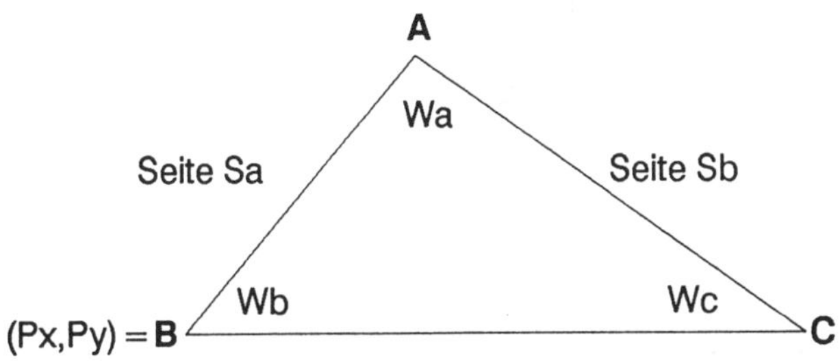

2. Bei Innenwinkel $\geq \pi$ oder < 0.0 und bei Seiten < 0.0 wird kein Dreieck gezeichnet.

3. Zur Berechnung werden drei von den sechs Werten über Winkel und Seiten benötigt. Für mindestens eine Seite muß eine Angabe gemacht werden. Wenn mehr als drei Werte angegeben sind, wird das Programm abgebrochen.

4. Bei der Angabe von zwei Seiten und einem Winkel und, wenn der Winkel gegenüber der kleineren Seite liegt, kann es zwei mögliche Lösungen oder keine Lösung geben. Im ersten Fall wird eine Lösung vom Programm gewählt. Im zweiten Fall wird das Programm beendet.

5. Nach der Berechnung aller Seiten und Winkel werden aus diesen Angaben die drei Eckpunkte berechnet. Diese Punktfolge wird durch die Matrix um den Drehwinkel phi gegen den Uhrzeigersinn um den Drehpunkt rotiert.

Prozedur	:	Parallelogram (Px, Py, length_X, height_Y, alpha, phi)	
Wirkung	:	Zeichne ein Parallelogramm.	
Parameter	:	Px,Py : REAL;	Linker unterer Eck- und Drehpunkt
		length_X : REAL;	Länge der Basis in X-Richtung
		height_Y : REAL;	Höhe in Y-Richtung
		alpha : REAL;	Winkelim Punkt (Px,Py) in Grad
		phi : REAL;	Drehwinkel in Grad

Beschreibung:

1. Der Punkt (Px,Py) ist der linke untere Punkt des Parallelogramms und Rotationspunkt für die 2D-Rotation um phi Grad.
2. Mit den Parametern length_X, height_Y und alpha wird das Parallelogramm bestimmt.

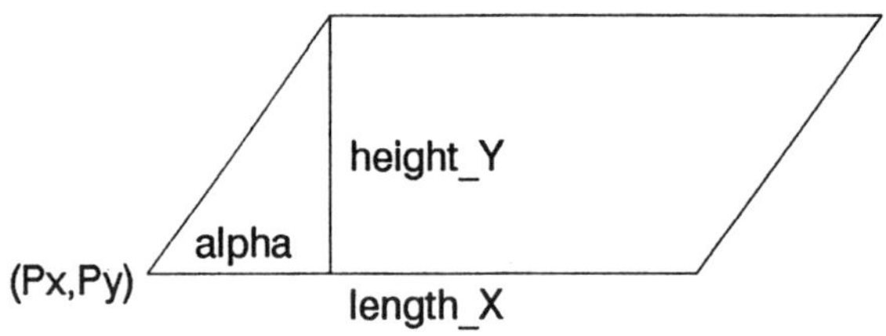

Prozedur	:	Trapezoid (Px,Py,length_X,height_Y,alpha,beta,phi: REAL)	
Wirkung	:	Zeichne ein Trapez.	
Parameter	:	Px,Py : REAL;	Linker unterer Eckpunkt
		length_X : REAL;	Länge der Basis in X-Richtung
		height_Y : REAL;	Höhe in Y-Richtung
		alpha : REAL;	Winkel in (Px,Py) in Grad
		beta : REAL;	Winkel rechts unten in Grad
		phi : REAL;	Drehwinkel in Grad

Beschreibung:

1. Der Punkt (Px,Py) ist der linke untere Punkt des Trapezes und Rotationspunkt für die 2D-Rotation.

2. Mit den Parametern length_X, height_Y, alpha und beta wird die Form des Trapezes bestimmt.
3. Falls sich die Schenkel des Trapezes schneiden, bevor sie die Höhe erreicht haben, wird das Trapez nicht gezeichnet.

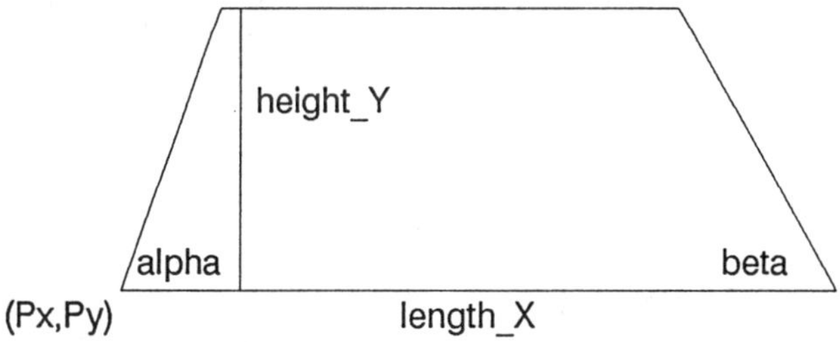

Prozedur	:	Bezier (N, PX, PY)
Wirkung	:	Das Verfahren zeichnet eine Bezier-Kurve zu einem gegebenen Generatorpolygon nach dem Verfahren von Casteljau. Aus dem Generatorpolygon werden für Parameterwerte t=0, t=delta, t=2*delta, ... , t=1 die Kurvenpunkte berechnet und die Kurve gezeichnet.
Parameter	:	N : INTEGER; Punktzahl des Führungspolygons PX : coordinates; X-Koordinaten des Führungspol. PY : coordinates; Y-Koordinaten des Führungspol.

Prozedur	:	BSpline (n,X,Y,grad)
Wirkung	:	Zu n Stützpunkten mit den Koordinaten (X[i],Y[i]) werden die Koeffizienten $N_{i,k}$ berechnet für alle Werte der Kurvenparameter t. Die Kurve wird gezeichnet.
Parameter	:	N : INTEGER; Anzahl der Stützpunkte PX,PY: array_020R; Koordinaten der Stützpunkte grad : INTEGER; Grad der B-Spline-Kurve

Prozedur	:	SplinF (n, x, y)
Wirkung	:	Zu n vorgegebenen Stützpunkten werden die Koeffizienten eines natürlichen Spline ermittelt. Die Splinekurve wird berechnet und gezeichnet.
Parameter	:	n : INTEGER; Anzahl der Stützpunkte x : array_020R; X-Koordinaten der Stützpunkte y : array_020R; Y-Koordinaten der Stützpunkte

Prozedur	:	SplinC (n ,x, y)
Wirkung	:	Zu n vorgegebenen Stützpunkten werden die Koeffizienten zu den parametrisierten Komponenenten [u(t),x(t)] und [u(t),y(t)] ermittelt und die Splinekurve durch alle Stützpunkte wird gezeichnet.
Parameter	:	n : INTEGER; Anzahl der Stützpunkte x : array_020R; X-Koordinaten der Stützpunkte y : array_020R; Y-Koordinaten der Stützpunkte

Prozedur	:	Hidden_Convex (object : Rec_Obj)
Wirkung	:	Perspektivische Darstellung von konvexen 3D-Objekten mit Unterdrückung verdeckter Kanten.
Parameter	:	object : Rec_obj; 3D-Objekt

Prozedur	:	Hidden_General (object)
Wirkung	:	Perspektivische Darstellung von beliebigen 3D-Objekten mit Unterdrückung verdeckter Kanten.
Voraussetzung	:	Die Oberfläche des darzustellenden Körpers muß aus konvexen Facetten bestehen.
Wirkung	:	Allgemeines Hidden Line Verfahren
Parameter	:	object : Rec_obj; Datenstruktur für ein 3D-Objekt

Prozedur	:	Surf_3D (surface)
Wirkung	:	Darstellung einer 3D-Fläche in axonometrischer Ansicht
Parameter	:	In der Datenstruktur "surface" werden übergeben :
		fnct_index : INTEGER; Index der Flächenfunktion
		Xmin_max : array_2R; Grenzen des X-Wertebereichs
		Points_X : INTEGER; Anzahl der Punkte in X-Richtung
		Ymin_max : array_2R; Grenzen des Y-Wertebereichs
		Yoints_X : INTEGER; Anzahl der Punkte in Y-Richtung
		Zmin_max : array_2R; Grenzen des Z-Wertebereichs
		Bx,By,Bz : REAL; Standpunkt des Beobachters

Prozedur	:	Clip_Lin (x_left, x_right, y_bot, y_top, x_1, y_1, x_2, y_2, visible)
Wirkung	:	Clippen einer Strecke an einem Rechteckfenster
Parameter :		x_left : REAL; linke Fenstergrenze
		x_right : REAL; rechte Fenstergrenze
		y_bot : REAL; untere Fenstergrenze
		y_top : REAL; obere Fenstergrenze
		VAR x_1 : REAL; Anfangspunkt der Linie
		VAR y_1 : REAL;
		VAR x_2 : REAL; Endpunkt der Linie
		VAR y_2 : REAL;
		VAR visible : BOOLEAN; FALSE⇔keine sichtbaren Teile

Prozedur	:	Clip_Pol (window, in_polygon, out_polygon)
Wirkung	:	Eine polygonal berandete Fläche wird an einem konvexen Fenster geclippt.
Parameter	:	window : Ptr_Point; Anker des Fensters
		in_polygon : Ptr_Point; zu clippendes Polygon
		out_polygon : Ptr_Point; geclipptes Polygon

Prozedur	:	Cover_Line (x_left, x_right, y_bot, y_top, Line_in, Line_1, Line_2, Nr_vis)
Wirkung	:	Ein einzelnes Liniensegment wird durch ein Rechteck überdeckt. Dabei verbleiben 1 ode 2 sichtbare Teillinien.
Parameter	:	x_left : REAL; linke Grenze des Rechtecks x_right : REAL; rechte Grenze des Rechtecks y_bot : REAL; untere Grenze des Rechtecks y_top : REAL; obere Grenze des Rechtecks Line_in : Rec_Lin; zu überdeckende Strecke VAR Line_1 : Rec_Lin; 1. sichtbares Teilstück VAR Line_2 : Rec_Lin; 2. sichtbares Teilstück VAR Nr_vis : INTEGER; Anzahl sichtbarer Teile

Prozedur	:	SetUp_Window (object)
Wirkung	:	Paßt das RGS-Window der Größe des 3D-Objekts an
Parameter	:	object : Rec_obj; Objekt-Datenstruktur

Beschreibung:

Die Punktliste des Objekts wird nach den Minima und Maxima der X- und Y-Werte durchsucht und das Weltkoordinatenfenster für RGS so gesetzt, daß das Bild vollständig sichtbar ist.

Prozedur	:	SetUp_Object (object, q)
Wirkung	:	Transformation eines Objekts mit der Transformation q
Parameter	:	VAR object : Rec_obj; Datentyp für Objekte VAR q : Feld44R; Transformationsmatrix (4x4)

Prozedur	:	Read_Object (object, name, ok)
Wirkung	:	Einlesen von Objektdaten aus einer Datei.
Parameter	:	object : Rec_Obj; Datenstruktur für Objekte name : string_80; Name der Objektdatei ok : boolean Objektdatei vorhanden ?

Prozedur	:	Write_object (object, filename)
Wirkung	:	Ausgabe eines 3D-Objekts auf eine Datei
Parameter	:	object : Rec_obj; auszugebendes 3D-Objekt filename : string_80; Name der Ausgabedatei

Prozedur	:	Observe (Q, bx, by, by)
Wirkung	:	Berechnung der Matrix Q zur Transformation in das Beobachtersystem
Parameter	:	VAR Q: Feld44R; Transformationsmatrix bx : REAL; x-Koordinate d. Beob.standpunktes by : REAL; y-Koordinate d. Beob.standpunktes bz : REAL; z-Koordinate d. Beob.standpunktes

Prozedur	:	Rotate (ax_1, ax_2, angle, obj, ok)
Wirkung	:	Ein gegebener Punkt wird um einen Winkel "angle" um eine beliebige Achse gedreht, die durch zwei Punkte auf ihr definiert ist.
Parameter	:	ax_1 : point; 1. Punkt auf der Achse ax_2 : point; 2. Punkt auf der Achse angle : REAL ; Drehwinkel VAR obj : point; zu drehender Punkt VAR ok : BOOLEAN; Fehler flag, TRUE ⇔ no error

Prozedur	:	EvTM (x0, y0, dx, dy, phi, fx, fy, Mout)
Wirkung	:	Entwickeln einer 2D - Transformationsmatrix.
Parameter	:	x0 : REAL; Bezugspunkt für Skalierung und Rotation y0 : REAL; Bezugspunkt für Skalierung und Rotation dx : REAL; Shiftvektor in Weltdaten dy : REAL; Shiftvektor in Weltdaten phi: REAL; Winkel für Rotation (radiant) fx : REAL; Skalierungsfaktor in x-Richtung fy : REAL; Skalierungsfaktor in y-Richtung VAR Mout : array_6R; Transformationsmatrix

Beschreibung:

Es wird eine Transformationsmatrix gebildet, die die Einzeltransformationen in folgender Reihenfolge beschreibt:

1. Translation des Koordinatensystems in den Bezugspunkt (x0,y0) .
2. Skalierung mit fx und fy.
3. Rotation um den Bezugspunkt im Gegenuhrzeigersinn mit phi .
4. Translation des Koordinatensystems an den alten Nullpunkt .
5. Shift des Objekts mit Vektor (dx,dy).

Ergebnis:

$$\begin{bmatrix} fx * \cos(\varphi) & fy * \sin(\varphi) & -fx * \cos(\varphi) * x0 - fy * \sin(\varphi) * y0 + x0 + dx \\ -fx * \sin(\varphi) & fy * \cos(\varphi) & fx * \sin(\varphi) * x0 - fy * \cos(\varphi) * y0 + y0 + dy \\ 0 & 0 & 1 \end{bmatrix}$$

Übergabe im Feld Mout [1..6]

$$\begin{bmatrix} Mout[1] & Mout[3] & Mout[5] \\ Mout[2] & Mout[4] & Mout[6] \\ 0 & 0 & 1 \end{bmatrix}$$

Prozedur	:	AcTM (Min, x0, y0, dx, dy, phi, fx, fy, Mout)
Wirkung	:	Erweitern einer 2D-Transformationsmatrix.
Parameter	:	Min : Feld16R; vorgegebene Transformationsmatrix x0 : REAL; Bezugspunkt für Skalierung + Rotation y0 : REAL; Bezugspunkt für Skalierung + Rotation dx : REAL; Shiftvektor in Weltdaten dy : REAL; Shiftvektor in Weltdaten phi : REAL; Winkel f Rotation (radiant) fx : REAL; Skalierungsfaktor in x-Richtung fy : REAL: Skalierungsfaktor in y-Richtung VAR Mout : Feld16R; Transformationsmatrix

Beschreibung:

Es wird eine Transformation [zwi] berechnet wie bei EvTM:

1. Translation des Koordinatensystems in den Bezugspunkt (x0,y0).
2. Skalierung mit fx und fy .
3. Rotation um den Bezugspunkt im Gegenuhrzeigersinn mit phi .
4. Translation des Koordinatensystems an den alten Nullpunkt .
5. Shift des Objekts mit Vektor (dx,dy) .

Danach wird = [zwi] * [Min] berechnet.

Prozedur	:	Transf_2D (px, py, min)
Wirkung	:	2D-Transformation eines Punktes
Parameter	:	VAR px : REAL X-Koordinate VAR py : REAL Y-Koordinate Min : Feld16R 2D-Transformationsmatrix

Prozedur	:	Angle (x, y, a)
Wirkung	:	Bestimmung des Winkels zwischen der x-Achse und dem Vektor von (0,0) nach (x,y)
Parameter	:	x : REAL; x-Punktkoordinate (Weltdaten) y : REAL; y-Punktkoordinate (Weltdaten) a : REAL; Winkel zwischen x-Achse und Vektor

Prozedur	:	Transl_3D (tx ,ty, tz, T)	
Wirkung	:	Berechnung einer 3D-Punkttranslation	
Parameter	:	tx : REAL;	Translationsvektor (x-Komp./Weltdaten)
		ty : REAL;	Translationsvektor (y-Komp./Weltdaten)
		tz : REAL;	Translationsvektor (z-Komp./Weltdaten)
		VAR T : arraY_4_4R;	Transformationsmatrix (4x4-Array)

Beschreibung:

Die Koordinaten eines Punktes (x,y,z) nach einer Translation mit dem Vektor (tx,ty,tz) werden mit der folgenden Transformationsmatrix ermittelt:

$$\begin{bmatrix} 1 & 0 & 0 & tx \\ 0 & 1 & 0 & ty \\ 0 & 0 & 1 & tz \\ 0 & 0 & 0 & 1 \end{bmatrix}$$

Prozedur	:	Scale_3D (sx,sy,sz,S)	
Wirkung	:	Berechnung der 3D-Punktskalierung	
Parameter	:	sx : REAL:	Skalierungsfaktor fuer x-Richtung, Weltdaten
		sy : REAL;	Skalierungsfaktor fuer y-Richting, Weltdaten
		sz : REAL;	Skalierungsfaktor fuer z-Richtung, Weltdaten
		S : array_4_4R;	Transformationsmatrix (4x4-Array)

Beschreibung:

Die Koordinaten eines Punktes (x,y,z) nach einer Skalierung mit den Faktoren sx, sy, sz werden mit der folgenden Transformationsmatrix ermittelt.

$$\begin{bmatrix} sx & 0 & 0 & 0 \\ 0 & sy & 0 & 0 \\ 0 & 0 & sz & 0 \\ 0 & 0 & 0 & 1 \end{bmatrix}$$

Prozedur	:	Rot_3D (a, theta, R)
Wirkung	:	Berechnung der 3D-Punktrotation um die Achse a mit dem Winkel theta.
Parameter	:	a : INTEGER; Achsenindex 1 = x-Achse 2 = y-Achse 3 = z-Achse theta : REAL; Rotationswinkel R : array_4_4R; Transformationsmatrix

Prozedur	:	Transf_3D (px, py, pz, Min)
Wirkung	:	Transformation von Punktkoordinaten mit der Transformationsmatrix [Min]
Parameter	:	VAR px : REAL; x-Punktkoordinate (Weltdaten) VAR py : REAL; y-Punktkoordinate (Weltdaten) VAR pz : REAL; z-Punktkoordinate (Weltdaten) Min : array_4_4R; Transformatiosmatrix

RGS-Typendeklarationen

Die folgenden Typen werden von RGS global deklariert und können auch von RGS-Anwendungen verwendet werden:

allgemeine Datenfelder

```
array_2R     = array [1..2]          OF REAL;
array_2I     = array [1..2]          OF INTEGER;
array_3R     = array [1..3]          OF REAL;
array_4R     = array [1..4]          OF REAL;
array_6R     = array [1..6]          OF REAL;
array_20R    = array [1..20]         OF REAL;
array_020R   = array [0..20]         OF REAL;
array_4_4R   = array [1..4,1..4]     OF REAL;
array_2_3R   = array [1..2,1..3]     OF REAL;
array_2_50R  = array [1..2,1..50]    OF REAL;
array_200R   = array [1..200]        OF REAL;
string_80    = string [80];
string_40    = string [40];
```

Datenstruktur für einen Einzelpunkt

```
point   =     RECORD
                x : REAL;
                y : REAL;
                z : REAL;
              END;
```

Datenstruktur für eineEinzelstrecke

```
Rec_Lin =     RECORD
                x_a, y_a : REAL;           { Anfangspunkt einer Strecke           }
                x_e, y_e : REAL;           { Endpunkt einer Strecke               }
              END;
```

Zeiger und Recordaufbau für Linien- oder Markerlisten

```
Ptr_Point     = ^Rec_Point;                { Zeiger auf einen Punkt               }
Rec_Point     = RECORD
                  x, y    : REAL;          { Punktkoordinaten                     }
                  next    : Ptr_Point      { nächster Punkt                       }
                END;
```

Datenstruktur für funktionale Flächen

```
direction     = (left,right,down,up);
lage          = (above, below, between, neu);
Rec_Surf      = RECORD
                  Xmin_max      : array_2R;     { Minima und Maxima für X-Werte  }
                  Ymin_max      : array_2R;     { Minima und Maxima für Y-Werte  }
                  Zmin_max      : array_2R;     { Minima und Maxima für Z-Werte  }
                  Points_X      : INTEGER;      { Anzahl der Punkte in X-Richtung }
                  Points_Y      : INTEGER;      { Anzahl der Punkte in Y-Richtung }
                  fnct_index:   : INTEGER;      { Index der darzustellenden Fkt.  }
                  Bx,By,Bz      : REAL;         { Beobachterkoordinaten           }
                  Q             : array_4_4R;   { Transformation ins Beob.system  }
                  Hide_low      : array_200R;   { Untergrenze d. verdeckten Ber.  }
                  Hide_high     : array_200R;   { Obergrenze d. verdeckten Ber.   }
                  Hide_Xmin     : REAL;         { minimale X-Koord. des Bildes    }
                  Hide_delta    : REAL;         { Schrittweite für die Grenzkurven }
                                                { Hide_low und Hide_high          }
                  u,v,w         : REAL;         { Koord. des aktuellen Bildpunktes }
                                                { Lage rel. zum verdeckten Bereich }
                  Seg_X         : array_2R;     { X-Koord. des akt. Liniensegments }
                  Seg_Y         : array_2R;     { Y-Koord. des akt. Liniensegments }
                  Seg_i         : array_2I;     { Indexpos. des akt. Liniensegm.  }
                                                { für den Verdeckungsbereich      }
                  lage_attr     : array [1..2] OF lage;
                                                { Lageattribute d. akt. Liniensegm. }
                  old_Y         : array_2R;     { alte Y-Werte für Schnitt am Hide- }
                                                { Bereich                         }
                END;
```

Einfache Datenstruktur für 3D-Objekte

Zeiger auf die Elemente der Datenstruktur

```
Ptr_Verts     =   ^Rec_Verts;
Ptr_Lines     =   ^Rec_Lines;
Ptr_Facets    =   ^Rec_Facets;
```

Record für einen Eckpunkt

```
Rec_Verts     =   RECORD
                     { x, y, z       : Koordinaten der k-ten Ecke                  }
                     { xp, yp        : perspekt. Projektion der k-ten Ecke         }
                     { next          : Verkettung der Eckpunkte                    }
                     x,y,z           : REAL;
                     xp,yp           : REAL;
                     next            : Ptr_Verts
                  END;
```

Record für eine Objektkante

```
Rec_Lines     =   RECORD
                     { LinV[1]       : Zeiger auf den Anf.punkt dieser Kante       }
                     { LinV[2]       : Zeiger auf den Endpunkte dieser Kante       }
                     { next          : Verkettung der Kanten                       }
                     LinV            : ARRAY [1..2] OF Ptr_Verts;
                     next            : Ptr_Lines
                  END;
```

Record für eine Facette

```
Rec_Facets    =   RECORD
                     { IndexF        : Anzahl von Randsegmenten der Facette        }
                     { Linf[i]       : Zeiger auf das i-te Randsegment dieser      }
                     {                 Facette; maximal 50 Segmente möglich !      }
                     { next          : Verkettung der Facetten                     }
                     IndexF          : INTEGER;
                     LinF            : array [1 . . 50] OF Ptr_Lines;
                     next            : Ptr_Facets
                  END;
```

Record für ein Objekt

```
Rec_Obj       =   RECORD
                     { noF   : Anzahl der Facetten eines Objects              }
                     { noL   : Anzahl der Kanten eines Objects                }
                     { noV   : Anzahl der Eckpunkte eines Objects             }
                     { ppd   : Abstand Beobachter - Projektionsfläche         }
                     { Dist  : Abstand Beobachter - Ursprung                  }
                     noF,noL,noV               : INTEGER;
                     Dist,ppd                  : REAL;
                     Verts,Verts_Top           : Ptr_Verts;
                     Lines,Lines_Top           : Ptr_Lines;
                     Facets,Facets_Top         : Ptr_Facets
                  END;
```

Winged edges-Datenstruktur für 3D-Objekte

Zeiger auf die Elemente der Datenstruktur

```
hk_koerperptr    =   ^hk_koerper;
hk_flaechenptr   =   ^hk_flaeche;
hk_halbkantenptr =   ^hk_halbkante;
hk_eckenptr      =   ^hk_ecke;
```

Record für einen Eckpunkt

```
hk_ecke      = RECORD
                 { x, y, z      : Koordinaten der aktuellen Ecke       }
                 { nxteck       : Lineare Liste der Eckpunktliste      }
                 x, y, z        : REAL;
                 nxteck         : hk_eckenptr;
               END;
```

Record für eine Halbkante

```
hk_halbkante = RECORD
                 { anfeck       : Zeiger auf Anfang der Halbkante      }
                 { recfla       : Zeiger auf rechte Nachbarfläche      }
                 { folghk       : Verkettung d. lokalen Kantenliste    }
                 { nxthk        : Verkettung d. globalen Kantenliste   }
                 { sichtb       : Sichtbarkeitsattribut f. diese Kante }
                 anfeck         : hk_eckenptr;
                 recfla         : hk_flaechenptr;
                 folghk         : hk_halbkantenptr;
                 nxthk          : hk_halbkantenptr;
                 sichtb         : boolean;
               END;
```

Record für eine Fläche

```
hk_flaeche   = RECORD
                 { hkbeg        : Anker der Randpolygon-Liste          }
                 { nxtfla       : Verkettung der Flächenliste          }
                 hkbeg          : hk_halbkantenptr;
                 nxtfla         : hk_flaechenptr;
               END;
```

Record für ein Objekt

```
hk_koerper   = RECORD
                 { anzeck       : Anzahl der Eckpunkte eines Objekts   }
                 { anzkan       : Anzahl der Kanten eines Objekts      }
                 { anzfla       : Anzahl der Flaechen eines Objekts    }
                 { eckank       : Anker der Eckenliste                 }
                 { flaank       : Anker der Flächenliste               }
                 anzeck         : integer;
                 anzkan         : integer;
                 anzfla         : integer;
                 eckank         : hk_eckenptr;
                 flaank         : hk_flaechenptr;
               END;
```

Anhang 3 Das GKS-Trainingsprogramm

Das GKS-Trainingsprogramm beruht auf der GKS-Implementierung GKS-R, die das GKS-Level 2b realisiert. Diese wurde an der Fachhochschule Regensburg entwikkelt und ist für den Einsatz auf Mikrorechnern im Ausbildungsbereich konzipiert.

Mit dem GKS-Trainingsprogramm kann der Umgang mit den wichtigsten GKS-Funktionen des Level 2b menügeführt und ohne eigene Programmentwicklung erlernt werden.

Die nachfolgend dargestellten Auswahl-Menüs des Traingsprogramms geben einen Überblick über die darin enthaltenen GKS-Funktionen. Eine ausführliche Dokumentation der GKS-Funktionen ist auf der Trainings- Diskette enthalten.

```
              GKS TRAINING SYSTEM

              ---------- Main Menu -----------

            Control Functions              1
            Output Primitives              2
            Primitive Attributes           3
            Transformations                4
            Segment Control & Attributes   5
            Metafile Functions             6

            Stop                           0

            Please select:
```

```
                   GKS TRAINING SYSTEM

              ------- Control Functions -------

GOPKS   = 1    GCLKS   = 2    GOPWK   = 3    GCLWK   = 4
GACWK   = 5    GDAWK   = 6    GCLRWK  = 7    GRSGWK  = 8
GUPWK   = 9    GSDS    =10

Exit to Main Menu = 0

Please select:
```

GKS TRAINING SYSTEM

------- Primitive Output -------

GPL	= 1	GPM	= 2	GTX	= 3	GFA	= 4
GCA	= 5						

Exit to Main Menu = 0

Please Select

GKS TRAINING SYSTEM

----- Primitive Attributes -----

GSPLI	= 1	GSLN	= 2	GSLWSC	= 3	GSPLCI	= 4
GSPMI	= 5	GSMK	= 6	GSMKSC	= 7	GSPMCI	= 8
GSTXI	= 9	GSTXFP	=10	GSCHXP	=11	GSCHSP	=12
GSTXCI	=13	GSCHH	=14	GSCHUP	=15	GSTXP	=16
GSTXAL	=17	GSFAI	=18	GSFAIS	=19	GSFASI	=20
GSFACI	=21	GSPA	=22	GSPARF	=23	GSCR	=24
GSPLR	=25	GSPMR	=26	GSTXR	=27	GSFAR	=28
GSASF	=29	GSPKID	=30				

Exit to Main Menu = 0

Please select:

GKS TRAINING SYSTEM

------- Transformations -------

GSWN	= 1	GSVP	= 2	GSWKWN	= 3	GSWKVP	= 4
SVPIP	= 5	GSELNT	= 6	GSCLIP	= 7		

Exit to Main Menu = 0

Please select:

```
                GKS TRAINING SYSTEM

          --- Segment Control & Attributes ---

GCRSG   = 1   GCLSG   = 2   GRENSG  = 3   GDSG    = 4
GDSGWK  = 5   GASGWK  = 6   GCSGWK  = 7   GINSG   = 8
GSSGT   = 9   GSVIS   =10   GSHLIT  =11   GSSGP   =12
GSDTEC  =13

Exit to Main Menu = 0

Please select:
```

```
                GKS TRAINING SYSTEM

           ------- Metafile Functions -------

GWITM   = 1   GGTITM  = 2   GRDITM  = 3   GIITM   = 4

READ AND INTERPRET METAFILE = 5

Exit to Main Menu = 0

Please select:
```

Anhang 4 Verzeichnis der PASCAL-Programme

Anhang 5 Stichwortverzeichnis

Die Begleitdisketten

Die Begleitdisketten zu diesem Buch werden geliefert im MS DOS-Format (360KB, 51/4"). Die Software ist lauffähig auf IBM PC-kompatiblen Mikrorechnern mit 640 KB Speicherausbau und umfaßt die folgenden Module:

Modul 1: Enthält die RGS-Graphik-Bibliothek mit den Quellprogrammen der im Anhang 2 beschriebenen Routinen und zahlreichen Anwendungsbespielen (2 Disketten).

Modul 2: Enthält das 3D-Modelliersystem zu Kapitel 7 (1 Diskette).

Modul 3: Enthält das GKS-Trainingsprogramm und eine Dokumentation der in GKS-R realisierten GKS-Funktionen (2 Disketten).

Die Programme können für Ausbildungszwecke beliebig vervielfältigt werden. Eine kommerzielle Nutzung bedarf besonderer Vereinbarungen.

bitte
freimachen

Postkarte

H.Kopp
Kantstraße 7

8407 Obertraubling